天津市哲学社会科学规划项目（TJYY15-039）

中国互联网金融发展、影响与监管研究

王 静 著

南开大学出版社

天 津

图书在版编目(CIP)数据

中国互联网金融发展、影响与监管研究 / 王静著
. —天津：南开大学出版社，2017.9
(天外"求索"文库)
ISBN 978-7-310-05458-9

Ⅰ.①中… Ⅱ.①王… Ⅲ.①互联网络－应用－金融－发展－研究－中国②互联网络－应用－金融风险－研究－中国③互联网络－应用－金融监管－研究－中国 Ⅳ.①F832.29

中国版本图书馆 CIP 数据核字(2017)第 207098 号

版权所有　侵权必究

南开大学出版社出版发行
出版人：刘立松
地址：天津市南开区卫津路 94 号　邮政编码：300071
营销部电话：(022)23508339　23500755
营销部传真：(022)23508542　邮购部电话：(022)23502200
*
三河市同力彩印有限公司印刷
全国各地新华书店经销
*
2017 年 9 月第 1 版　2017 年 9 月第 1 次印刷
230×155 毫米　16 开本　18 印张　2 插页　254 千字
定价：53.00 元

如遇图书印装质量问题，请与本社营销部联系调换，电话：(022)23507125

天外"求索"文库

天外"求索"文库编委会

主　　任：修　刚
副主任：王铭玉
编　　委：余　江　刘宏伟

序 一

2013年起,互联网公司跨界进入金融领域的步伐加快,金融产品更为丰富、投融资变得更为便利,借助于P2P(互联网金融点对点借贷平台)、众筹,直接投融资渠道拓宽,网络小贷提高了小微企业金融可获得性,二维码支付、微信支付应用场景更为广泛。互联网金融提升了金融服务能力和普惠水平,为大众提供了丰富、安全、便捷的金融产品和服务,满足了不同层次经济体的投融资需求。

2015年3月,李克强总理提出制定"互联网+"计划,推动移动互联网、云计算、大数据、物联网等与现代制造业结合,金融领域也在其中。同年11月,互联网金融被正式写入"十三五规划",体现出政府对于互联网金融的支持。由于互联网金融在提高金融效率、降低金融成本、推动金融发展和社会资本重构中的作用,故成为国内学术界最为关注的领域之一。

需要指出的是,由于互联网金融的发展,金融领域的竞争已不仅是金融机构之间的竞争,还要面对来自外部的竞争,整个金融业都已感受到这种竞争压力。而竞争优势的建立不再只是"做得好",而是要完全转变过去的思维模式,对于金融业而言,"做得不同"是一个新的挑战。从互联网金融的发展中,我们也注意到其趋势在于细分行业的金融生态构建。鉴于金融在一国经济的支柱作用,互联网金融的发展影响着经济结构调整的全局。在此背景下,探索互联网金融和金融科技的发展,通过发挥其正向作用,间接实现金融包容性增长,使民众能分享经济增长的成果,具有重要理论意义和现实意义。

由于互联网金融所服务的客户群体覆盖了众多普通金融消费者以及小微企业等,其业务具有跨界、混业的特征,对现行的金融监管框架需要进行重新思考和构建。因此，研究其风险的特殊性和监管就成为促进互联网金融良好发展的一个基本内容，也是我们必须面对和亟待解决的重大问题。

本书是王静副教授的新作。作者对金融创新、金融中介、网络经济学、长尾理论和声誉模型等互联网金融发展的理论基础进行了梳理和回顾，不同的理论与实践相结合，衍生出互联网金融发展的三个交织阶段：金融互联网化、互联网金融化和金融科技的发展。金融互联网化是传统金融采纳互联网渠道的过程；而互联网金融化则是互联网公司跨界进入金融领域，拓宽传统金融边界；金融科技则代表了金融业发展的趋势。

从微观层面来看，互联网经济的推动、消费者不断寻求脱离金融抑制以及金融消费者行为的改变，提供了互联网金融在我国快速发展的土壤，而金融功能的提供则使其形成了与传统金融竞争与合作的新型关系。从宏观层面来看，互联网金融在推进普惠金融、金融效率提升、金融消费者获取方面都产生不同影响，进而对金融业的各子行业带来冲击，但也正因如此，互联网金融以外部力量推动传统银行业、证券基金业、保险业不断变革。诚然，在发挥正外部效应的同时，互联网金融亦存在风险，e租宝事件即是典型案例。

作为对互联网金融发展及其风险影响的系统探索，作者对国外互联网金融监管的经验进行了比较借鉴，同时对目前我国互联网金融监管框架进行梳理，探索了可能存在的监管套利、监管缺失、监管重叠矛盾等问题。作者以功能监管为视角，提出了监管的优化和完善路径，并就加强互联网金融消费权益保护和投资者保护、改进和完善互联网金融监管、提高金融服务安全性、有效防范互联网金融风险及其外溢效应等提出了有益的思路和政策建议。

王静副教授长期从事微型金融和互联网金融的研究，曾主持和承担了多项省部级研究课题，其研究成果先后在CSSCI（中文社会科学引文索引）期刊和报纸上发表，并有多篇研究报告被天津市委、市政府采纳。本书中的大量数据和资料源于第一手的调查，对互联网金融风险及其监管的判断和分析有独到之处和学术参考价值。她对微型金融发展的学术敏锐和对金融创新的前瞻性探索得到了政府和研究机构的认可,为此,她被聘为天津市政府决策咨询库专家、南开大学滨海开发研究院和天津外国语大学国际发展研究院研究员。

期望本书的出版能为互联网金融的健康发展提供有益的理论支撑和政策指导。

周立群
2016 年 3 月

序 二

互联网金融的发展源自电子商务的蓬勃兴起，传统银行支付系统不足以因应，促使第三方支付顺势崛起。2000年左右，大陆电子商务交易以货到付款、银行汇款为主，之后淘宝、易趣等电子商务平台成立支付部门；2004年，各大银行的网上银行系统为电子商务提供支付服务，但电子商务平台与众多银行的网上银行系统对接的成本和技术难度巨大，电子商务平台需要更加便利的支付方式。2004年前后，支付宝、易宝、拉卡拉等第三方支付机构成立，为电子商务平台、公共事业单位、移动运营商、航空公司、电子游戏公司、线下超市等提供更具便利性的支付解决方案。此后，越来越多的第三方支付机构成立并为电子商务提供支付服务，或者作为收单银行的外包服务商提供线下银行卡收单专业化服务。第三方支付解决了商业银行当时未能解决的支付信任及便利问题，满足了社会大众对小额、便民支付的需要，极大促进了电子商务和普惠金融的发展。

在BAT（百度公司、阿里巴巴集团、腾讯公司）三大互联网业者带头下，金融创新如火势燎原一发不可收拾，从快速支付端跨进了银行的负债领域，银行流失了不少存款；以便捷的方式拓展了小额贷款，揽起传统银行从不重视的业务线，剧增了金融资产；设计出低门槛、定型化、符合广大消费者需求的投资理财商品，满足了社会群众的要求。相关业务如雨后春笋般的设立，公共部门也尽全力投入辅助支援，理所当然地为宏观经济注入了强心剂，相对造成一定程度的影响。数位科技和大数据的使用，使原本与金融似乎是不可能交叉的两条平行线有了交集，传统金融机构着重在"风险控管、高度安全"，注重稳健经营及永续发展，而互联网业者面对数位时代的来临，倾向于"重复试错、快速迭代"，以顾客体验为数位创新唯一的行动方针，如今二者产生了火花，交织出一片前所未有的境界，甚至互联网金融与传统金融机构已出现竞合关系，既竞争也合作，未来的发展，还视各自的资源投入与消费者行为的变迁。

反观台湾地区互联网金融的发展，不可不说是起步较晚，这或是因信用卡支付工具使用的普遍以及金融机构网点密布所导致，但随着消费者行为的改变，数位银行业务逐渐成为必然趋势，配合大型银行在资源上的投入以及监理机构法令的开放，不久的将来，数位金融或许是金融服务业优胜劣败的关键因素。

王静博士深入研究微型金融、互联网金融多年，在本书的立论上自有其深厚的实力基础。凡有关互联网金融中外学术理论的发展、实务的演进、各种交易模式态样皆能有所涉猎；互联网金融对宏观经济实质上的影响，对银行、证券、保险三大金融业产生的冲击及促进，都能剖析清晰、条理分明；指出了互联网金融延伸后所带来的新兴风险，因虚拟性特征、产品创新所引发的风险传导与积累，以及如何辨识与评估；最后对政府的监管上，借助理论基础、各国监管框架及措施提出了因应对策，并描述消费者保护的议题。我深知她治学严谨、实事求是，本书专注于互联网金融领域，现正逢该领域发展关键时刻，本书是一本不可多得的学术专著。整体来说，本书的出版将不失为监理机构、互联网从业者、金融机构、学术研究机构重要的参考文献。

杨美金

2016年1月于台北

自　序

理想的金融体系既能推动经济增长、有效配置资源，又能使民众分享这一过程带来的成果和财富效应。要实现这一理想的金融体系，重点在于金融功能的良好发挥。

长久以来，金融功能的提供者是金融机构，如银行、证券公司、保险公司等，其提供的渠道并不仅限于实体网点，网络、电话渠道作为补充便利了金融消费者的使用。但随着互联网成为推动经济发展的重要力量，互联网公司跨界进入金融业，拓展了传统金融边界。这种产业趋势和商业模式的变化给金融体系带来了重要改变；同时，互联网技术和移动网络普及改变了信息传递的路径和方式，进而改变了中国金融消费者行为；互联网金融以市场力量推动了金融民主化、自由化，间接推进了金融包容性增长。而近两年来，国外对金融科技（FinTech）的大量投资，区块链技术在金融业的应用，以及2015年美国证券交易委员会（SEC）批准上市公司Overstock通过区块链技术发行证券的计划，都显示出互联网金融、金融科技的发展、作用可能远超我们的想象。因此，从金融功能的视角对其进行细致、充分的研究，以观察其对于金融消费者行为的影响、对于金融机构的影响、对于金融效率的影响以及如何实现金融体系的优化，是本书的研究目的所在。

在实践中，互联网金融在改进金融体系效率的同时，风险随之伴生，由此对货币体系和金融系统稳定性带来挑战。其基于互联网的特征使其风险具有二重性，既具有传统金融面临的风险，也有其风险特殊性，如信息科技风险、长尾风险等。而在风险程度和风险传染性上同样值得监管层面关注。一是由于互联网金融存在虚拟化、技术依赖、安全系统保障缺失等问题，其风险比传统金融更为复杂；

二是互联网的远程及快速处理特点在提高金融效率的同时，却也加速了支付清算等风险的扩散。此外，隐蔽的交易、虚拟账户的使用都使得其引发的风险不易被观察，而风险外溢、交叉、传染将影响金融系统的安全性。这对于我国现行的金融监管框架而言，是一个很大的挑战，它不仅仅牵涉到监管模式的变化，还涉及金融消费者权益的保护。如何平衡、适度地运用相应监管方法，完善金融监管框架，在鼓励金融创新和金融安全之间实现平衡，在提升金融效率的同时实现宏观金融稳定的平衡，也是本书所力图研究的内容。

感谢恩师南开大学周立群教授欣然为本书作序，他治学严谨，颇具大家风范，一向乐意为学生提供学术上的指导、支持和鼓励，令我钦佩和感动。感谢学长台湾新光商业银行总稽核杨美金博士为本书作序，在本书思路形成以及写作过程中，常向学长请教金融业内实践、监管等问题，总能得到他耐心、细心、详尽的解答。

尽管笔者汲取了众多学者的研究成果，但作为国内互联网金融研究方面的一部探索性研究作品，本书有待进一步完善，恳请各位读者指正。

王 静

2016 年 6 月

于天津外国语大学

目　录

第一章　绪论 ··· 1
  1.1　研究背景 ·· 1
  1.2　文献综述 ·· 2
  1.3　研究内容 ·· 12
第二章　互联网金融发展的理论基础及最新进展 ······················· 14
  2.1　互联网金融内涵界定及特点 ······································ 14
  2.2　互联网金融相关理论基础 ·· 17
  2.3　互联网金融发展：金融互联网化、
　　　　互联网金融化与 FinTech ·· 21
第三章　互联网金融在我国发展的微观机理 ······························ 37
  3.1　互联网金融在我国发展的基础 ·································· 37
  3.2　基于金融功能视角的互联网金融模式 ························ 45
第四章　互联网金融代表性模式 ·· 50
  4.1　网络银行 ·· 50
  4.2　网络小贷 ·· 53
  4.3　P2P 与众筹 ·· 59
  4.4　互联网供应链金融 ·· 77
  4.5　第三方支付 ··· 84
  4.6　互联网保险 ··· 87
  4.7　互联网征信 ··· 92
  4.8　数字货币和区块链 ·· 102
第五章　互联网金融对经济的宏观影响 ··································· 110
  5.1　互联网金融有助于实现普惠金融 ····························· 111
  5.2　提升金融效率，降低交易成本 ································ 120

5.3　金融消费者获取方式改变 ………………………………… 124
　　5.4　银行体系外的信用创造 …………………………………… 125
第六章　互联网金融对银行业的影响及银行业变革 ……………… 133
　　6.1　银行负债、资产、支付业务受到不同程度冲击 ………… 134
　　6.2　传统银行业变革 …………………………………………… 143
第七章　互联网金融对证券业的影响 ……………………………… 159
　　7.1　证券行业互联网化 ………………………………………… 159
　　7.2　基金行业转型泛资产管理 ………………………………… 162
第八章　互联网金融对保险业的影响 ……………………………… 168
　　8.1　互联网保险及保险业的变化 ……………………………… 168
　　8.2　案例分析——平安集团的互联网金融战略 ……………… 173
第九章　互联网金融风险 …………………………………………… 177
　　9.1　互联网金融的风险二重性 ………………………………… 177
　　9.2　互联网金融各模式风险分析 ……………………………… 180
第十章　互联网金融监管 …………………………………………… 192
　　10.1　金融监管理论基础 ………………………………………… 193
　　10.2　各国金融监管框架 ………………………………………… 208
　　10.3　其他地区互联网金融监管借鉴 …………………………… 217
　　10.4　对金融消费者的保护 ……………………………………… 234
　　10.5　相关建议 …………………………………………………… 243
参考文献 ……………………………………………………………… 247

第一章 绪 论

1.1 研究背景

理想的金融体系应是能够有效配置资源、推动经济增长的金融体系，同时，又能够使得民众借由这一体系分享经济增长带来的成果和财富效应。要实现这一理想的金融体系，重点在于金融功能的发挥。长久以来，金融功能的提供者是传统金融机构，如商业银行、证券公司、保险公司等，但从现实观察来看，金融抑制（Financial Depression）在我国一直存在。小微企业、农户的资金需求得不到满足、资金获取成本较高，同时并存的是普通大众未被满足的投资诉求，投资、融资渠道之间的不顺畅或障碍意味着金融功能没有被充分发挥。Robert J.Shiller（2013）指出，借助技术安排可以为公众利益重塑金融业，促进金融民主化和普惠，实现财富分配的公平。互联网金融正是这样一种金融模式。

互联网的普及、信息技术的发展、网络经济的兴起、金融需求的存在，使得互联网对经济的影响逐步渗透到金融领域，不断突破传统金融的边界，纯网络银行、移动支付、近场支付、网络小贷、P2P、众筹等进入大众生活领域、消费领域、投资领域，金融包容性增长（Inclusive financial growth）在渐进实现中。传统金融的互联网化、互联网金融化、金融科技（FinTech）的发展正在不断推进，这种产业趋势和商业模式的变化给金融体系带来重要改变，在冲击金融业传统经营模式的同时，互联网金融以市场力量推动了金融民主化、自由化，在满足实体经济发展、推进利率市场化、信息技术革新、金融包容性增长方面都发挥着积极作用。2015年11月3日，《中共中央关于制定国民经济和社会发展第十三个五年规划建议》发布，其中互联网金融首次被纳入国家五年规划，"规范发展互联网金融"的建议反映出政府对互联网金融创新与发展的鼓励。

互联网金融对于金融业的冲击，并不仅限于其推出的各类金融产品的市场影响力，更为重要的是，在这场互联网金融触发的金融业变局中，其对于消费者潜在金融意识的唤醒，引致消费者金融行为的变迁，以及传统金融业不得不进行的自我变革。进一步的，这种变局迫使金融监管当局、传统金融机构重新思考如何在各方博弈中实现再平衡，如何在金融效率提升和金融体系稳定之间实现再平衡。这正是本书研究的背景。

1.2 文献综述

1.2.1 国外相关研究

国外学者对于互联网金融的研究，随其时金融创新的不同而分为两个阶段。

第一阶段的研究始于电子金融（E-finance）的发展以及金融本质的讨论，研究背景在于20世纪70年代金融创新的不断发展。

Boot（1993）提出电子金融的出现改变了金融机构及其交易模式的合同性质，金融机构的形式可能会发生变化；Merton（1995）从金融功能的视角支持了Boot的观点，金融消费者需要的是金融的功能，是金融机构满足其金融需求的能力，而金融机构是什么样的形态并不是最重要的。电子金融是技术作为必要支撑的"基于互联网思想的金融"（Allen，2002）。

基于电子金融的发展，又引发了其对于经济的影响和对于传统银行业影响的讨论。前者如Jorgenson（2001）、Bowman et al.（2004）通过实证检验，发现信息通信技术对经济增长有积极作用；在金融领域，则能够提升金融服务的包容性和普惠性。但在效率改进同时，电子金融对金融系统和货币体系稳定性带来挑战（Basel，2000；Hawkins，2001；BIS，2002）。就电子金融对于传统银行业的影响研究中，多数学者从竞争与合作的理论视角展开，一种观点认为网络代表着重塑金融业的电子技术发展的最新进展，另一种观点则认为电子金融将从根本上改变金融服务业和金融市场。Cronin（1997）提出如何匹配风险与收益是电子金融和传统金融相互竞争的核心问题。Maximilien，Michael E. P.（2004）认为网络金融服务以虚拟网络作为服务来源，形成快捷便利服务方式；Corrocher（2006）认为，对于较少分支机构的银行，网上银行是获取新客户的一种更为有效的方式；De Young et al.（2007）对于美国银行的研究表明，银行的分支机构密集度和网上银行是互为补充的，并且网上银行的采用对银行业绩具有正向作用。但Claessens et al.（2002）、Allen（2002）认为网络和其他电子通信手段已经彻底改变了金融业的许多方面，传统上由银行提供的众多服务现在由其他企业提供。互联网金融模糊不同金融机构之间界限的同时，大大降低商业银行特许权价值，金融服务的结构和性质将被改变。此外，金融市场不再需要有实体场所，因此，股权、债券、外汇交易成为全球化交易，这对于安全稳健监管、竞争政策、消费者和投资者保护以及全球化公共政策都是需要考虑的事情。互联网金融出现后，金融业发展进程中的三个重要趋势加快：一是价格透明程度的提高；二是差别定价的实现；三是分销渠道的转型。Clemons et al.（2002）对此进行了研究，价格透明程度提高潜在增强了竞争程度并降低了利润率；搜寻交易成本依然较高使得差异定价成为可能，其对于金融服务业的重要程度提高；互联网的使用导致服务约束下降，推动了去中介化，由此分销渠道将转型，并带来行业重要重塑[①]。

第二阶段的研究是在P2P（互联网金融点对点借贷平台）、众筹等基于互联网平台的新型直接金融，以及区块链技术在金融业的应用等发展起来之后。

---

① Clemons E K, Hitt L M, Gu B, et al. Impacts of e-Commerce and Enhanced Information Endowments on Financial Services: A Quantitative Analysis of Transparency, Differential Pricing, and Disintermediation[J]. Journal of Financial Services Research, 2002, 22(1-2):73-90.

对于P2P和众筹，其优点在于寻求外部资金的中小企业融资可获得性的提高和融资成本的降低。网络借贷由此揭露的"软信息"①利于补偿财务报表等"硬信息"的缺乏（Freedman et al.，2008），基于软信息占优假说，即虽然缺少抵押资产、客户详细的信用记录等硬信息，如果能够拥有借贷人个人品德、家庭私人财产、经营和控制风险能力、社会网络资源等软信息，就可以大大提高金融机构承担信用风险的能力，进而可以优化自身的风险资产组合，投资于高风险的客户和机会，获取高收益。软信息的占有程度与风险资产组合的灵活性和违约率下降呈正相关关系，并且是小额信贷市场经营成功最为关键的因素。网络发展达到社会化之后，会极有利于中小组织的融资，使交易更透明，网络融资的成本和利息会比银行贷款方式更低（Chircu & Kauffman，2000；Schenone，2004；Freedman et al.，2008）。Magee（2011）指出，P2P信贷之所以会得到人们的喜欢与认可，是因为其本身特点不同于传统金融模式，人们可以通过相对较低的利率借贷到资金，并且不用提供任何形式的担保，贷款方也能获得满意的收益。2008年金融危机之后，天使投资大幅缩减，众筹对于那些需求起步资本的企业而言变得至关重要（Lehner，2013）。这些特点推动金融资源更高可获得性、交易信息相对对称、资源配置去中介化（Allen，2002）。

但P2P隐含的风险必须正视，且其风险研究是学界关注的焦点。Steelman（2006）认为网络借贷的匿名交易特征使得借贷双方无法了解对方真实信息，由此带来的信息不对称可能导致更大的信用风险。Kye（2001）对欧盟第三方支付的风险监管问题进行了研究，指出第三方支付公司需要本着审慎监管的原则，合法合理经营，严格限制非法集资，控制洗钱风险等。

1.2.2 国内相关研究

与国外研究不同的是，国内学者自2012年国内互联网金融起步之后，对其讨论就一直在进行，争论的焦点集中于四个方面：

---

① 软信息包括定性的非财务信息（Non-financeial information）、借贷中的私人信息（Priviateinformation）和资产特性、客户和供应商品质等信息（Soft information）。

第一，业界和学术界对互联网金融本质存在较大争论，但对其互联网支付、P2P、众筹融资等典型业态分类有比较统一的认识。对于互联网金融本质，目前有两种代表性观点：观点 1 认为其既不同于商业银行间接融资，也不同于资本市场直接融资，是第三种金融融资模式，特别是移动支付、社交网络、搜索引擎和云计算等，将对人类金融模式产生根本影响（谢平、邹传伟，2012）；观点 2 则认为互联网金融只是在渠道上挑战传统金融，本质仍是金融交易（陈志武，2014），是信息时代的一种金融模式（林采宜，2012），是传统金融通过互联网技术在理念、思维、流程及业务等方面的延伸、升级与创新（郑联盛，2014）。中国人民银行金融稳定分析小组（2014）将其界定为互联网与金融结合，借助互联网和移动通信技术实现资金融通、支付和信息中介功能的新兴金融。虽然学者对于互联网金融的本质存在争论，但对于其典型业态有比较统一的认知，如互联网支付、电商信贷、P2P、众筹等。谢平，石午光（2015）对数字货币首次进行了研究，从基本原理、其货币特征和争议、发展与演变、对支付创新的启示、合法化和监督等方面进行了文献梳理。吴晓求（2015）指出，在理论层面上，金融功能理论、"二次脱媒"理论、新信用理论、普惠金融理论、连续金融理论构成了互联网金融独特的理论结构。

第二，互联网金融不同于传统金融的特点使其形成对商业银行和经济的冲击。互联网金融运行机制中，信息通过社交网络的自愿分享和共享机制传播（谢平、邹传伟，2012）。这些特点推动金融资源更高可获得性、交易信息相对对称、资源配置去中介化，同时形成商业银行存款转移、盈利受到冲击（宫晓林 a，2013）。在缓解信息不对称、提高交易效率、优化资源配置、丰富投融资方式等方面的确表现不俗，有别于传统金融（曾刚，2012；张晓朴，2014），是传统金融做不到的（谢平等，2014）。安宝洋（2014）认为互联网金融的兴起正在改变传统金融生态，同时也逐渐成为科技型小微企业融资的新渠道。发展以 P2P 网络借贷模式、大众筹融资模式、基于大数据的小额信贷模式和互联网金融门户等为代表的互联网金融创新模式，对于打破由金融体系不完善而带来的金融抑制，提高金融行业对科技型小微企业的支持力度，加快提升我国的科技创新能力具有重要意义。王达（2014）提出了不同观点，他认为互联网金融只是可能导致中国金融脱媒加速和实体经济融资成本上升的众多因素之一。尽管互联网模式的发展将对传统的金融机构产生冲击，但其从根本上颠覆传统的金融业态与竞争格局的可能性很小。王国刚、张扬（2015）认为互联网金融在概念上有着明显的局限性，在功能上并无颠覆金融的可能，在机制上更多地是利用了中国金融体制机制的缺陷所进行的监管套利，在发展上具有拾遗补阙的作用，但难以成为金融的主流运作方式。廖理、李梦然、王正位（2014）基于一家P2P网络借贷平台的交易数据，实证考察其存在交易中的地域歧视问题，是一种非理性行为。郑联盛（2014）认为互联网金融目前在各自业务领域的影响整体较小，对银行部门影响短期有限但长期可能较为深远，对金融体系整体的影响是综合性的，但目前极为有限。吴晓求（2015）认为互联网金融和传统金融的相互竞争，会推动金融结构变革和金融效率提升，完成从大企业金融、富人金融到普惠型金融的转型。褚蓬瑜、郭田勇（2014）认为互联网金融作为一种"倒逼式"金融创新并不会彻底颠覆传统商业银行，但其创新优势将激励银行业汲取创新基因，深度嫁接现代信息技术以提升金融服务品质，最终两者将逐步实现融合以完善整个金融体系效率。龚映清（2013）研究发现，互联网金融改变了证券行业价值实现方式，引发证券经纪和财富管理的"渠道革命"，弱化证券行业金融中介功能，重构资本市场投融资格局，并加剧了行业竞争。刘澜飚、沈鑫、郭步超（2013）指出，既有研究显示，互联网金融对传统金融中介的替代作用较小，两者之间存在较大的融合空间；各国中央银行的地位与制定货币政策的能力不会受到互联网金融发展的影响，即使在电子货币完全取代传统货币等极端状况下，中央银行只需调整其实施货币政策的方式及货币政策的传导载体，便可继续影响宏观经济的运行，但这一转变可能需要财政政策的支持。虽然相对于传统金融模式来说，现阶段互联网金融交易的规模较小，但相关政策、法规如何规范互联网金融运行，引导并促进其发展与创新，是值得深入思考与研究的问题。管仁荣、张文松、杨朋君（2014）在利用 DEA（数据包络分析）方法测度出 11 家上市商业银行运行效率的基础上，实证分析发现，互联网金融对银行综合效率、纯技术效率有正面影响，且对国有银行影响大于股份制银行；对银行业整体规模效率有负面影响，但对国有银行和股份制银行有正面影响。

相应的，对于商业银行应对策略的讨论，主要是从提高客户服务质量、拓展服务渠道和深入整合互联网技术与银行核心业务方面进行（宫晓林 a，2013）。梁璋、沈凡（2013）提出银行应逐步扮演"财务全能管家"和"金融服务集成商"的角色，一方面为企业打通和整合网上供应链，从而成为供应链各参与方不同时点、节点上的金融需求解决者；另一方面通过整合多渠道金融产品、增值服务和专业讯息，为企业及个人客户提供一键式、透明、全方位的综合金融解决方案。赵旭升（2014）指出互联网渠道在标准化、显性化和简单化的金融服务中占据比较优势，而在个性化、隐性化和复杂化的专业金融服务方面仍然替代不了专业人员的现场服务。商业银行需要巩固线下专业服务能力，通过合理定位来构建新型互联网平台，从而衍生出巨大的互联网金融产业链。商业银行应以构建 B2B（企业对企业）综合电商平台为切入点，整合交易、金融、数据和各类综合应用，实施线上线下相结合的发展路径，并充分运用互联网管理文化，最终形成自身在互联网金融领域的竞争优势。林雪（2014）认为商业银行应积极推进金融业务与互联网技术在市场拓展、客户服务、支付、融资、风险管理等领域的融合，处理好维持传统优势与开拓新领域的关系、短期利益和长远发展的关系、客户体验与风险控制的关系、业务创新与依法合规的关系。

第三，互联网金融风险具有二重性。互联网金融的本质仍是金融交易（陈志武，2014），因此其风险具有二重性：一是与传统金融的共性风险，互联网金融同样面临信用、市场、流动性、操作性、声誉等一切常规金融风险问题（Yan G，2013；洪娟等，2014）。二是互联网金融的个性风险，如信息科技风险和长尾风险（谢平等，2014），用户敏感信息和个人财产安全存在隐患（黄海龙，2013），

P2P的倒闭和资金链断裂给投资者带来最后贷款人风险、技术风险等（张明，2013），以及互联网金融法律法规滞后的法律风险（YanG，2013；刘越等，2014）。进一步的，互联网金融风险可能更为复杂，存在模式特定风险。如由于互联网金融存在虚拟化、技术依赖、安全系统保障缺失等问题，其风险比传统金融更为复杂（洪娟等，2014），网络匿名环境下的贷款资金交易风险比传统金融业更高（Klafft，2008），互联网的远程及快速处理特点在提高金融效率的同时也加速了支付清算等风险的扩散（谢清河，2013），互联网金融风险外溢、交叉、传染将影响金融系统的安全性。魏鹏（2014）分析了国内互联网金融发展现状、风险特征及互联网金融监管的国际经验，认为互联网金融存在经营主体风险、法律合规风险、技术操作风险、市场流动风险、资金安全风险和货币政策风险等。郑联盛（2014）发现互联网金融风险具有两面性，目前不会引发系统性风险，主要风险环节在于强化了风险的内在关联性。由此，互联网金融监管应兼具包容性和有效性，建立较为完善的互联网金融监管和发展框架。王国刚、张扬（2015）认为在互联网金融热潮中，应防止新一轮的金融泡沫产生。

第四，互联网金融跨界、混业、长尾等特征改变了监管重点，对现行金融监管提出挑战，监管体系变革成为共识。自由放任（laisez-faire）的监管理念只适用于金融市场有效的理想情形（UK FSA，2009）。互联网金融在效率改进同时对金融系统和货币体系稳定性带来挑战，应将金融体系现在和未来的可能变化纳入监管考量（Basel，2000；Allen，Hawkins，2001；BIS，2002）。现行金融监管框架存在监管重叠、监管盲区、监管套利，对金融创新反应慢、滞后性等缺陷，特别是分业监管模式难以应对互联网金融混业下的交叉性风险（张晓朴，2014；刘淑萍，2014），纵向分割体制弱化了对金融消费者的保护（刘士余，2011），已严重不适合目前的金融发展。基于互联网金融目前缺乏完备的征信体系和规范的融资模式等原因，在互联网金融领域容易产生擅自设立金融机构罪、非法经营罪、非法吸收公众存款罪等多种犯罪。此类刑事风险凸显出对互联网金融活动进行刑法规制的必要性。但无论是从金融形式的创新角度,还是从互联网金融的价值和作用角度看,互联网金融均是一种重大的金融创新,由此也决定了刑法对互联网金融活动的规制应保持一定的限度,以免阻滞甚或扼杀创新。针对互联网金融,刑法应当进行限缩性规制,有所为,有所不为(刘宪权,2014)。王达(2014)认为对中国互联网金融的研究不应只局限于金融风险问题,对垄断与不正当竞争的界定与监管、新兴网络金融领域的行业标准的制定以及监管中立与监管协调等众多理论与现实问题,亟待国内学术界进行深入研究。基于上述学者的分析,对于互联网金融进行监管成为共识,但中国学者在对其讨论中形成了从严从紧(陈志武,2014)、宽松和适度监管(乔海曙等,2014)三种不同观点。

在具体的互联网金融监管建议方面,廖岷(2014)建议应遵循线上线下一致原则,建立平衡审慎监管和行为监管两大支柱,构筑机构自身风险管理、市场纪律约束和监管机构防范系统性风险三道防线,但互联网金融的跨界跨业业务增加了监管的难度。对于互联网金融,金融风险和外部性等概念仍然适用,侵犯金融消费者权益的问题仍然存在。因此,审慎监管、行为监管、金融消费者保护等主要监管方式也都适用。鉴于部分互联网金融活动的混业特征,针对互联网金融的监管协调也必不可少(谢平等,2014)。张晓朴(2014)提出互联网金融监管的12个原则,包括适当的风险容忍度、动态比例监管、原则性监管与规则性监管结合、防止监管套利注重监管一致性、关注和防范系统性风险、全范围的数据监测与分析、严厉打击金融违法犯罪行为、加强信息披露强化市场约束、互联网金融企业与监管机构保持良好顺畅有建设性的沟通、加强消费者教育和消费者保护、强化行业自律、加强监管协调。互联网金融更应强调技术和安全层面的监管,如金融经营者服务器故障、宕机、系统设计缺陷、钓鱼网站、黑客攻击、病毒入侵、金融经营者或消费者的误操作。李有星、陈飞、金幼芳(2014)指出在国内实施互联网金融监管,应确定监管主体地方化的方向,采取原则导向监管方式,构建以会员邀请、资金第三方托管、简易信息披露及信息安全保护为核心的互联网金融"安全港"制度。吴晓求（2015）认为互联网金融的内核性风险更多地表现于透明度风险，外置风险则更多地表现于技术和系统安全性，风险的叠加性相对明显。因此，互联网金融监管准则的基石标准应是透明度，外置标准是平台技术安全等级。杨东a（2015）对互联网金融风险规制路径进行了研究，认为互联网金融对金融风险结构的创新，在缔造以金融消费者为中心的竞争型融资市场的同时，也让金融消费者在金融风险分散与利用中首当其冲。金融消费者保护对我国互联网金融的风险暴露、风险分散和鼓励竞争的新型风险规制范式的作用机制，亦折射并检验了依循法律规则的金融消费者风险吸收能力是否合乎投融资便利和公正价格形成的理性，这也成为互联网金融消费者保护风险规制进路的逻辑中枢，并有利于实现形成公正价格的金融法目标。高汉（2014）提出我国目前没有专门法律法规对互联网金融进行规范和治理，也没有专门的部门对其发展进行规划和支持。为保护投资者权益、维护市场秩序，应建立互联网金融企业的征信制度，对互联网金融企业实施业务许可证制度，建立互联网金融纠纷救济制度，制定虚拟金融服务行业自律准则等，以支持互联网金融有序发展，同时防范金融风险。杨东b（2015）认为我国现行管制型立法对互联网金融信用风险规制失灵，催生刚性兑付和过度依赖担保，抑制竞争且加剧信息不对称。因而，应重新厘定信息工具范式，以大数据和征信体系为基础，规范市场准入并明确市场主体法律地位，发挥信息工具之风险预警作用，构建投资者保护立法，完善融合型互联网金融法律规制体系，以弥补管制型立法的制度错配和法律漏洞，并规制信用风险，降低系统性风险，进而激励竞争，促进信息的产生和传递、分散和利用风险，以发挥互联网金融内生的优化资源配置的功能。陈秀梅（2014）指出由于互联网金融市场开放程度高、交易关联性强，风险危害性大，亟须建立与其对应的信用风险管理体系。对于互联网金融业务的创新性、信用风险的复杂性，建议从完善制度设计、丰富风控手段和建立互联网安全标准三方面构建管理体系，以保障互联网金融市场长期可持续发展。张玉明、王洪生（2014）应用复杂适应系统（CAS）理论重点分析了互联网金融所具有的多主体性、环境复杂性、主动适应性、非线性和涌现等特征，进而揭示了互联网金融的微观学习机制、组织协调机制、利益导向机制、信用保障机制以及互动反馈机制，在此基础上提出加强主体之间互动学习、优化金融生态环境、完善监管体系以及健全征信体系等措施将有助于互联网金融的健康持续发展。

就互联网金融各子模式的监管来看，帅青红（2014）指出P2P网络借贷平台诈骗频发以及各种风险的不确定性，都使其监管刻不容缓，通过自律、设立入行门槛、准入机制，建立严苛的处罚机制、风险内控等手段予以规范。王会娟、廖理（2014）从信用认证机制理论入手研究，发现信用认证中工作、收入、视频、车产和房产认证对借贷行为影响最大，此外，较之于单纯的线上信用认证方式，线上和线下相结合的信用认证方式更能提高借款成功率并降低借款成本。因此，应丰富和完善多层次认证指标，规范线下信用认证方式，加强政府对P2P网络借款平台信用认证机制的监管。并且，中国P2P网络借贷平台与西方发达国家有本质区别，主要在于征信系统的不完整性。蒋先玲、徐晓兰（2014）认为现阶段我国第三方支付监管存在立法层级较低、准入门槛过高、单一机构监管模式不适应业务新发展、监管有效性不足等问题，应在充分考虑现阶段第三方支付市场发展特征的基础上，尽快实现第三方支付领域机构监管与功能监管相结合、较低准入门槛与有效过程监管相配套的新型动态监管模式。于春敏、周艳军（2014）认为互联网金融所带来的洗钱风险正日益加大，洗钱方式多种多样。风险隐患包括互联网金融游离于现行法律法规和监管之外、缺乏客户身份识别手段、相关互联网金融机构缺乏履行交易记录保存和可疑交易报告的责任意识、可疑资金追踪监测困难等方面，其中，反洗钱最根本的障碍在于产业碎片化所导致的信息分割。因此有必要从完善立法监管、深入开展客户身份识别、加强系统建设提升监测水平、建立反洗钱激励约束机制、拓展国际合作等方面着手构建宏观反洗钱防御体系，实现各义务主体反洗钱工作间的无缝衔接和反洗钱合力的充分发挥。焦瑾璞（2016）指出，目前各国的数字货币监管可分为三种模式：以欧洲、日本为代表的"货币发行业"监管模式；以中国香港、台湾地区为代表的"类银行业"监管模式；以美国为代表的"货币服务业"监管模式。各国数字货币监管体系发展趋势有三：一是放开市场准入限制；二是加强对发行者的审慎监管；三是加强对消费者的保护[①]。

1.3 研究内容

在绪论部分，本书对于研究背景、研究内容进行了说明，并对该研究进行了文献回顾与梳理。本书的主体部分是第二章至第十章，具体的结构安排如下：

第二章 首先对于互联网金融的概念进行了界定，并从其交易行为的观察发现其特点，尤其在与传统金融的比较中分析两方的各自优劣势。继而，从金融创新、金融中介、网络经济学、长尾理论和声誉模型对互联网金融发展的理论基础进行了梳理与回顾，这些理论是互联网金融发展的基石。接下来，该章分析了互联网金融发展的三个交织阶段：金融互联网化、互联网金融化以及FinTech在全球的发展。

第三章 首先从网络经济发展、金融抑制、金融消费者行为变迁三个方面分析了互联网金融在我国发展的微观机理。继而以Merton于1995年提出的金融功能观（金融功能比金融机构更稳定）为基础，从金融功能的视角分析了互联网金融的模式分类。

第四章 以前一章模式分析为总架构，对每种具体的互联网金融模式及其在国内外的发展状况进行了详细介绍，特别的，在每种模式分析时都遴选了互联网金融典范企业进行案例分析，重点分析其业务经营模式和盈利模式，以期从实践层面为读者提供参考。

---

① 焦瑾璞. 数字货币的三种主要监管模式[EB/OL]. 清华金融评论, 2016-1-27[2016-2-2]. http://www.thfr.com.cn/post.php?id=66865.

第五章 互联网金融由于其具有的金融本质，必然会对宏观经济产生影响，在提升金融运行效率、优化资源配置、推进金融普惠的实现方面，无可否认发挥着正外部性；而也正是其具有的金融本质，信用创造在传统金融体系外发生，势必对中央银行的货币政策产生影响。

第六章至第八章 这三章分别从互联网金融对传统银行业、证券业和保险业的影响进行了分析。互联网金融从负债业务、资产业务、中间业务等方面对传统银行业产生了不同程度冲击，同时以外部力量促使传统银行业进行变革。对于证券业，则间接推动佣金率下降、P2P和众筹补充了初创企业融资断层、证券和基金管理公司向泛资产管理转型。对于保险业，其保费增长速度、渠道贡献结构、定价模式、市场结构均发生了变化。

第九章 互联网金融不仅具有正外部性，其发展过程中的风险更不容忽视。第九章首先对互联网金融风险的二重性进行了分析，并进而对具体风险和每种模式的特殊风险进行了梳理，以形成监管讨论的基础。

第十章 金融监管应以金融体系的整体安全为考量，并要支持实体经济的发展，由此金融监管需要在金融创新和金融稳定之间寻求平衡点。在回顾金融监管理论的基础上，第十章对我国互联网金融监管框架和现状进行分析，说明了"为何监管""监管什么""如何监管"三个问题，并整理了他国监管模式、实践、进展，以期形成有益经验借鉴。

第二章 互联网金融发展的理论基础及最新进展

2.1 互联网金融内涵界定及特点

2.1.1 互联网金融的界定

市场化改革进程中，金融领域改革相对滞后（黄益平，2010），但随着互联网成为推动经济发展的重要力量，其对于传统经济的影响逐步渗透到金融行业。其以外部力量推动金融业变革，不断扩展传统金融边界（张晓朴，2014），这种产业趋势和商业模式的变化给金融业带来的冲击比经济周期波动带来的影响更为巨大。互联网金融以市场力量推动了金融民主化、自由化，在满足实体经济发展、推进利率市场化、信息技术革新、金融包容性增长方面都发挥着积极作用。政府也多次申明，要积极鼓励互联网金融的创新与发展。

对于互联网金融的界定，不同学者提出了不同看法。关于互联网金融本质的讨论有两种代表性观点：

观点一认为其既不同于商业银行间接融资，也不同于资本市场直接融资，是第三种金融融资模式（谢平、邹传伟，2012）。谢平、邹传伟（2012）将互联网金融视为一个谱系概念，涵盖了因为互联网技术和互联网精神的影响，从传统银行、证券、保险、交易所等金融中介和市场，到瓦尔拉斯一般均衡对应的无金融中介或市场情形之间的所有交易和组织形式。

观点二则认为互联网金融只是在渠道上挑战传统金融，本质仍是金融交易（陈志武，2014；杨凯生，2013；殷剑锋，2014），但形态会发生很多变化，而且互联网归根到底是一种技术，提供渠道、数据分析，本身没有改变资金融通的本质（黄益平，2015），互联网金融成为信息时代的一种金融模式（林采宜，2012），是技术作为必要支撑的"基于互联网思想的金融"（Allen，2002）。

央行（中国人民银行金融稳定分析小组，2014）将其定义为互联网与金融结合，借助互联网和移动通信技术实现资金融通、支付和信息中介功能的新兴金融。在本文的分析框架中，我们采用央行对于互联网金融概念的界定，它是一个宽泛的概念，也是一个动态的概念。由于互联网金融的发展一直在进行，创新不断，因此，我们认为央行的界定更为适宜；更进一步的，央行的概念界定强调了"资金融通、支付和信息中介功能"的实现，我们认为互联网金融的存在、发展皆因其实现了金融的功能，Merton（1995）特别指出，金融功能较金融机构更为稳定。金融机构的形式并非是人们选择金融机构的动因，重要的是金融功能的实现，这也是我们采用央行概念界定的另一个重要原因，以下分析皆基于此展开。

2.1.2 互联网金融的特点

互联网金融的发展，其核心是基于信息的传递、分析和交易费用的大幅降低，在此基础上改变了整个商业模式，为金融行业的发展趋势提供了全新的方向和领域，为金融行业的发展注入极大想象空间。

根据央行发布的《中国金融稳定报告 2014》，互联网金融的主要特征有三：一是以大数据、云计算、社交网络和搜索引擎为基础，挖掘客户信息并管理信用风险。金融供求双方的信息通过社交网络或历史交易数据信息揭示和传播，通过搜索引擎对信息进行检索、组织、排序，通过云计算的高速高效处理能力处理信息，形成在时间上连续、体现动态变化的更有意义的有序信息。由此给出金融需求方的动态违约概率和风险定价，有针对性地满足用户在信息挖掘和信用风险管理上的需求。二是以点对点直接交易为基础进行金融资源配置。金融产品和资金的供求信息在互联网上发布并匹配，不需要经过银行、证券公司或交易所等中介，供求双方可以直接联系和达成交易，交易环境更加透明，交易成本显著降低，金融服务边界进一步拓展。三是通过互联网实现以第三方支付为基础的资金转移，第三方支付机构的作用日益突出。

互联网金融的主要优势在于其提高了信息收集、信息处理和风险定价的处理效率，降低了交易成本，提高了资源配置效率。互联网替代传统金融中介和市场中的物理网点和人工服务，以手机银行为例，其交易成本显著低于物理网点和人工柜员方式（CGAP，2008）；以第三方支付为例，其通过二次结算方式实现大量小额交易在第三方支付公司的轧差后清算，从而降低交易成本（谢平等，2014）。而其提供的良好的客户体验和成本的节约，被其用于增加客户投资收益率、降低客户贷款利率，从而吸引更多客户并提高了客户黏性。而传统金融业更注重服务少数的个人和少数的企业，前者例如高净值客户，后者例如规模更大、收益更高的大型企业（包括央企和国企）。

相比之下，互联网金融以技术替代了传统金融业的物理网点和人力，在效率敏感、收益敏感、便捷敏感方面最容易形成对传统金融业的冲击，其共同特点在于此类业务易于标准化；而非标准化金融业务，例如大型企业的金融需求，要通过定制化的方案进行满足，在此方面，目前传统金融业更具优势。见表2.1。

表2.1 互联网金融与传统金融业的优劣势比较

	相对优势	相对劣势
传统金融	市场公信力更优； 拥有大规模存款和投入成本； 较高监管标准，但在极端事件发生时，可能得到政府支持，特别是那些"太大而不能倒（too big to fail）"的系统重要金融机构； 复杂产品和结构性金融产品提供上拥有更丰富的经验； 仍然控制大型企业客户和机构业务，提供定制化服务（customized service）	线上用户接入存在比较劣势； 单位经营成本更高； 规模太大不易于推进结构转型； 利率受到管制

续表

	相对优势	相对劣势
互联网金融	拥有电商平台实时数据，建立了自身的信息处理新模式； 易于接入线上用户，在互联网和手机覆盖区域均能提供金融服务； 营运成本较低； 便于用户随时随地使用； 易于进行转型	未来监管将会更加健全、严格，行业经营面临调整； 利率市场化改革完成后，其回报吸引力可能下降； 存在信用风险隐患，例如部分P2P平台的倒闭； 缺乏设计复杂产品的经验； 服务受众以小微企业、个体经营者和个人消费者为主

资料来源：笔者根据瑞银证券相关研究整理

虽然互联网金融业务操作简便，方式灵活，没有地域限制，节省人员和机构成本，在服务客户和信息收集处理方面有其独特的优势。但在对公业务中，如何把握公司在业务、专业化、综合化等方面的优势，结合互联网金融浪潮中新业务模式带来的金融服务链条延伸、范围扩大，更有针对性利用互联网金融兴起的机遇，仍是一个全新的问题。

2.2 互联网金融相关理论基础

互联网金融发展的理论基础既有基于金融机构和金融创新的相关理论，又有基于网络经济的相关理论，以往学者的研究视角主要包括了金融中介理论、网络经济理论、梅特卡夫定律、长尾理论和KMRW声誉模型[①]。

2.2.1 金融中介和金融功能

金融机构的形式并非唯一的、不变的，金融功能远比金融机构稳定。

---

① KMRW 声誉模型是由戴维·M. 克雷普斯（David M. Kreps）、保罗·米格罗姆（Paul Milgrom）、约翰·罗伯茨（John Roberts）和罗伯特·威尔逊（Robert Wilson）所建立的，对有限重复博弈中信誉效应（即合作现象）做出了很好的解释。

经济学对金融中介问题的真正关注始于1960年底左右（张杰，2001），但真正研究金融中介核心理论则是在Chant（1989）将信息经济学和交易成本引入金融中介研究中[①]，Chant（1992）将金融中介理论分为"旧说"和"新说"，"旧说"中金融中介只提供资产转型服务，是被动的资产组合管理者；"新说"则探究金融中介为什么存在。由此，信息经济学、交易成本的变化对于互联网金融提供了发展的理论基础。换言之，信息的普及和扩散路径以及交易成本的变化将影响到金融中介的发展，从而为金融机构多种形式的存在，如物理网点、纯网络银行，提供了理论上的依据。Mishkin（1995）进一步的研究发现，金融中介的存在原因主要在于两个方面：一是金融中介能有效降低资金融通的交易成本，因为其拥有规模经济和专门技术；二是金融中介具备专门的信息处理能力，能够依次缓解信息不对称及次生的逆向选择和道德风险。但金融中介是否一定是金融机构呢？或者说金融机构的形态是否就是目前的样子呢？Boot et al.（1999），Greenbaum and Thakor（1993）发现金融中介、金融中介的声誉、竞争之间相互影响，随着时间的推移，金融机构的形式和特征或许会有很多不同，但金融功能远比金融机构更稳定。Merton（1995）指出金融体系具有六大基本功能，即清算和支付功能、融通资金和股权细化功能、资产配置功能、风险管理功能、信息提供功能、解决激励问题。就互联网金融发展而言，金融功能的提供恰恰是互联网企业能够跨界进入金融领域的关键所在。

Merton、Bodie（1993）认为融资、风险管理以及信息发掘等功能的发挥，从根本上都依赖于各类信息的搜集和处理能力。互联网金融基于网络，在信息搜集和处理上恰恰具有明显优势。在交易成本上，Jeffrey Brown、Austan Goolsbee（2002）发现基于互联网价格比较平台可以有效降低保险消费者的信息搜寻成本，从而降低保险价格并提高保险市场竞争性。James Garven（2002）认为互联网不但可以降低保险的交易成本，还可以降低市场进入门槛，从而增

[①] 张杰. 金融中介理论发展述评[J]. 中国社会科学, 2001(6):74-84.

加保险市场供给,并通过让客户"买得起"提高客户的购买能力。由此,不管在信息搜集、处理,还是在成本方面,互联网金融由于其基于信息技术、基于网络的优势,通过金融功能的提供跨界进入金融领域,为其发展提供了广阔空间,更为金融的发展注入极大想象空间。

2.2.2 网络经济理论、梅特卡夫定律和长尾理论

网络经济是知识经济的一种具体形态,基于该理论,每个人都有富余但是零碎的时间、资金或其他资源,把这些闲置时间、资金、资源汇聚起来,或随时随地使用起来,可以有目的地创造更多价值。进一步的,实现快捷性、高渗透性、自我膨胀性等。平等、自由、开放、共享、普惠、便捷、创新是移动互联网的核心精神,是移动互联网影响力的本质。基于快捷性,时间、地域、媒介限制被突破;基于高渗透性和自我膨胀性,梅特卡夫定律阐释了网络的价值随着用户数量的增加而平方数增加。20世纪90年代以来,互联网络不仅呈现了这种超乎寻常的指数增长趋势,而且爆炸性地向经济和社会各个领域进行广泛的渗透和扩张。计算机网络的数目越多,它对经济和社会的影响就越大。梅特卡夫法则揭示了互联网的价值随着用户数量的增长而呈算术级数增长或二次方程式的增长的规则。

1993年,美国经济学家Enonomides运用网络经济学进一步分析了金融市场中的外部性,研究发现,众多的金融供给方和需求方通过金融中介和金融市场被连接起来,形成单向网络,具有明显的网络外部性,正外部性在于市场规模扩大带来流动性的增强,负外部性在于市场规模扩大可能导致金融市场价格发现功能失效。而互联网金融降低了交易成本,基于时间地域的不受限而扩大金融市场规模,放大了上述正负外部性,从而对金融市场产生影响。这也是谢平、邹传伟(2012)对于互联网金融界定的基础所在,即因为互联网技术和互联网精神的影响,从传统银行、证券、保险、交易所等金融中介和市场,到瓦尔拉斯一般均衡对应的无金融中介或市场情形之间的所有交易和组织形式。

与网络经济相关的另一个理论是长尾理论，长尾最早由Chris Anderson提出，用来描述如亚马逊等网站的商业模式，当商品储蓄流通渠道足够宽广，商品生产成本急剧下降以至于个人都可以进行生产。之前看似需求极低的产品，其累计占据的市场份额，却可以和主流产品市场份额相当，甚至更大。因此，曾经被忽略的正态曲线的"尾部"，其产生的总体效益甚至会超过"头部"。因此，网络时代是关注"长尾"，并发挥其效益的时代。那些曾经被传统金融领域所忽略的创造20%收益的80%的客户[①]，那些处于金融排斥中的群体，那些在过去被视为利基市场的，却被互联网金融所重点服务，这正是互联网金融服务长尾的根基所在，也是其间接实现金融包容性增长的缘由所在。

2.2.3 KMRW 声誉模型

KMRW声誉模型（Reputation Model）讨论的是不完全信息重复博弈中的合作行为，其主要观点是：参与人对其他参与人支付函数或战略空间的不完全信息对均衡结果有重要影响，合作行为在有限次重复博弈中会出现，只要博弈重复的次数足够长。"坏人"可能在相当长时间内表现得像"好人"一样。当只进行一次交易时，理性参与者往往采取机会主义行为，通过欺诈等非名誉手段追求自身利润最大化，结果是非合作博弈均衡；但多次重复交易时，参与者通过建立自己的声誉来实现长期利益，如此的话，一定时期内合作博弈均衡能够实现。

Cabral（2012）因此将声誉作为解决网上交易欺诈风险的一种机制："尽管有各种机制来处理欺诈，但信誉是企业的最佳选择之一。" 例如，早期的创意项目或企业在传统金融市场上融资时，需要借助于实地的尽职调查以及个人关系。但目前基于众筹融资，借款者可以通过充分披露其项目信息、回报产生等，对投资者释放直至形成信任信号；众筹融资的实例证明，教育水平与筹款成功呈正

---

① 即"二八定律"，这是一直以来支撑传统非互联网商业模式的理论，存在两个层次的解读：一种是大约80%的市场由大约20%的客户占据；另一种是大约80%的市场由大约20%的品牌或产品占据。过去在"二八定律"的指导下普遍认为，20%的优质客户提供了公司80%的利润，而其他仅仅20%的利润则是由其余80%的客户带来。

相关关系（Ahlers et al.，2015），拥有专利、成功经验、担保人的出现都是一种质量信号（Hsu，2007；Robert，2011），信号是投资者判断的一个基础。同时，网络交易市场还提供反馈机制：Tucker和Zhang（2011）发现，报告销售信息对融资选择具有重要影响，另外，投资者可以通过查询平台交易记录，以及前期投资者在交易平台上的评价，形成借款人的市场声誉。这对于借款人能否顺利实现融资至关重要（Cabral，2012）。此外，第三方中介机构提供的优质信号也能促进市场参加者之间的信任。在众筹融资平台上，投资者越来越多地使用Facebook（脸书）、Twitter（推特）、LinkedIn（领英）等著名社交网络，通过观察评价作为甄别辅助，以规避道德风险。信任和声誉至关重要，是解决信息不对称的有效方法，在足够长的重复博弈下，能够形成合作博弈均衡。

2.3 互联网金融发展：金融互联网化、互联网金融化与FinTech

从早期美国互联网金融的发展到目前FinTech的最新进展，互联网金融的发展经历了"金融互联网化""互联网金融化"与FinTech（金融科技）交织发展的阶段。在我国业已形成了以传统金融机构、互联网巨头和金融科技公司为主的格局。

2.3.1 金融互联网化

金融互联网化指的是信息技术作为一种技术性工具，替代了传统金融业的业务处理方式，主要指金融机构传统业务的互联网化。以美国为例，其金融互联网化在证券经纪、银行、保险业全面展开，学界曾一度展开鼠标（mouse）战胜实体金融机构（brick）的大讨论。

在证券业，1992年，美国第一家互联网经纪商E-trade成立，提供比Charles Schwab等传统经纪商更低廉的佣金费率，Charles Schwab预见到自1990年底中期互联网规模的兴起，网络将成为中小零散客户交易的重要平台，因此，在业界率先对互联网在线交易系统进行重投资,迅速成为美国最大在线证券交易商。E-trade以及Schwab通过网络发展了惊人的折扣经纪服务业,从而推动了整个证券经纪行业的信息化和网络化,电子经纪服务成为重要发展趋势。在银行业,20世纪90年代中期开始,在线银行对于银行业变得越来越重要。1995年10月,美国花旗银行率先开始,形成了虚拟银行的雏形。同月,世界第一家纯网络银行"安全第一网络银行"(SFNB,Security First Network Bank)开始营业,它不设立物理网点,采取通过互联网向客户提供银行服务的经营模式,为客户提供全天候服务,当时其提出的口号是"from Brick to Click"(从传统到现代),三年时间跃居美国第六大银行,并推动其他商业银行开展互联网业务。与银行业相比,保险公司整体使用互联网相对占比较小。1995年,InsWeb作为网络保险电商公司,发展迅猛并于1999年在纳斯达克上市。1998年,线上拍卖及购物网站eBay(易贝)成立并设立国际贸易支付工具PayPal,电子支付与货币市场基金对接,开创互联网货币基金的发端。

表 2.2　美国金融互联网化的过程

时间	事件
1981	位于纽约的几家银行以家庭终端设备通过电话线连接金融机构提供"Home Banking"(家庭银行)服务。
1994	斯坦福联邦信贷联盟首先向全部用户提供相对完善的网上银行服务。微软设计了个人金融软件使得超过10万户家庭拥有网上银行账户。
2001	美国网上银行用户超过100万;超过1900万家庭使用网上账户。
2005	美国监管当局发布网上金融服务条例,要求金融机构强化信用评估、风险管理和证券交易。美国成立了一批独立的网络金融机构。
2007	随着iPhone等智能手机上关于电子钱包和其他金融服务应用程序的出现,移动银行业务开始崛起。
2009	拥有网上银行账户的家庭超过5400万,自2001年起复合增长率达14%。同时,网上银行的发展促使银行整合分支机构。
自2010	自全球金融危机以来,个人金融状况的脆弱性刺激了个人金融管理需求。

资料来源:作者根据瑞银证券相关资料整理。

到 20 世纪 90 年代末，美国互联网金融形成了自下而上的产业层级，并出现了纵向整合和跨界经营的网络金融集团和企业集团，互联网技术影响了除大企业借贷之外的银行业和金融中介的几乎所有方面。信息技术的广泛使用使得银行得以距离其借款人"一臂之遥"，例如，1973 年，银行和小企业借款者通过面谈沟通的比例为 59%；1993 年，这一比例下降为 36%。更进一步的，银行与其典型小企业借款人的平均地理距离从 1973～1979 年间的 25.75 千米延长到 1990～1993 年间的平均 109.43 千米的距离（Petersen & Rajan，2002）。银行业在信息技术上的不断投入引起一个广泛讨论的问题：银行使用互联网是提高其现在使用的渠道"bricks and clicks"（网点和点击）还是替换它们"bricks or clicks"（网点或点击）。

表 2.3　20 世纪 90 年代末美国互联网金融的产业链条与服务模式

产业层级与链条	主要功能	代表性机构和产品
技术顾问	为金融机构和专业金融服务提供商提供软件和技术支持	如 Security First、Check Free、Sanchez 等软件工程公司
金融产品	提供传统与非传统的互联网金融产品	抵押贷款、网络借贷、网络经纪、互联网保险、电子钱包、网络转账支付、网络信用卡服务
金融机构	传统金融机构、新兴网络金融机构、电信运营商等提供网络金融服务的机构	网络银行 Telebane，X bank；网络券商 E-trade，Ameritrade；网络保险 INSWEB；网络支付 Spectrum，CYBER cash
综合服务网站	为金融消费者提供金融产品检索、价格比对等多样化金融服务的平台	Lending Tree.com、Dollarex.com、Advance Mortgate.com、Insweb.com
门户网站	连接服务端口和金融机构的媒介，提供个性化的金融信息服务	传统金融机构 Citi Group、互联网巨头 微软、其他门户网站 雅虎
服务端口	提供金融服务的网络接口	联网的 PC（个人计算机）、智能手机等

资料来源：王达，美国互联网金融的发展及中美互联网金融的比较——基于网络经济学视角的研究与思考[J]，国际金融研究，2014（12）：47-57.

在我国，中国银行最早于 1996 年设立网站，主要体现为互联网为金融机构提供技术支持，帮助银行"把业务搬到网上来"。我国各类金融机构实施电子化、信息化和网络化由来已久。2013 年商业银行电子银行替代率达到 79%，电子渠道依赖性或逐步增强。而其中，民生、中信、招商银行的电子银行交易笔数替代率在 92%以上，高于国有银行，其原因在于股份制商业银行没有物理网点优势，所以更为注重电子银行的发展。这种转变利于降低成本收入比率（cost/income ratio）。

2.3.2 互联网金融化

互联网金融化是依托互联网信息技术，衍生出新型金融服务模式并演变为推动金融业变革的重要力量。目前，互联网金融化的参与主体是非金融企业，在我国的发端业界认为始于 2013 年，代表性的事件如表 2.4 所示。

表 2.4 我国互联网金融发展进程中的代表性事件

类型	事件
互联网基金销售	2013 年 6 月，支付宝与天弘基金合作推出上线"余额宝"，客户把支付宝账户余额转入余额宝相当于向天弘基金购买货币基金产品。余额宝从诞生至 2017 年 1 月，累计用户已经超过 3 亿人，成为全球客户数最多的基金。其他拥有第三方支付牌照的互联网公司纷纷推出类似产品，如东方财富网推出的"活期宝"和微信推出的"微信理财通"等。
互联网支付	互联网支付的主要表现形式有网银、第三方网上支付和移动支付等。《在第三方互联网支付市场中，支付宝占 48.7%、财付通占 20%、银联在线 10%。同时，根据央行发布的《2013 年支付体系运行总体情况》，全年中国移动支付业务 16.74 亿笔，同比增长 212.86%；移动支付金额 9.64 万亿元，同比增长 317.56%。第三方支付公司拥有巨额沉淀资金，具有开展金融业务的潜在能力，因此能够对整个金融体系产生影响。
互联网贷款：P2P	P2P 借贷平台为借贷双方提供网上撮合，如 Lending Club、Prosper、Zopa、Social Fiance、拍拍贷、红岭创投等，开创了连接投融资双方的渠道。

续表

类型	事件
互联网股权筹资：众筹	互联网金融模式中，众筹融资（crowd funding）不像传统公司通过证券公司辅导上市来向公众筹资，而是通过募资企业在互联网上发布创意，以商品、服务或股权、债权等形式作为回报，在线募集项目资金，包括预售式、股权、会籍式、捐赠式众筹。互联网众筹以2001年美国艺术众筹网站ArtistShare的成立为标志，此后呈爆发式发展，典型代表包括KICKSTATER、点名时间等。
金融产品信息垂直搜索服务：融360	金融产品搜索引擎发挥了信息提供功能，通常采取"搜索+比价"的模式，如融360、91金融超市、银率网等。金融消费者通过这一途径提高信息可获得性和及时性，并节约了信息获取时间和成本，从而增强了客户和服务提供商之间的黏度。除了大型的互联网金融服务平台以外，一些小型的特色化服务平台甚至APP（手机软件），受到了人们的追捧。国内最早的移动互联网金融服务平台"挖财"提供记账管钱、理财、信贷一站式资产管理服务。
互联网金融云计算服务：聚宝盆	2013年11月，阿里巴巴推出"聚宝盆"，项目实质是阿里云与支付宝联合为国内区域性银行输出云计算服务能力。"聚宝盆"让"占国内多数小型金融机构的持卡人也能享受安全、便捷的互联网金融服务，并将由此助推农村电子商务"。

从表2.4可以发现，互联网企业对传统金融行业带来的冲击正在逐步显现和扩大，如第三方支付和云计算等技术的渗透不断带动金融行业创新升级，P2P借贷和众筹（Crowdfunding）甚至形成了不同于传统金融的新兴融资模式。

2.3.3 FinTech（金融科技）的快速发展

（1）FinTech产生的动因

国内互联网金融的发展，主要原因在于金融抑制带来的金融供给结构性不足，以及金融监管套利。与此不同的是，英国、美国的金融供给较为充分，其互联网金融更多用金融科技（FinTech）来表述。2009年金融危机之后，美国金融行业受到重创，金融监管要求银行合规程度提高，而同时，在金融业受损同时，催生的金融科技服务FinTech倍受关注，FinTech指Financial（金融）Technology（科技），其发展动机也不同于国内，其初衷在于利用科技提供风险管理、数据分析、交易平台从而提供金融服务。金融科技服务包括数码支付和汇款、P2P借贷和集资平台、金融产品投资和发行平台，以及大数据、数据分析、网络安全和数据安全技术等。其服务与传统金融提供的金融产品和服务并非是颠覆的关系，而是互为补充。美国的一批精英智囊认为：维持全球领导地位的核心是科技，科技必须依靠经济，经济的核心是金融。但是银行信贷资金总是选择风险最小的借款人，而并非是支持创新的。因此FinTech的发展应引起我国金融机构和互联网公司的特别关注，并在这次热潮中能够紧紧跟上。

FinTech并不仅仅是例如Pingit、TranferWise的支付公司（它们为个人和公司提供了资金汇往海外的更低成本），还包括智能机器人提供金融建议，区块链等技术在金融业的应用。实际上，FinTech覆盖的业务领域极为广泛。例如智能理财软件Robo-adviser通过年龄、工资、投资目标和风险偏好等一系列参数，自动设计投资组合，较之于传统的面对面交流更为快捷和成本更低。由于大部分自动理财资金以跟踪一些主要股票和债券指数基金为主，目前已被大型资产管理公司黑岩集团收购；Future Advisor则是另一款在美国具有影响力的智能理财软件，由两位前微软工程师开发，软件根据现代组合投资理论建模，在市场机会的把控、股票的选择等方面模拟优秀金融理财师的思维，利用算法调整投资者年龄和风险偏好。

由此，FinTech更是一个实现目标的工具和路径，以新型、便捷的方式提供金融服务。更为重要的是，它是推动与鼓励竞争的重要力量。英国的金融行为监管局（Financial Conduct Authority，FCA）已经开始了创新实验（innovation hub）。

（2）2014年以来FinTech快速发展

2014年，全球共有122.1亿美元投资投向Fintech公司，增长率为201%，较之于风险资本投资63%的增长率，增速显著。该行业在2014年创造了13.5万个就业岗位。美国占据了最大份额、欧洲成长最快，投资分别达到14.8亿美元、9.76亿英镑，保持了215%的年增长率。英国是FinTech发展速度最快的区域之一，英国及爱尔兰FinTech投资达到6.23亿美元（4.1亿英镑），同比增长136%。硅谷投资相较于2013年翻倍，达到20亿美元的市场投资，超过了欧洲整体投资额。金融科技部门常被认为是新旧之间的战争。建立于1971年的支付处理服务提供商First Date，在2014年通过资深投资机构KKR集团筹措到35亿美元的私募资金；成立于2006年的P2P借贷平台Lending Club，2014年在纽约交易所融资8.65亿美元，市值85亿美元，成为2014年美国IPO（首次公开募股）的最高纪录。风险投资数据公司CB Insight和全球专业服务机构毕马威KPMG联合发出的报告显示，仅在2016年第一季度，风险投资支持的金融科技类公司在全球总共建立了218个筹资项目，筹资金额达到49亿美元，同比去年翻了一番。

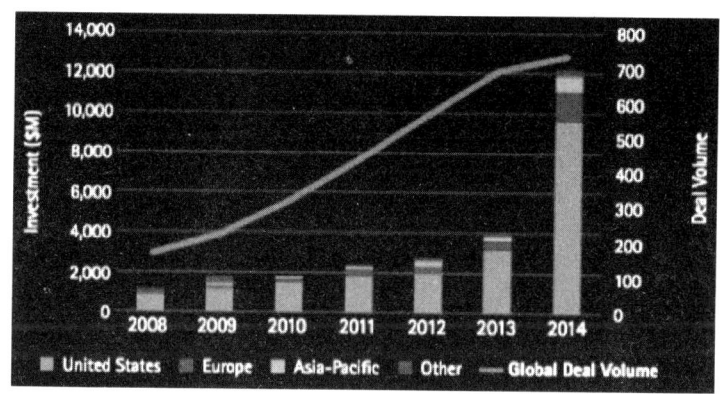

图 2.1　全球 FinTech 融资活动

资料来源：埃森哲

（3）FinTech对银行业的影响

金融产业的数字化革命正在进行，银行想成为科技公司，而科技公司却想成为银行。虽对当前银行的影响还是未知的，但潜在地将缩减现今银行的作用和相关性；同时FinTech鼓励金融机构之间相互竞争，通过创造更好、更快、更便宜的服务以保有并获取金融消费者，并成为机构和个人日常生活中的更为基本的部分。传统金融机构应改变其商业模式而不是眼看着新商业模式的去中介化发生在他们身上。面对如此的竞争，开放、合作和投资将是传统金融未来发展的主旨，传统金融业既需要处理好传统技术的应用，又需要管理好大量新智能的融入。

FinTech对传统银行业的影响可置于两种情景下进行讨论。

情景1：数字化冲击。

由于银行要达到监管要求以及降低成本，转向数字化时代并能提供更有效金融产品和服务的市场参与者更易在竞争中胜出。银行继续基于产品的销售模式而非改进客户体验，使其缺乏前进动力，他们虽然仍在竞争，但却是在竞争减少的钱包份额。因此，在此情境下，银行应在内部开展互联网新技术创新，提高服务效率，降低运营成本。以花旗银行为例，其生态圈（Eco-system）建设战略，让客户在旗舰店、全功能网点、简易型网点、ATM（自动取款机）和电子银行（网银、手机银行和平板终端）之间自由穿梭，无缝衔接服务流程。不刻意区分线上与线下，而是保证服务流程的衔接平滑。让客户在最合适的场景，选择最合适的服务渠道，对客户需求的响应恰到好处，让客户感觉到随时、随地、随心。

情景2：数字化构想。

创新焦点在于使得客户生活更为容易，而非资产垄断。利润来源因客户洞察力成长，随着时间改变，银行要更善于与相邻商业模式进行合作。因为他们意识到短期来看，银行具有基础设施优势和客户数据，但长期来看，如果不能将其转化为解决新兴数字客户需求的话，那么原先优势势必消失。因此，银行可以通过与金融科技公司合作，达到提升服务黏性或开发全新客户群体的目标。以大通银行与MCX（二维码扫码支付公司）合作为例，大通银行将8900万个人客户开放给MCX，作为使用扫码支付的天使客户，从而为自己的零售客户提供全新的支付体验，提升客户使用体验好感度；再如大通银行与网贷平台On Deck合作，通过使用该公司网络贷款平台的大数据挖掘和信用评价技术，拓展自己的中小企业贷款业务，而对市场则以银行服务面目出现，内部使用On Deck的技术平台并付授权许可费用。

花旗银行全球视角及解决方案部门GPS（Global Perspectives & Solutions）在2016年3月发布的一份报告中得出结论，称金融科技（FinTech）将大大改变如今的银行经营模式。报告认为，银行们的"优步（Uber）时刻"即将到来，银行的实体网点将被淘汰，移动设备将成为客户和银行之间的主要沟通"中介"。这意味着银行不再需要那么多实体网点，包括在其中工作的人。花旗预计2015～2025这十年间欧美银行将裁员30%，数量最多达到170万人。《2016 PWC（普华永道）全球金融科技调查报告》称，全球83%的传统金融机构高管认为，至少一部分业务会被独立的金融科技公司抢走，展望五年后，金融科技业可能分掉传统金融行业23%的业务，银行、券商、资产管理、保险，无一可以幸免。目前为止FinTech的绝大多数价值与电子商务领域相关，很多国家的银行业还有接受FinTech改造的机会，如果任由低利率环境侵蚀银行的利润空间，可能会失去所有的利润。对传统银行来说，保持自己在借贷领域的市场份额是眼下当务之急。花旗分析认为，银行业56%的利润来自放贷，7%的利润来自支付。P2P借贷虽然规模还不大，只占到全球贷款的1%份额，但发展势头相当迅猛。花旗还发现，FinTech在亚洲和欧美的发展情况区别较大。比如美国新商业模式相关的收入在零售银行中只占2%～3%的规模，在企业银行业务中收入占比更低。而在中国，"金融流动从实体到数字化的转型令人叹为观止"，96%的中国电商销售过程没有银行参与①。

竞争并非仅仅是传统银行业所强烈感受到的，金融科技公司在发展中，同样要与银行业拥有的完善的技术体系、扎实的客户基础、全面的基础设施建设等方面展开竞争。麦肯锡（2016）认为金融科技公司在六个方面具有优势：一是获取客户的模式。例如基于云端服务的在店收付（POS）系统开发企业 Revel，在国际三大银行卡组织

---

① 资料来源：江金泽. 银行业"Uber时刻"来临？上百万银行雇员或失业[EB/OL]. http://wallstreetcn.com/node/234246

Europay、MasterCard、Visa 混战之际，推出新的 POS 机系统（云技术使得实体店不需要部署后端服务器，一台 iPad 平板电脑即可完成订单录入、支付处理、人员调度、出勤打卡、存货管理、产品/菜单管理等 POS 功能），未来可能颠覆整个零售收付体系。这类公司从商业系统入手，可以有效利用各大品牌下属的连锁店，或者其原有的商业关系，比起一个一个吸收客户来效率要更高。二是服务成本削减。传统银行业实体的布点是其面对多数 FinTech 挑战者最大的成本劣势。例如，一些互联网金融企业的资金成本比传统银行有至多 400 个基点（4%）的优势，因为互联网金融企业不需要布局实体网点，可以将这部分成本回馈给客户。三是数据的创新使用。不能否认的是，大数据分析在预测方面要好过传统银行，传统银行的信贷业务主要依靠"判例法"，贷款申请人历史信用记录的权重很高。而大数据则在分析客户需求并给出针对性的创新金融服务方面具有优势，并且随着这个世界上的数据收集越来越庞大。四是细分领域的逐个突破。在 FinTech 领域中，三大细分客户特别值得发力且容易取得突破：千禧一代、小企业以及未能得到充分金融服务的人群。这些客户群体数量庞大，对成本十分敏感，并且易于接受远程金融服务。五是利用现有基础设施，寻找与现有银行系统的合作。例如 Apple Pay（苹果支付）通过摆脱"卡片为基础"的交易模式，通过"tokenization"（标记化）使用苹果自己的体系为用户提供便捷安全的电子支付体验，在我国，Apple Pay 已全面实现与招商银行的合作。六是监管风险管理。监管是决定 FinTech 影响力能扩展到何种程度的最关键因素之一。尽管监管层可能无法改变社会发展的大方向，但是他们可以控制 FinTech 的发展速度和影响力，如果 FinTech 可能引发重大的行业或社会冲击，监管层一定会介入干预。

案例[①]2.1　FinTech Innovation Lab（FinTech 创新实验室）

FinTech 创新实验室是为发展金融服务业前沿技术的企业家和初创公司设计的年度指导计划。实验室将世界领先金融服务公司的

[①] 书中案例均为作者根据公开网络资料整理得到。

首席信息官和高级决策者聚集到一起,以指导一批有抱负的企业家,并细化为三个月的时间内测试他们的主张与想法。2010 年,FinTech 创新实验室成立于纽约,由纽约市和埃森哲咨询公司赞助资金,在 2012 年,这一项目在伦敦发起,15 家全球和本国银行的高级管理者参加了该项目,包括美国银行、巴克莱、花旗、瑞信、德意志银行、高盛、汇丰银行、摩根大通、劳埃德银行集团、摩根士丹利、瑞银等。参与这一项目的人员收获了一系列成功,平均而言,伦敦初创公司的员工人数增长了 55%,收入增加了 170%。该实验室还帮助其提高了融资资本金额。到目前为止,已募集超过 3500 万美元。2014 年,这一项目又拓展至中国香港和爱尔兰。

专栏 2.1 来自 The Fiscal Times (《财政时报》) 对于 FinTech 的新闻报道[①]

FinTech 热潮已经持续一段时间了,它涵盖了很多类别。FinTech 一开始会扰乱美国已经僵化和过时的支付系统,PayPal(贝宝)、Stripe(美国支付公司)、Square(美国一家移动支付公司)和最近的 ApplePay(苹果支付)试图改变这种状况。Betterment(投资理财应用,自动化投资服务之一)试图用一种方法代替财务顾问。

但是一些 P2P 服务,如 Lending Club 和 Prosper,用现有资本将贷款人与出借方联系起来,受到了最多的关注。网贷平台 SoFi 在市值方面,现已是全美国 30 家最大银行之一,另外拥有 40 亿美元的抵押贷款、个人贷款和学生再融资贷款。

一些早期建立的科技公司,如 PayPal,Square 和 Intuit(TurboTax 报税软件的制造商)正在扩大放贷空间,利用大量的用户数据来平衡对小型企业的贷款。甚至 UPS(美国联合包裹公司)与 Kabbage(在线小型企业贷款公司)一起合作。毫无疑问接下来还有很多事情:FinTech 公司在 2015 年的前六个月筹集了 80 亿美元的风险资本。

华尔街已经意识到这种威胁。摩根大通公司的首席执行官 Jamie Dimon 在今年对董事的年度信件上写道:"硅谷正在向我们走来。"

[①] 资料来源:The FinTech Boom:Should You Trust Silicon Valley with Your Money?文/David Dayen;编译/GTong

金融公司用不同的方法来回应这些威胁。首先他们买了自己的FinTech公司，采用该技术，并利用其公司的大规模性来竞争。

最近，九大银行（包括高盛、摩根大通和西班牙对外银行）誓言都要采用区块链（一项运用于比特币系统的科技中来跟踪记录计算机网络支付），认为其有可能加速汇款、私人股票和银行间支付的发行。Blythe Masters 是摩根大通公司的前执行官，曾经开发信用衍生品，现在经营着一家叫作 Digital Asset Holdings 的科技创业公司。他将区块链称为"金钱邮箱"。区块链的匿名技术与公众阻止犯罪发生的合法权利相碰撞。国内银行已经由于互联网金融的发展而倍感竞争压力了。

这些创新产品有很多潜能。美国支付系统用起来真的很糟糕，是时候可以做一些改进了。小企业贷款自金融危机以来摇摇欲坠，竞争可以降低利率和扩大使用权。不管你在什么地方，新类型的企业家使用信贷是很有可能通过扩大金融和信贷增获得财富的。这些服务的大多数用户称赞他们的效率和易用性。它不像传统银行一样有着长久的声誉以至于它们不能参与到竞争中去。

但我们应该小心，FinTech 会不会在现实中改变太多？通常，P2P 另一边的贷款是一个私人股本基金、资产管理公司或投资银行，所有人把资金投入这些网站中去。还有 P2P 的大型二级证券市场。在过去的一年中，摩根士丹利（Morgan Stanley）、高盛（Goldman Sachs）和全球最大资产管理公司贝莱德（Black Rock）通过 P2P 发行了数亿美元的支持贷款的证券。这层关系与投资银行和非银行抵押贷款发放者在房地产泡沫之间的关系还是有一点不同的。如果 FinTech 公司开始依赖于华尔街贷款，那么对 P2P 借贷的需求将会上升，保险标准将不可避免地降低，违约率也将会上升。

另一方面，科技公司与银行相关的问题是，监管机构不成立。像影子银行、Lending Club 和 SoFi 存在于监管范围之外，各种机构管辖还是有问题的。世界各地的监管机构也开始考虑这个问题，但他们发现的时候我们已经置身于信贷危机中了。

案例 2.2 具有代表性的 FinTech 公司

（1）Karmic Labs：支付创新业务

2013年，美国公司Karmic Labs在旧金山成立，通过建设支付过程中的基础设施，专为用户解决B2B支付解决方案。卡片发行是金融基础服务之一，但现行的卡片发行领域10至15年很难有所改变。Karmic Labs在卡片发行的基础服务之上设置一个虚拟层，通过开放的接口和架构为用户提供服务。Karmic Labs提供了银行卡的API（应用程序编程接口），并对接企业端的交易支付，从而颠覆了原有的支付流程。员工持有虚拟卡片，预先支付预算再从公司报销进而加速预付程序。同时开放的接口服务也支持存款功能，从而使得虚拟卡片在功能上无异于普通银行卡。

例如，Karmic Labs的API产品Dash致力于解决企业快捷支付、账单管理。一是通过集中管理团队中多人支付的现金流和费用，允许网络在线申请和审批，实现快速响应；为每位企业员工发卡，可定制卡片功能金额，节约报销烦琐文书和手续；提供动态移动审核功能，管理者可以在移动终端快速审批，资金隔夜批拨，提高了管理效率。二是Dash可接入现金管理系统，进行预算和现金流的管理规划，输出实时报告以供管理者检测。

（2）Sift Science：基于机器学习的大数据分析防范网络欺诈

Sift Science 于 2011 年 6 月在美国加州旧金山成立，是一家用机器学习来优化网络欺诈检测和排查模型的反网络欺诈的公司，服务主要面向网络交易市场、电子支付网络及电子商务站点，这些也正是网络欺诈罪泛滥的地方。

现有的防欺诈系统采用 SOAP API（简单对象访问应用程序编程接口），使用过于复杂，整合至现有系统需要几个月的时间，而Sift 使用 REST API（表述性状态传递应用程序编程接口），网站只需在页面加入一段 JS 代码即可享受 Sift Science 的服务。另外，区别于现有系统的固定规则，Sift 的数据库中有超过 100 万个网络欺诈模式，并且计算机也在不停地通过机器学习（机器学习使用海量数据，像侦探一样汇集各类信息）新的欺诈模式并将其增加入数据库。站点可以获得每个访问用户的防欺诈分数，机器学习也会接受站点反馈，使得模型更适合本站需求。通过机器学习从而实现实时学习，Sift science 可以立刻识别出新型欺诈行为，从而制止更多的类似行为发生。有些信息是具体行业特有信息，Sift Science 可以根据具体的行业信息去发现是否是欺诈行为。也因此，Sift Science 对于每个客户有专门的服务模型，通过对标准模型依据细分行业客户情况进行调整，从而更好地适应客户特点以做到精准预测。

根据 Sift 统计，系统能发现客户网站 90%以上的网络欺诈行为。2014 年，Sift Science 每月处理的在线交易涉及金额为 15 亿美元，经手 6 亿在线"活动"，为用户避免欺诈损失 400 万美元，总用户群体已遍及各个大陆。而最近这些数字已经更新，现在 Sift Science 每天为 2000 个域名网站处理 4000 万个活动，计算得出 700 万个风险分数，生成 7 万个客户标签。

在 Sift Science 的模型建立中经常会得到一些有趣的结论，比如他们发现：用户电子邮件地址里的数字越多，越有可能出现欺诈行为；Gmail（谷歌公司开发的电子邮箱）用户比 Hotmail（微软公司开发的电子邮箱）用户更可靠；选择优先快递服务的买家出现欺诈行为的可能也更高，因为"骗子会希望能尽快拿到商品并变卖"。

（3）Zest Finance：大数据征信

Zest Finance 于 2009 年成立于美国洛杉矶，是一家大数据征信服务公司。创始人基于为了使非银行用户享受正常的金融服务这一理念创办了公司。Zest Finance 的服务主要面向两类人群：一是 FICO（美国信用评分）评分接近或低于 500 而无法获得基本的信贷需求的人群，以解决他们的无信用评分借贷问题；二是信用分数较低且借贷成本高的人群，利用大数据征信降低他们的信贷成本。

表 2.5 FICO 评分使用

FICO 评分人群	金融服务机构
大于 650 分	美国大银行
介于 600 到 720 分之间	互联网网贷，P2P 等
介于 500 到 700 分之间	小贷公司
小于 500 分	新兴的互联网金融公司 ZestFinance 等

Zest Finance 的核心竞争力在于数据挖掘能力和模型开发能力。传统的信用评分模型一般拥有 500 个数据项，从中提取 50 个变量，利用一个预测分析模型做出信用风险量化评估，做出一类决策。而在 Zest Finance 的模型中，往往要用到 10,000 个数据项，从中提取 100,000 个变量，利用 10 个预测分析模型，如欺诈模型、身份验证模型、预付能力模型、还款能力模型、还款意愿模型以及稳定性模型，进行集成学习或者多角度学习，并得到最终的消费者信用评分。Zest Finance 的评分模型更新并细化的速度很快，从 2012 年至今，差不多每一个季度就会新推出一个新的信用评估模型。最初 Zest Finance 只有信贷审批评分模型，目前已经开发出八类信用评估模型，包括市场营销、助学贷款收债、法律收债、次级汽车抵押贷款等等，用于不同类型的信用风险评估服务。

京东此前已投资 Zest Finance，双方成立了名为 JD-Zest Finance Gaia 的合资公司。Zest Finance 的信用模型将率先应用于京东金融的消费金融体系，以京东的数据和其他数据资源，用 Zest Finance 的智能数学模型定制一套信贷评价产品和服务。

（4）Abra：支付汇款

2014 年 Abra 成立于美国，是一家提供个人对个人汇款服务的公司，取名来自于 A Better Remittance App（一个更好的汇款移动应用）首字母的缩写，Abra 成立的目的在于通过消除汇款业务中间商从而降低用户交易费用，为人们提供低价、实时的转账汇款服务。

2014 年全球汇款总额达到 5830 亿美元，预计在 2016 年全球汇款预计将增长至 6100 亿美元，2017 年增至 6360 亿美元。2016 年流入发展中国家的汇款额预计增至 4590 亿美元，2017 年增至 4790 亿美元。而这些国际汇款通常要收取高达汇款总额 10%的手续费，这对于低收入人群来说是难以接受的。汇款需要高额手续费的一个核心原因是贸易壁垒，资金从一个国家转移到另一个国家是非常缓慢和低效率的；另一个原因是金融机构和金融系统之间所建立的关联非常有限、不全面，目前并没有一个中立的网络可以将独立的机构联系在一起，使资金可以无缝流通。

Abra 的转账汇款业务发生在转账双方的 Abra 账户之间，实时完成交易并且完全免费。服务基于"比特币区块链+人体 ATM"组合技术的、包含电子钱包和转账功能的智能手机移动应用，所采用的交易体系是一种哈瓦拉模式（Hawala），哈瓦拉模式作为转账汇款体系已经应用了上百年，被称为是没有货币移动的货币转移方式，它可以提供两地即时汇款。所谓的哈瓦拉人（Hawaladars），就是作为代理人远程代表他人收集或发放货款，并最终以货易货成交。传统的哈瓦拉模式在各国都是非法的，这是因为任何个体在没有汇款的许可下，禁止代表他人持有或汇出款项。

当用户想要存钱到他们的 Abra 账户中，他们既可以直接使用借记卡转账，也可以使用 Abra 寻找附近的认证"柜员"（Teller），Abra 的手机应用会显示出附近"柜员"的坐标地图，同时还会显示该"柜员"收取的费率以及其他用户给予的评分、评价。用户可以从众多"柜员"中选择适合自己的、然后与其当面完成交易，用现金换取电子货币。电子货币随后被发送到用户的手机，这个过程的实现依靠区块链来完成和确认。但是，所有的存款都是以美元为保证，在存款后三日内，用户电子钱包内的存款额不会随着比特币价格变化而波动。用户所看到的都是以美元计价的交易，而 App 后台则是通过比特币完成汇款业务，Abra 通过建立对冲基金保证这部分货币不会贬值。当用户需要提取现金的时候，同样可以直接转入银行账户或通过 Abra 寻找附近"柜员"。Abra 向社区居民广泛征集认证"柜员"，"柜员"们通过向取现客户收费赚取利润。而 Abra 则分别向存款和取款用户收取 0.5%的手续费用。

第三章 互联网金融在我国发展的微观机理

3.1 互联网金融在我国发展的基础

互联网金融在中国的兴起，是由制度、市场与技术三重因素共同促成的（黄益平，2016）。从制度角度看，监管当局在这个行业的创新与发展之初采取了相对容忍的态度，比如互联网或者贸易公司可以领取金融执业牌照；从市场角度看，金融排斥、金融抑制的存在下必然有一部分群体没有得到金融服务或较好的金融服务，从而为互联网金融兴起提供重要潜在客户基础；从技术角度看，信息的数字化趋势（麦肯锡，2011）下，社会信息中数字化信息比例会越来越高。互联网公司通过超过 7 亿部的智能手机将大量的潜在客户链接起来，而大数据与云计算则为在传统金融业中主要靠人工完成的尽职调查和风险评估提供了新的可能，成为金融交易和风险定价的信息基础（谢平、邹传伟，2012）。

3.1.1 互联网经济兴起，推动金融体系互联网迁移

互联网经济和信息科技的发展为互联网金融提供了基础设施，大数据的应用使海量数据分析客户行为成为现实。互联网产业发展迅猛，截至2014年底，中国网民规模达6.48亿人，互联网普及率为47.9%，其中手机网民规模在2014年6月底达到5.27亿人，占比83.4%，2012年12月到2014年6月期间，不仅网民数量和手机网民数量在增加，而且手机网民占比不断攀升，由74.5%上升到83.4%。

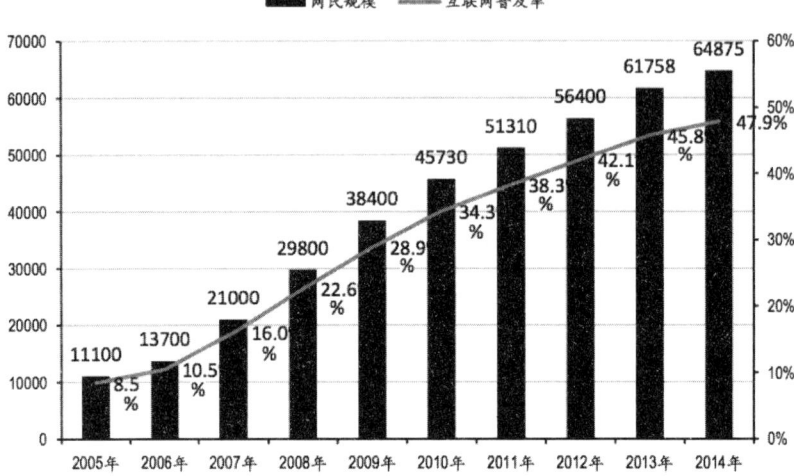

图 3.1 2005～2014 年我国网民规模和互联网普及率变化

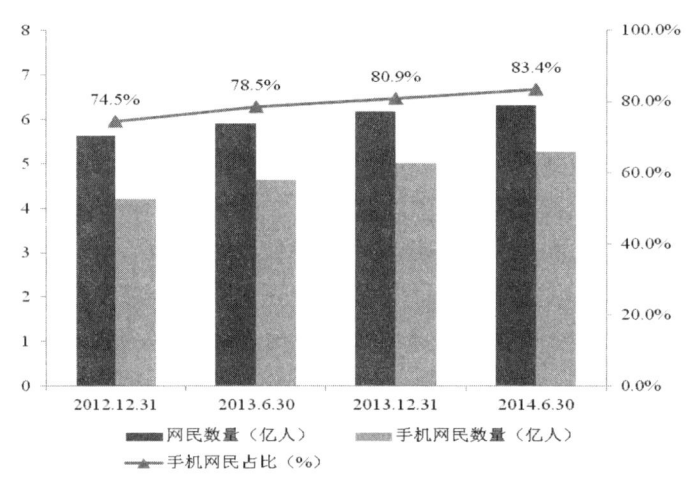

图 3.2 我国网民和手机网民规模变化（2012.12～2014.6）

资料来源：CNNIC

相应兴起的互联网经济成为经济发展的重要推动力量，消费者通过互联网和移动设备不限于购买普通商品，进一步的，扩展至标准化金融产品，如理财产品、保险产品等。根据艾瑞咨询数据，中国生活理财移动App的数量从2013年6月的39款增长到2014年6月的61款,同比增长56.4%,2014年6月,中国生活理财移动App的月度覆盖人数达到6818.2万人,月度使用次数15.5亿次,同比增长分别为124.3%和119.8%,远高于整体移动App同期64.9%和54.4%的增速。这一发展的核心驱动力来自于金融互联网化的需求,是金融体系互联网迁移(Internet migration)的趋势所致。

3.1.2 金融抑制和金融监管空白提供发展契机与空间

伴随中国经济连续多年的高速增长,国民财富迅速积累,由于种种内外因素的制约,"大银行体制"和"金融压抑体系"的现象并未得到根本扭转(王建铆,2011)。由于利率双轨制的存在导致存款利率水平低于均衡利率,金融体制改革尚未彻底完成而带来金融资源配置不合理,民间资金投融资渠道缺乏与信贷配给并存,市场力量推进的利率市场化暗涌不断。一方面,民间资本投资渠道缺乏,金融消费者不断寻求脱离金融抑制(Financial Depression)。2013年中国居民个人财富总计92万亿元,约60%的个人金融资产为银行存款,远高于美国的12%。民间资金投资渠道缺乏,以及投资收益率不高,推动客户寻找更高收益、更为便捷和更加多样化的金融产品。Greenbaum & Haywood(1971)认为,随着社会资产量的增长,人们对金融的需求会持续增长,而这种增长会对金融机构形成主动的刺激,甚至催生新业务的生成,如互联网金融。另一方面,信贷配给的存在,以及由此带来的小微企业、"三农"融资难、融资贵现象,推动客户寻求更低融资成本、更高融资效率和更加多样化的融资渠道。实际上这种投融资并存困境,已部分通过市场力量寻求解决之道,例如网络小贷本质上提供了小微企业资金需求满足的新途径,实际上将投资者和融资者进行了有效连接。Robert J.Shiller(2013)指出借助技术安排可以为公众利益重塑金融业,促进金融民主化和普惠,实现财富分配的公平。而金融监管的空白以及监管的包容,又为互联网金融提供了发展契机与空间。

互联网金融的资产管理模式以碎片式、低门槛为标志,其客户体验以快捷便利为特点,在降低金融服务成本的同时,延展了金融服务的可触及性,增强了金融消费者的自主选择权,从而迅速扩大消费受众基数。其中,具有代表性的为互联网公司(如 BAT——百度、阿里、腾讯)、电商(如京东)等推出的对接货币市场基金的各类产品,以及商业银行为留住存量客户推出的对接货币市场基金的类余额宝产品(见表 3.1)。

表 3.1　互联网金融理财产品收益(2014 年 5 月 22 日)

产品名称	平台	合作基金	7 日年化收益率(%)
京东小金库·鹏华	京东小金库	鹏华增值宝	5.652
平安盈	平安大华基金	平安大华日增利	5.461
掌柜钱包	兴业全球基金	兴全添利宝	5.340
百度百赚利滚利	嘉实基金	嘉实活期宝	5.186
活期宝	中国银行	中银活期宝	5.121
京东小金库·嘉实	京东小金库	嘉实活钱包	4.936
苏宁零钱宝·广发	易付宝	广发天天红	4.897
微信广发天天红	微信	广发天天红	4.897
余额宝	支付宝	天弘增利宝	4.877
微信财富宝	微信	华夏财富宝	4.874
E 钱包	易方达基金	易方达天天 A	4.870
微信易方达易理财	微信	易方达易理财	4.870
微信全额宝	微信	汇添富全额宝	4.838
如意宝	民生银行	民生加银现金宝	4.831
话费宝	中国联通	安信基金	N/A

资料来源:Wind 资讯(万得资讯,金融数据、信息和软件服务企业)

互联网金融理财产品的特点在于:一是部分产品通过相关机构垫资实现 T+0 赎回,投资者一定额度内可以实现当日赎回;二是开通支付和还款功能,通过第三方支付平台等,实现货币市场基金产品与多家银行账户、网络商户或生活支付平台的对接,为投资者增加生活消费便利;三是绑定银行账户,增加了客户黏性。

互联网金融理财类产品的快速扩展,还基于目前我国互联网用户和智能手机用户的增加以及消费行为的变迁。移动网民增速高于整体网民，电子商务交易额超过10万亿元人民币。67%的移动手机用户每天多次使用互联网，习惯每天在碎片化时间段利用移动智能终端上网。消费者不仅使用互联网、移动设备终端购买商品，同时还倾向于线上购买金融产品。从基金理财来说，传统基金公司注重渠道拓展，但通常仅关注北上广深及部分东部沿海发达省份，基金理财在三四线城市及农村地区还处于待开发区域。而新兴货币基金打乱了传统地域布局，2013年底，余额宝40%的账户来自三四线城市。

由此，互联网金融的出现实际上扩展了金融覆盖面、强化了金融深度，并促使商业银行在自我变革中部分实现了利率市场化，金融服务在惠及更多人群、民众分享社会经济成果的同时，唤醒消费者的潜在金融意识，提高大众金融知识水平。

3.1.3 金融消费者主动管理财富意识增强，引致随时随地移动金融诉求

借由科技和互联网经济的发展，金融消费者对于银行的认知，从一个场所（Place）的概念，转化为随时随地（Any time, Any where）的服务。其行为的表现为：一是金融消费者需要更多主控权的实现，特别是在财富管理方面，主动意识增强；二是金融消费者对于时间、成本、效率、体验的要求更高，他们需要突破时间和空间限制的金融服务，随时随地的移动金融诉求显现；三是银行不再是一个"地方"，而是一种"行为"（Brett King，2013）。客户需要自主获取信息并决策、自主选择接受服务的时间、自主选择接受服务的渠道。科技使金融服务的顾客享受到愈来愈大的自由度，因为金融服务的提供点，由"分行内"演变到"分行外"，由"定时服务"演变到"年中无休"，由"街上"演变到"家中"，再由"家中"透过手机演变到"随时随地"（陈德霖，2016）。以余额宝为例，超过50%的互联网基金交易发生在金融机构工作时间以外，近20%的交易发生在0点～早晨5点之间。波士顿咨询针对美国市场的一项测算，发现从2010到2020年十年间，物理网点和ATM交易量相对稳定，新增交

易几乎全部来自网络和移动渠道。

进一步的，公众财富持续增长，自2011年至2014年，居民可投资资产从68.8万亿攀升至109.1万亿人民币，其中存款及现金在2014年达到60.7万亿。然而传统银行存款收益率快速下降（如图3.3所示），居民需求更多渠道、更高收益率的理财方式，互联网平台降低了投资成本，居民参与度较高，客观上为互联网金融发展提供了资金供给可能。

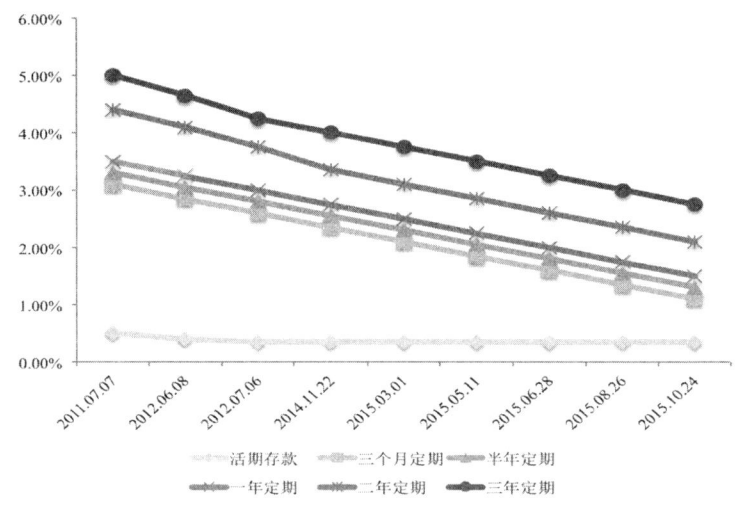

图 3.3　2011 年 7 月～2015 年 10 月活期及主要定期存款基准利率

资料来源：笔者根据中国人民银行网站公布数据整理得到。

3.1.4　金融消费者行为变迁

互联网金融不仅是通过产品设计获取消费者，更为重要的是，在这一过程中，金融消费者行为由于两股力量的推动而发生变迁，形成消费者行为典范的转移（Paradigm Shift）：一是大量资讯和各种创新带来的"心理冲击"；二是社交网络带来的"扩散效应"（Diffusion[①] Effect）。银行和客户之间的互动方式发生变化，管理

[①] 扩散率（Diffusion）指新的想法从一个消费者传达到另一个消费者的速度。

资金的方式发生变化，客户较以往有更多主控权、更多元选择和更高效率的诉求。消费者的金融诉求发生改变，他们需要突破时间和空间限制的金融服务，其行为变迁可能有四个阶段，如图 3.4 所示。

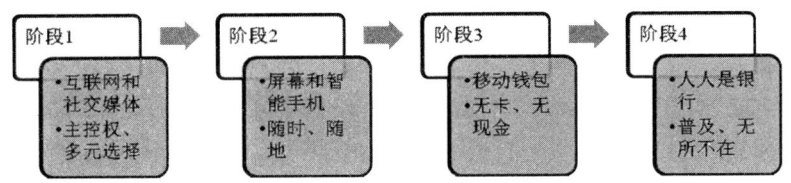

图 3.4 消费者行为改变的四个阶段

资料来源：Brett King. Bank 3.0: Why Banking Is No Longer Somewhere You Go But Something You Do[M]. John Wiley & Sons Inc, 2013

2013 年互联网金融产品的出现即是阶段 1 的实现，消费者在金融消费中拥有了更多选择和主控权。根据艾瑞咨询《2014 年中国移动互联网行业年度研究报告》，移动互联网的竞争不仅仅停留在终端和系统层面，应用层入口及内容层的"超级 App"成为众多企业竞争重点，如图 3.5 所示。

在金融领域中，则是图 3.4 中阶段 2 的情形，消费者随时（Anytime）、随地（Anywhere）的移动金融诉求，这也是正在进行的阶段，智能手机、移动设备的使用催生了移动银行的应用，并进一步延伸到平板电脑和更多可上网和使用 App 的设备上。

在阶段 3，无卡无现金成为可能。实际上肯尼亚的手机银行业务 M-Pesa 正是移动货币（Mobile Cash）的典范，M-Pesa 由英国国际发展部捐款成立，最初的主旨在于促进微型金融（Microfinance）信贷还款便利性。但其出现填补了肯尼亚金融体系内长期以来的系统性缺口，把手机变为银行账户，扭转了金融排斥，推动金融包容性（Fiancial Inclusion）实现。根据世界银行 2012 年的估计，肯尼亚 25%的 GDP（国内生产总值）流经 M-Pesa。移动货币不仅仅满足消费者随时随地金融使用，更为重要的是，对于我国普惠金融推进颇有借鉴意义。

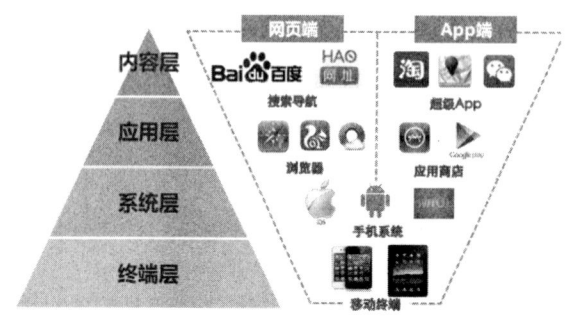

图 3.5 移动互联网竞争向内容层深入

资料来源：艾瑞咨询，2014 年中国移动互联网行业年度研究报告[R].2014-4-24[2014-5-6].http://www.docin.com/p-799280953.html.

在阶段 4，Brett King（2013）提出，银行不再是一个"地方"，而是一种"行为"（Behavior）。在这一阶段中，银行为响应客户需求，势必广泛开展跨界合作关系。非金融机构也可跨界提供过去属于银行的服务，这种景象实际在我国正在发生，互联网企业提供的金融产品恰恰属于这一类型。

正是由于金融消费者行为的变迁，银行已经感受到两大威胁：一是消费者购买金融产品的地方和方式在改变，而且改变的速度呈现加快趋势；二是跨界从事金融业务的非金融机构蓬勃发展。由此，银行业固然有自己公信力、合规、风控等相对优势，但变革势在必行，最重要的原因在于随着时间和外部环境的变迁，金融机构形式可能会有多种，但客户需要的却是金融功能（Function），因此，金融功能较之于金融机构更加稳定。

金融机构的金融功能的提供不能再按照事业部制来进行，而应将客户放在中心位置，通过梳理金融产品与服务在客户生活中、生产中所处的脉络来构建嵌入金融客户生活场景、生产场景的金融场景，成为关键切入点，以此全面融入消费者的生活和生产。以 2014 年初腾讯的"抢红包"为例，实际上是绑定了信用卡账户，在这一点上，互联网金融的确是把握了用户的需求。基于此，功能与服务成为新的竞争关键。

3.1.5 互联网金融成本更具优势，成为获取客户的有效方式

根据美国联邦存款保险公司（FDIC）的统计，营业部、ATM、互联网/移动互联网以及电话每笔交易的成本分别为 3.97 美元、0.59 美元、0.56 美元和 0.1 美元，目前美国不同渠道银行的交易规模中，85%来自于互联网、电话中心、ATM 和手机。网络银行较之于传统银行在经营成本上的确更具优势（见图 3.6）。

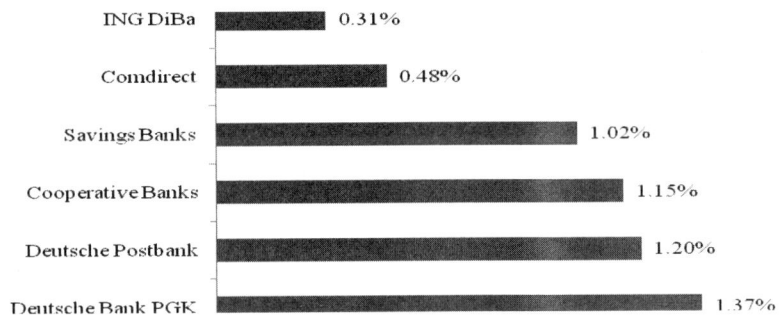

图 3.6　纯网络银行与传统零售银行成本/客户账户余额比较

注：ING DiBa 和 Comdirect 为纯网络银行。
数据来源：ING DiBa 年度业绩报告（2013）。

Corrocher（2006）的研究表明，对于较少分支机构的银行，网络银行是获取新客户的一种更为有效的方式。De Young et al.（2007）对于美国银行的研究表明，银行的分支机构密集度和网上银行是互为补充的，而且网络银行的采用对银行业绩具有正向作用。由此，互联网金融在我国的发展不仅具有现实基础，而且将成为金融业发展的重要趋势。

3.2 基于金融功能视角的互联网金融模式

对于互联网金融模式，学界对于互联网支付、P2P 网贷、众筹

融资等典型业态分类有比较统一的认识。但不同学者基于不同的标准有不同的划分,如李博、董亮(2013)将互联网金融分为三种,互联网金融服务、金融的互联网居间服务和传统金融服务的互联网延伸。李鑫、徐唯燊(2014)将其分为支付和脱媒两大类。

由于互联网金融本身是通过金融功能的提供而发挥金融中介的作用,因此,本文以 Merton(1995)提出的金融体系六大基本功能——清算和支付功能、融通资金和股权细化功能、资产配置功能、风险管理功能、信息提供功能、解决激励问题——为分析基础对国内外互联网金融模式进行梳理。

从金融功能的视角来看,国内外互联网金融的业务模式主要涵盖以下方面,如表 3.2 所示。

表 3.2 基于金融功能划分的互联网金融模式

	金融功能				
	资产配置	融通资金	支付清算	风险管理	信息提供
互联网金融模式	网上基金	网上小贷	第三方支付	网上保险	金融产品搜索引擎
	网上证券				
	财富管理			网上征信	
	P2P				
	众筹				
	网络资产交易平台				
	网络银行				

注:根据网络公开资料整理。

网络银行、网上基金、网上证券、财富管理、P2P、众筹和网络资产交易平台发挥了对金融资产进行配置的功能,在增加投资者投融资渠道的同时提供更多便捷性体验。

第一,网络银行,包括"传统银行+网络银行"和"纯网络银行"两种类型。前者典型代表是富国银行(WellsFargo),以小微金融为擅长;后者典型代表是 ING Direct(以咖啡银行营造品牌形象)、First Direct、Ubank、日本乐天(其由电商进军金融行业的进程如图 3.7 所示)。电商进入金融行业成为互联金融巨头在其他国家已存在先例，意在提高客户黏性，增加每个客户带来的平均收入（ARPU），并通过服务交叉提供，发挥协同作用。网络银行较之于传统银行在经营成本上更具优势，如 ING DiBa 在 2013 年的成本/客户账户余额比为 0.31%，远低于传统银行。

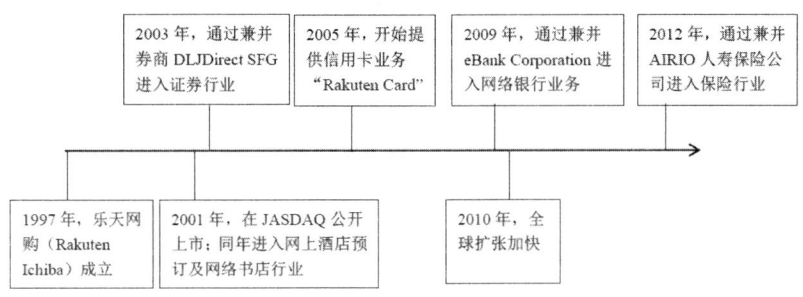

图 3.7　日本电商乐天进入金融行业的进程

资料来源：信达证券研发中心

第二，网上基金和网上证券。网上基金即"理财+消费"模式，在我国以余额宝为重要开端。网上证券，包括低佣金和一账通，前者以万二佣金为代表，后者以国泰君安为代表。2014 年 8 月国泰君安作为首家非银行金融机构加入央行支付系统，其证券账户除具有股票交易和金融产品买卖功能外，还具有还款和充值缴费等支付功能，投资者使用资金时，不必再通过证券和银行账户间转账，直接利用券商账户也可以实现支付和清算功能，这将改变证券投资者使用资金的习惯（宫晓林 b，2013）。

第三，财富管理，包括资产管理（Betterment）、个人资产汇总及优化（Simple、SigFig）、个人消费记账（随手记、挖财）、社交化理财（MotifInvesting、covestor）。高盛（2015）对美国的研究发现，在计算机生成投资策略服务领域，仅 Wealthfront 和 Betterment 两家新创公司就夺走了 30 亿美元资产组合的份额。Betterment 用户只需在网站页面输入年龄、理财风格/目标，即自动生成资产配置方案，用户每月存入资金，Betterment 自动完成配置，不收取交易费用，按照账户平均余额收取 0.15%、0.24%、0.35%三档年费，从便捷性和成本来看，均具有不同于传统银行的优势。Mint 由美国企业家 Aaron Patzer 创建，是一个免费在线个人财务管理服务网站。Mint 允许用户管理银行、信用卡、投资、贷款交易及结余。用户还可以设置预算和目标，方便理财。Mint 拥有多项创新性功能：首先，它可以通过授权把用户的多个账户信息（例如支票、储蓄、投资和退休金等）全部与 Mint 的账户连接起来，自动更新用户的财务信息。其次，它能够自动把各种收支信息划归入不同的类别（例如餐饮、娱乐、购物等）。这两项功能结合起来，用户相当于拥有了个人财务中心，可对自己的财务状况与日常收支一目了然。更重要的是，Mint 可利用数据统计功能，帮助用户分析各项开支的比重、制订个性化的省钱方案和理财计划。通过为用户每月收支、预算与现金流统计管理功能，帮助用户分析每个月在饮食、娱乐和购物等各方面的开支比重，以便用户制订出更有针对性的"节流"方案并与其他同性质的用户横向对比。贴心的功能外加简便、易用的操作和逆天的免费策略（其收入主要来自向用户推荐"帮你省钱"的金融产品佣金），使得 Mint 网站备受青睐。

第四，P2P、众筹与网络资产交易平台。P2P 如 Lending Club、Prosper、Zopa、Social Fiance、拍拍贷、红岭创投等，开创了连接投融资双方的渠道。众筹，包括预售式、股权、会籍式、捐赠式众筹，典型代表包括 KICKSTATER、点名时间等。网络资产交易平台，如 SharePost、陆金所 Lfex。高盛 2015 年 1 月份的统计显示，62%的全美小微企业借贷款发生在新型金融平台，而只有 21%产生于大型银行；以比特币为代表的新兴支付系统所带来的蚕食，将会使大型银行损失共计 840 亿美元。

第五，金融产品搜索引擎和投资社交平台。金融产品搜索引擎发挥了信息提供功能，通常采取"搜索+比价"的模式，如融 360、91 金融超市、银率网等。金融消费者通过这一途径提高信息可获得性和及时性，并节约了信息获取时间和成本，从而增强了客户和服务提供商之间的黏度。除了大型的互联网金融服务平台以外，一些小型的特色化服务平台甚至 APP，受到了人们的追捧。国内最早的移动互联网金融服务平台"挖财"提供记账管钱、理财、信贷一站式资产管理服务。其理财交流平台"挖财社区"覆盖大众金融生活多方面，累计用户突破1亿。从互联网金融的角度出发，目前的C2C模式较为有限，最主要的类型是以股吧和雪球为代表的股票社交平台。以雪球为例，其用户数目前是150多万，日活跃量能达到20万人，用户量、用户之间的社交关系以及讨论产生的内容，具有明显的价值，一天大约有20款私募在雪球上募集。但这类股票社交平台还未形成清晰的盈利模式。

第四章 互联网金融代表性模式

本章基于前述按照金融功能划分的互联网金融框架，对具体模式进行分析，并辅之以典型案例对其运作、盈利模式进行说明。

4.1 网络银行

4.1.1 传统银行网络渠道与纯网络银行

自现代银行业诞生以来，一直依托于实体网点开展业务，但自从20世纪70年代以来，伴随网络科技的发展，银行业的扩张开始进入 ATM 机、电话服务中心、网上银行等，并在21世纪，拓展至移动银行业务。这种发展趋势的结果就是客户在办理银行业务时不必再亲临网点柜台，直接通过网络进行投资、融资、中间业务办理，而且不再受到网点营业时间的限制，随时随地操作的特性彰显，银行亦大大节约了人工成本，提升客户体验。例如美国的 Bofi 银行，采用线上开展资产、负债业务为主，线上线下相结合的方式满足客户需求。

在传统银行开拓电子渠道的同时，出现了纯粹依托于网络，没有实体经营网点的新兴银行，即纯网络银行。传统金融人才和互联网人才均居于银行的主导地位。以荷兰的 ING Direct 为例，其采用纯粹的线上服务，主要开展零售银行业务。ING Direct 主要盈利来源于利差收入，采取高买低卖方式，净息差水平和母公司相比差距在 20 个基点左右（成立初期由于规模扩张需要净息差一直在 100 个基点以下，和母公司相差 50 个基点[①]以上）。成立 7 年后首次实

[①] 100个基点为1%。

现盈利，其经营特点在于以下三个方面：第一，线下咖啡馆银行支持线上业务并树立品牌形象。ING Direct 以纯网上自助为主，提供全系列远程服务；并在关键城市设立具有理财顾问功能的咖啡馆，用户可在此休息，拉近银行与客户的距离。客户还可接入网络银行，获得更广泛的金融服务。咖啡馆主要特色是传递现代、创新和焕然一新的品牌形象。第二，主要开展零售银行业务。ING Direct 面向零售客户，即使近年来和传统银行融合也主要针对零售业务。第三，ING Direct 强调金融服务化繁为简。在 ING Group（荷兰国际集团）中，最成功的分支当属 ING DiBa。它聚焦有限的几种零售产品，流程标准化、定价透明化、宣传营销的大规模投入，同时得益于发展初期的市场环境（在经过股票市场泡沫之后，个人投资者普遍风险厌恶，喜欢低风险固定收益产品），ING DiBa 提供了通过技术打破有高进入壁垒行业大门的典型案例。另外 2003 年，ING DiBa 并购了原德国 Quelle 邮购公司的分支 Entrium，获得了大量增量客户，Entrium 出色的个人贷款业务及经纪业务也是其成功的另外一个原因。美国次贷危机后集团策略转变，和传统银行进行融合并向全能银行转变，但依然坚持从客户角度出发，通过低成本方式提供简单、透明的零售银行产品的理念。

在传统银行和网络银行发展中，还出现了互相转化的案例。如全球第一家互联网银行——美国安全第一网络银行（SFNB），在被加拿大皇家银行收购后转型为向传统银行提供网络银行服务的部门。再如波兰的互联网银行 mBank 促使其母公司 BRE 银行全面转型为互联网银行，并统一品牌标识为 mBank。

德国的 Fidor 银行是一家颠覆性的互联网银行，是一家通过社交媒体、以客户生活形态为中心的银行，目前已吸纳了 10 万名客户和 30 万个社区成员。其特色之处在于两个方面：一是打造社群金融，在银行业强调"社区"的概念，"Banking with Friends"（与朋友开展银行服务）是其经营宗旨，旨在建立一个交换平台；二是与传统银行相比，Fidor 更类似于应用商店（App Store），与许多机构合作提供各种创新性的核心银行业务，其中最负盛名的是其将存贷款利率与 Facebook 粉丝数赞数挂钩，作为存贷款利率参考。如每多 2000 个赞，用户储蓄年利率就会提高 0.1%，而借贷年利率则会减少 0.1%，直到两者分别达上限（存款年利率自 0.5%上升最高至 1.5%）和下限（贷款年利率自 6.9%下降最低至 6.3%）。对于较通用或非核心的金融业务，Fidor 则通过和外部伙伴合作的模式发展，如与网贷平台 Smava、电子钱包公司 Hyperwallet、比特币交换公司 bitcoin.de、支付公司 Ripple 合作等，来提供给用户多方面的金融服务。

4.1.2 网络银行在我国的发展

我国网络银行的发展借由两条路径展开：一方面，传统银行业将线下金融服务延伸至线上，形成"传统银行+网络银行"模式；另一方面，互联网公司通过互联网商业模式进入金融领域，形成"纯网络银行"模式。反映到我国银行业的具体改革中，前者"传统银行+网络银行"模式表征为银行业金融机构不断强化电子银行替代，2013 年商业银行电子银行替代率达到 79%，其中民生、中信、招商银行的电子银行交易笔数替代率在 92%以上；同时各银行纷纷成立直销银行/直营银行（Direct Bank），如北京银行直销银行，不设实体网点，主要通过互联网、移动终端、电话等渠道进行办理，运营成本更低，是客户身边"永不下班的银行"，其现已推出的"更惠存、更慧赚、更会贷"业务，覆盖了储蓄、理财、贷款领域。后者"纯网络银行模式"如微众银行和网商银行两家民营银行。民营银行是扩大民间资本进入金融行业的渠道之一，是金融深化进而金融民主化的重要一环。2014 年 7 月到 9 月，银监会共批准 5 家民营银行，分别是深圳前海微众银行、温州民商银行、天津金城银行、浙江网商银行和上海华瑞银行。其中，微众银行（腾讯参与发起）和网商银行（阿里参与发起）是两家互联网银行试点，其共同点在于具有互联网公司背景，且在互联网金融发展中成为重要推手，定位于小存小贷，服务于消费金融和小微金融。这既是我国网络银行的尝试，更极大拓展了民营银行发展的想象空间。

我国发展网络银行与美国的最大区别在于，我国申设民营银行的互联网企业大多掌握电子商务、第三方支付平台，如设立网络银行则必将产生拥有特殊竞争合作关系与潜在风险的金融生态系统（陈一稀、魏博文，2014）。市场竞争的加剧，特别是主要竞争对手的网络信息化升级，是传统银行推广网络银行的主要原因（Hernández-Murillo et al.，2010）。网络银行对我国金融体系改革以及金融市场的生态体系、定价体系、市场竞争格局等都带来了较大的影响，同时也是服务小微企业和实体经济的重要组成体（苗永旺，2014）。

网络银行成本更具优势，是获取客户的有效方式。据美国联邦存款保险公司（FDIC）的统计，营业部、ATM、互联网/移动互联网以及电话每笔交易的成本分别为 3.97 美元、0.59 美元、0.56 美元和 0.1 美元，目前美国不同渠道银行的交易规模中，85%来自于互联网、电话中心、ATM 和手机。网络银行较之于传统银行在经营成本上的确更具优势。Corrocher（2006）的研究表明，对于较少分支机构的银行，网络银行是获取新客户的一种更为有效的方式。De Young et al.（2007）对于美国银行的研究表明，银行的分支机构密集度和网上银行是互为补充的，而且网络银行的采用对银行业绩具有正向作用。

4.2 网络小贷

与 P2P、众筹、网络资产交易平台不同，网上小贷主要利用自身或第三方电商数据形成核心资源和能力，对小微企业和个人发放贷款。前者典型代表为蚂蚁金服（前身为阿里小贷）、京东京保贝和京东白条，主要服务于小微信贷和消费金融；后者典型代表为 Kabbage。以蚂蚁微贷（蚂蚁小贷）为例，阿里巴巴的电商平台上已经有上百万的网店和数亿的消费者。蚂蚁金服就可以通过对网店和个人的销售与消费行为数据进行细致的分析，判断其信用并预批贷款额度。如果网店或个人有融资需求，可以直接激活蚂蚁金服发出的贷款邀请，从申请、批准到资金到支付宝账户，通常不超过 3 分钟。蚂蚁微贷只是通过分析数据在网上提供贷款，并不与客户见面，既降低了成本又控制了风险，说明互联网是可以有效帮助金融决策的。截至 2015 年 6 月末，蚂蚁微贷累计发放贷款4642亿元，贷款余额298亿元，对应客户73万户，户均余额约4.1万元，年化利率为6%～20%。Kabbage定位于小企业贷款，亮点在于"易""快"。Kabbage通过收集中小型企业Facebook中的客户互动数据、地理信息分享数据、物流数据，或是通过eBay、Amazon、Esty等平台转化数据，将大数据用于征信管理体系，整合这些信息后，决定是否向用户提供贷款，其网站承诺的反应时间为7分钟之内借贷金额可即时到账，高审贷效率极大吸引了贷款申请客户，更加契合小微企业资金需求特点。国内的蚂蚁小贷基于大数据的风控能力以及创新技术触达客户的能力，实现3分钟申请，1秒钟到账，中间不需要任何人工的干预。美国Amazon（亚马逊）也开始利用其自有网站上所拥有的信息，评估在其网站上运营网商的财富水平，并对其提供类似贷款，利率水平介于1%～13%之间，同样是电商跨界进入金融领域的典型事例。

表4.1　Kabbage与传统商业贷款区别

	Kabbage	传统商业贷款
申请条件	100%在线自动操作，只需简单链接现有商业账户	大量贷款文档，收入报表、税务记录和担保
申请时间	3分钟	若干小时
审核时间	基于实时商务数据的即时决策	2周或更长时间
灵活性	在客户需要时能得到尽可能多客户需求的	一次付清
客户服务	利用网络中介服务平台引导可以加强运营管理、诚信经营	审查客户财务状况，帮助客户完善财务制度

资料来源：向明、冀源溪、曲博. 美国大数据网络带宽公司Kabbage的运营模式及启示[J]. 征信，2016（1）：60-62.

目前，我国的互联网金融融资主要有网络小贷、P2P贷款、众筹（Crowd Funding）和传统金融机构的融资平台，其业务模式、授信依据存在不同（见表4.2）。

除了互联网企业的融资平台和传统银行业的线上融资平台以外，互联网企业与传统银行的合作渐进展开，特别是基于互联网企业的平台大数据、信用体系和传统银行的资金进行网商、电商的融资授信,这一发挥各自优势的合作显示出两者深度融合趋势。例如2014年7月,阿里巴巴与中国银行、招商银行、建设银行、平安银行、中国邮储银行、上海银行、兴业银行共7家银行宣布深度合作,为外贸中小企业启动基于网商信用的无抵押贷款计划,授信额度在100万元~1000万元之间。在授信中充分显示了信息不对称的逐渐弥合,除了阿里自身拥有的客户数据以外,还结合调用其他数据,例如外贸企业最近6个月的出口数据、海关物流数据等。从多角度、多渠道收集企业的行业发展前景、企业经营动态、商业经验、资信情况、订单执行状况、应收应付账款情况、上下游企业交易、关联企业情况及水表、电表、海关联网数据,对这些信息进行交叉验证提高了信息的可信度和有效性。互联网企业与传统银行的合作发挥双方优势,实现银行、客户和互联网企业的三方共赢。从银行角度来看,下沉其信贷服务的一个重要影响因素是风险防控,拥有交易数据的互联网企业可以成为合作平台与渠道,扩大了银行的优质客户群体;从客户角度来看,线下单据转化为线上数据,累积的数据成为企业信用的证明,信用作为授信基础,带来企业流动资金所需、固定投资所需。从互联网企业来看,通过更好地服务平台客户,能更有效地强化与客户的关系,共生成长。

表 4.2 互联网金融中的融资平台

类型	典型代表	业务模式	发展情况
网络小贷	阿里金融	为淘宝、天猫企业客户提供订单和信用贷款	网络小贷凭借电商平台和网络支付平台积累的交易和现金流数据,评估借款人资信状况,在线审核,提供方便快捷的短期小额贷款。截至2014年6月,阿里小贷已累计服务超过80万家小微企业,累计投放纯信用贷款超过2100亿元。
	京保贝	基于京东供应商的供应链融资,掌握供应商的入库单、结算单、产品销售等时时数据	

续表

类型	典型代表	业务模式	发展情况
P2P	人人贷、陆金所、红岭创投	线上获取资金，线下获取和审批项目，引入第三方担保公司保障投资者本金安全	截至2013年末，全国范围内活跃的P2P网贷平台已超过350家，累计交易额超过600亿元。此类平台公司的门槛较低，注册资本多为数百万元，从业人员总数多为几十人，单笔借款金额多为几万元，年化利率一般不超过24%
	宜信	线下获取、审批项目，组建信用审查团队，企业法人对项目提供融资；企业法人将债权进行资产证券化，变为标准化理财产品出售给线上理财客户	
	拍拍贷	线上获取、审批项目，线上获取资金，为零散的资金供给和需求提供一个撮合平台，平台只提供中介服务，不承诺放贷人资金保障，不实质参与借贷关系	
众筹	点名时间	线上宣传推广项目，投资者获得非利息回报	
	天使汇	投资者获得股权或未来利润作为回报	
金融机构平台	建设银行"善融商务"、交通银行"交博汇"、招商银行"小企业家E家投融资平台"、华夏银行"电商快线"	平台通过提供支付结算、企业和个人融资、担保、信用卡分期等金融服务来获取利润	
	平安银行"货代运费贷"、橙e互联网金融平台	与东方电子支付合作，有效整合物流、银行、海关、税务等数据节点，实现贸易真实性和连续性核查，基于货代企业应收账款聚"池"融资，专门面向货代企业，无须额外增加抵押和担保；橙e互联网金融平台则颠覆以往以融资为核心的金融模式，更多以企业交易流程为核心，在线集成物流、供应链管理等商务和综合金融服务	

资料来源：笔者根据网络公开资料整理得出

案例 4.1 Better Finance：小微信贷解决方案和创新租赁支持

2009年，Better Finance成立于美国旧金山，是一家专门为零售商和小微企业提供创新租赁和信贷解决方案的金融技术公司。其创始是来自于其初创人兼CEO——Ryan Gilbert发现非营利组织——比尔盖茨基金会的收益无法支持其每年40亿美元的医疗捐赠，通过金融服务创造盈利才能形成可持续经营。

Better Finance目前主要提供两款金融产品：

（1）SmartBiz，专为小微企业提供，帮助其快速简单获取低价美国小型企业管理局（SBA）融资贷款的渠道。

SmartBiz提供最高金额35万美元的SBA贷款服务，方便银行更有效地发放贷款，小微企业更快速地申请和获得融资资金。对于申请贷款的小微企业来说，它们只需5分钟在线申请便可提供预授信额度，30分钟完成申请，最快7天放款。其流程大致包括6个步骤：一是创建账户；二是输入企业和企业主的信息，进行资格预审；三是通过回答问题，提供企业经营和财务信息，以判定是否合格；四是系统预通过；五是上传信息文件，完成IRS（美国国内税务局）的电子表单，系统验证其申请信息和评估还款能力；六是签署贷款合约，Better Finance放贷。

Better Finance提供10年期SBA贷款，属于政府担保贷款，借款人需要按月还款，但提前还款无惩罚。贷款在5000美元到35万美元，不同金额区间对应不同利率，利率由浮动的最优贷款利率和固定区间利率加总，平均利率水平在6%至8%。申请2.5万美元以下贷款不需抵押，而超出这个金额就有相应的要求，需要企业资产作为抵押物，并且需要企业持股20%以上人员担保。此外，贷款申请对企业还有经营时间、所在行业的要求，并且对贷款资金的使用也设定了不同的标准。Better Finance会收取4%的推荐和包装费，对于超过151000美元的贷款还需要向SBA付贷款金额总数2.25%的担保费。Better Finance通过与小企业服务公司合作，通过渠道推广促进小型企业客户使用SmartBiz，为Better Finance带来业务的同时也帮助合作伙伴增加额外收入和留存并服务客户。

（2）SmartPay，主要为零售商提供允许消费者租赁分期付款的创新技术服务。SmartPay提供最高2000美元额度，借款期限有6、8、10、12、18和24个月的选择，同样也是提前还款无惩罚。Better Finance收取的服务费随贷款期限浮动，而借款人按时还款在租赁期结束后便拥有商品。数据统计显示，平均每笔交易金额为450美元左右，平均年化利率140%，而违约率约为22%。

Better Finance的融资阶段：（1）种子资金，2009年从PayPal、Venrock（美国风险投资公司）获得；（2）A轮融资，2010年从First Round、Baseline Ventures、Mark Goines、PayPal、SoftTech VC、SV angel、Venrock获得450万美元；（3）B轮融资，2011年从Investor Growth Capital、Venrock获得1150万美元；（4）C轮融资，2013年从Investor Growth Capital、Baseline Ventures、Bronze Investments、First Round、Venrock获得融资2100万美元。[①]

案例4.2　Vouch：基于社交网络的信贷

Vouch Financial于2013年创立，是一家通过个人关系网络提升信用评级的金融服务公司，旨在帮助用户建立一个高信任度的熟人关系网络，超越原有的信用评分（FICO）为用户提供担保，从而创造一种全新的信用借贷机制。

Vouch目标客户有三种：一是信用卡人群的再融资；二是新移民，这类人群收入较高且有全职工作，但没有足够的信用历史；三是千禧人（即2000年前后出生的人群），这群人非常年轻且没有储蓄，但却存在资金需求。贷款申请时，需要综合借款人的信用情况、借款人的社交关系以及借款人社交关系的信用情况进行审核。Vouch的收入大致由发债费用、贷款利息和逾期罚金构成。申请人需支付1%~5%的发债费用；Vouch提供的贷款利率通常在7.35%到29.99%之间，期限在12个月至36个月，额度从500美元

---

① 本段所列均为风险投资公司。

至 15000 美元。但是借款的要求是必须至少有一个担保人。合格的担保关系需要担保人至少担保 100 美元,此外要求担保人 18 岁以上,是美国合法居民,信用分数 FICO 分 580 以上,以及没有破产等条件。担保人支持申请人的贷款可以增加贷款额度,或者降低贷款利率。当借款额度在 1500 美元以下每增加 1 个担保人增加 250 美元贷款额度;当借款额度在 2000 美元以上,每增加 1 个担保人降低 1%贷款利率。如果借款人违约未还款,则由担保人偿还其担保的部分。Vouch 上的担保关系等同于建立法律合同条款,此外担保金额有上限,禁止担保人无限担保。Vouch 把人的社会互动关系变成杠杆,可直接影响借贷者可借贷数额和还款利率。当出现还款逾期时,Vouch 会收取最低 15 美元起的应偿还金额 5%的逾期费。

4.3 P2P 与众筹

4.3.1 P2P

"人人贷"就是有资金并且有理财投资需求的个人,通过中介机构牵线搭桥,使用信用贷款的方式将资金贷给其他有借款需求的人。P2P 公司作为中介机构,负责对借款方的经济效益、经营管理水平、发展前景等情况进行详细的考察,并收取账户管理费和服务费等收入。

2008 年爆发的金融危机导致全球经济面临困境,危机引发的倒闭浪潮中,2008 年美国有 25 家银行倒闭,2009 年该数量增至 140 家,2010 年又增至 157 家,2011 年降至 92 家,2012 年降至 50 家[①]。而 P2P 正是在这一时期异军突起的。早期著名的 P2P 公司包括了英国的 Zopa(见案例 4.4)、美国的 Prosper 和 Lending Club(见案例 4.3)。国外 P2P 网络借贷平台在运营模式上有营利中介型和非营利

---

① 数据来源:未央研究,金融危机如何影响互联网金融企业的发展——时势造英雄,2013 年 3 月 30 日。http://www.weiyangx.com/122698.html。

中介型两种：营利中介型又包括单纯和复合中介型，前者仅充当交易中介，负责提供借贷信息、撮合交易；后者则为满足投资者资金安全，引入担保条款以及本金保障承诺。非营利中介型则通过无息贷款的方式，将资金贷给低收入者，以改善其生产和生活情况，成为有效运作的慈善平台。

Freedman et al.（2008）对 Prosper（美国的一家著名的 P2P 公司）的研究发现，社会网络揭露的"软信息[①]"有利于补偿财务报表等"硬信息[②]"的缺乏。谢平、邹传伟（2012）指出互联网金融模式下的信息处理有五个主要特点：一是地方信息和私人信息公开化；二是软信息转化为硬信息；三是分散信息集中化；四是能有效反映汇聚信息；五是信息通过社交网络的自愿分享和共享机制传播。

除了 P2P 平台外，目前国外还有专门面向小企业的 P2B 平台 Funding Circle（见案例 4.5），以及专门的在线融资票据平台 Market Invoice（见案例 4.6）。

国内 P2P 平台的数量，从 2012 年前的 50 家迅速发展到 2014 年的 1575 家，贷款金额相应地从 13 亿元上升到 1036 亿元。截至 2015 年 6 月底，中国 P2P 网贷正常运营平台数量上升至 2028 家，相对 2014 年年底增加了 28.76%，P2P 网贷行业的累计成交量已经超过了 6835 亿元。2015 年上半年网贷行业成交量以月均 10.08%的速度增加，上半年累计成交量达到了 3006.19 亿元。截至 2015 年 12 月，国内成立的网贷平台达到 2697 家，相比去年年末新增 1124 家。同时，网贷平台历史累次成交量超过 9823 亿元，比 2014 年增长了 288.57%。

但自 2012 年以来，P2P 行业频繁出现违约现象，2012-2015 年，违约率不断上升，2015 年就有 896 家 P2P 平台违约，是投资者、金融监管层面需要特别警醒的事件。

[①] 软信息通常是难以量化的信息、无形资产和非法律形式的约束，包括定性的非财务信息（Non-financeial information）、借贷中的私人信息（Private information）和资产特性、客户和供应商品质等信息。

[②] 硬信息通常指报表、有形的抵押品和法律形式的担保合同。

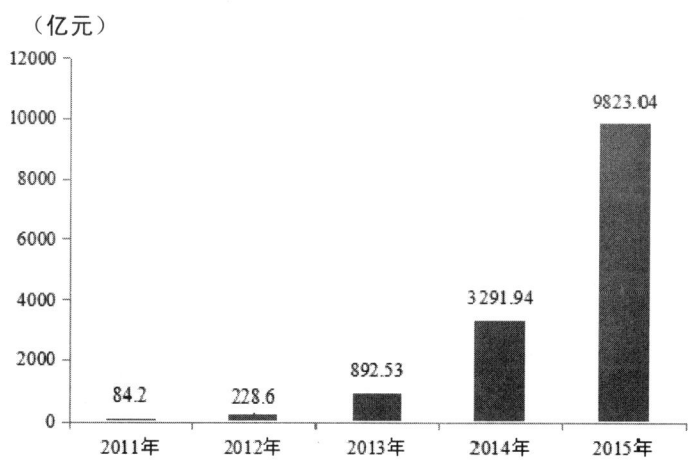

图 4.1　2011-2015 年 P2P 网络借贷平台成交量

资料来源：网贷之家.2015 年网贷行业年报[R]. 2016-1-1[2016-2-6]. http://www.wdzj.com/news/baogao/25555.html.

表 4.3　P2P 借贷的主要运营模式

运营模式	有担保的线上模式	无担保的线上模式	债权转让模式	线下线上结合模式
职能	纯粹的交易平台，不吸收储蓄，不放贷	除交易平台外，也提供有限资金担保	拆分债权并通过线上平台转让	线下借款项目挂到线上平台交易
是否引入中介机构	引入小贷、担保公司进行担保	否	否	担保公司进行担保
是否有风险资金池	无	是，从手续费中提取	是，从手续费中提取	无
债权对应关系	多个投资者对一个借款人	多个投资者对一个借款人	多个投资者对多个借款人	一个投资者对一个借款人

资料来源：瑞银证券

案例 4.3　Lending Club 的风险管理

Lending Club 最初的建立初衷是因为美国信用卡透支利率非常高（18%），而公司当时的业务主要是提供贷款给借款人，而超过

80%的借款人其贷款目的集中于借新还旧、偿还信用卡。通过网络平台的形式，Lending Club 实现了资金转移程序的简化和成本的节约。从 2007 年起仅仅是 Facebook 上的一个应用，到目前市场份额占到 75%，其发展不可谓不迅速。

其运作的主要特点有三个：

一是信用条件严格。其服务对象限于注册客户，而且客户挑选采取"FICO 评分+内部评级（A-G 级）"的方法，只选择申请贷款人中评分排名前 10%的进行放贷。在内部评级中，Lending Club 需调查借款人详细信息，如借贷目的、额度需求、违约历史、贷款人是否拥有房产、收入情况、教育背景、职业、负债收入比，以及邮件、电话、住址、计算机 IP 地址等信息，以形成自己的内部评级。2014 年 80%的贷款贷给了 D 等级以上客户。且随着信用等级从 A 到 G，借款人平均贷款利率从 5.98%上升至 22.76%。在贷款投向上，62.12%投向再融资，22.29%偿还信用卡，住家改善 5.65%，商业 2.22%，主要购买 1.72%，汽车融资 0.82%，房屋购买 0.69%，其他 4.48%。

由于 Lending Club 在美国证监会 SEC 注册，因此即使平台发生严重的财务危机或倒闭，投资人受美国政府资金保障。

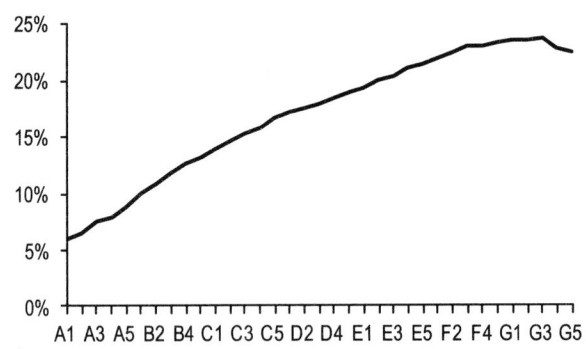

图 4.2　各等级贷款人平均利率

资料来源：安信证券

二是风险管理和逾期贷款的处理。在风险管理上，Lending Club 负责审核借款会员的身份和信用记录，审核贷款需求和确定贷款利率，以及分发偿付的贷款本息。在逾期贷款处理上，Lending Club 会首先自己进行电话催收，在无法回收的前提下则转让给第三方机构。同时，Lending Club 还与 Foliofn[①]合作推出了面向用户的线上债权交易平台，投资人可以打折出售自己的逾期债权。

三是证券化的使用。资产证券化能够为公司提高资金的流动性，同时也提高了公司放贷能力。Lending Club 成立了贷款顾问 LC Advisor，以信托形式吸引机构投资者。基金在资产配置上多数是投资于贷款受益权凭证，并留有部分现金。The Broad Based Consumer Credit Fund（宽泛消费信贷基金）投资于所有等级的贷款，而 The Conservative Consumer Credit Fund（保守消费信贷基金）只投资于评级为 A 和 B 的贷款。LC Advisor 基于投资者的月底资产收取 0.55% 和 0.75% 的管理费。

四是与社区银行合作。Lending Club 从 2013 年开始和社区银行合作，向那些不能自己发展某些业务的小型社区银行出售产品和服务。社区银行植根当地，有大量低廉的存款，而 Lending Club 则有着高效、低廉的运营成本，银行则可以利用这样的办法实现产品多样化。那些不能开展自己的信用卡业务，或者不想因为客户信贷集中度提高而产生风险的小银行，可以将客户委托给 Lending Club。2013 年 6 月，Titan Bank（美国的一家面向中小企业融资的银行）和 Congressional Bank（美国的一家社区银行）开始在 Lending Club 的平台上购买贷款。Titan Bank 同时还通过 Lending Club 的平台向自己的客户提供个人贷款。这种 P2P 平台和社区银行合作的方式的确可以形成共同发展双赢的局面。

完善的法律体系、较高的信用意识、细致的行业分工、成熟的信用评级系统是成功的保障。相比而言，中国金融市场 P2P 可涉足的领域更多更广，个人、小微企业和企业贷款证券化尚在起步阶段。信用评级落后导致国内 P2P 行业通过引入担保来解决。中国 P2P 市场虽然空间巨大，但引入监管、融合移动互联是必然之路。

---

① 美国的一家新型投资公司。

案例 4.4 Zopa

Zopa 于 2005 年 3 月在伦敦成立,是全球最早成立的 P2P 借贷平台。Zopa 平台的贷款主要为个人贷款,主要用于购买汽车、偿还信用卡和消费。Zopa 根据信用评级机构 Equifax 的借款者信用得分把借款者分为 A 类和 B 类,并根据信用得分来设定借款人利率。借款人同意接受后再进一步确认实际借款利率。Zopa 的借款期限有 2~3 年的短贷,也有 4~5 年的长贷。为了分散风险,投资者的资金被分为 N 个 10 镑投资给不同的借款人,但当投资者资金超过 2000 镑时最多只能分为 200 份进行投资,投资者最低可投 10 英镑,没有上限要求。

Zopa 建有 Safeguard 基金对投资人进行保障。如果出现逾期,Zopa 会以公司的名义行使借款人权利,若 4 个月仍没有还款,Safeguard 基金会就会介入,有可能(但不一定)偿还本金和利息。Safeguard 基金的资金来源于投资者支付的手续费,一部分存放到 Safeguard 基金,一部分交给非营利性基金机构 P2PS Limited 保管。

Zopa 的主要收入来源于向投资者和借款人收取的手续费。它向投资者收取每年投资金额的 1%,向借款人收取借款审批费用。

根据 P2P banking.com 的数据,从 2005 年创立以来到 2014 年年末,Zopa 共放款 7.6 亿英镑,为投资者创造了 4660 万英镑的收益。其中,2014 年放贷总额 2.8 亿镑,占历史放贷总额的 36.8%。其设立的 Safeguard 基金规模已达到 780 万英镑以上。借款人总数为 10.7 万(男 78%;女 22%),平均每笔借款为 7500 英镑,出借人总数为 5.8 万(男 70%;女 30%),平均每笔出借额为 6200 英镑,年化收益率在 5%左右。从 2010 年开始算起,历史坏账率为 0.25%。

从贷款用途来看,3 亿镑(5.3 万笔)借款被用于汽车贷款,1.77 亿镑(2.7 万笔)用于偿还信用卡,1.51 亿镑用于家装,剩下 6500 万镑左右用于婚礼、摩托车、度假、房车、修理和电子产品等。

2014 年 2 月,Zopa 获得英国对冲基金 Arrowgrass Capital

Partners 1500 万英镑（约 2500 万美元）的融资，这笔融资将用于扩展 Zopa 在英国市场的业务。2014 年 11 月，Zopa 与科技公司 AU10Tix 合作，提高了借款人识别和删选的流程，AU10Tix 是著名航空安全解决方案提供商 ICTS International N.V 的全资子公司，该公司通过三个层面的分析，可以确保这些文件是真实的：确认数据是正确的，检查改动的结果以及使用文件中的元数据。AU10TIX 向 PayPal、TransferWise（一家提供国际汇款转账服务的 P2P 平台）、谷歌以及 Payoneer（一家跨境转账公司）提供高级认证。2014 年 12 月，Zopa 与能源科技公司 Flow Group 达成商业协议，为 Flow Group 的客户提供融资帮助。

Zopa 可以说是 P2P 领域的鼻祖，但英国的 P2P 后起之秀 RateSetter（成立于 2010 年），在 2014 年 6 月成为英国最大的 P2P 平台，月成交量达到 2300 万英镑。2013 年，RateSetter 的年增长率一度达到 219%，而同期该行业年增长率为 107%。

案例 4.5 Funding Circle 面向小企业的 P2B 平台

Funding Circle 成立于 2010 年 8 月，是英国第一家针对小企业的 P2B 借贷平台。截至 2014 年年末，Funding Circle 的英国投资人累计为 37111 人，共有 7100 家企业在 Funding Circle 上累计借款 5.16 亿英镑。在 Funding Circle 上借款的企业都需要通过审核和批准，其项目被划分分为 A+、A、B、C、C- 等 5 个信用等级。

Funding Circle 对中小借款企业的要求如下：至少营业两年的合资、个人独资、股份有限公司；且如有法院判决罚款的，罚款额不得超过 250 英镑；同时每年营业额要在 10 万英镑以上。因此，对于中小型企业而言贷款门槛相对宽松。

Funding Circle 通过拍卖模式确定借款利率，投资者可自行决定借款利率、借款金额。项目的募资周期一般为 14 天，前 7 天投资者参与竞拍标的，若 7 天之内投资者投标资金超过预计融资金额，那么就意味着利率报价高的人竞标失败，提供低利率的投资者竞标成功。在 7 天竞拍之内如果募集资金没有达到预定额度，意味着项目募资失败。如果达到预定额度，Funding Circle 会给借款企业 7 天时间考虑是否接受投资者竞标的平均利率，若接受，则企业募资成功，若企业认为借款利率过高选择不接受，则募资仍然失败。

2014 年，Funding Circle 共发放贷款 2.79 亿，平均贷款期限为 6 个月，相比 2013 年平均借款 18 个月降低了 67%。实际贷款利率 9%，较 2013 年增长 52.5%。

Funding Circle 还广泛开展与政府以及金融机构的合作，其在 2014 年 2 月，获得政府 4000 万英镑的投资，为在 FundingCircle 融资成功的每一个项目提供 10%的借款资金。在 2014 年与苏格兰皇家银行（RBS）合作，帮助更多中小企业融资；与桑塔得银行（Santander）开展合作；收购专做票据融资服务的企业 LeapPay；推出线下咨询服务，商业借款者可与平台代表实现面对面的交流；2014 年 12 月，机构投资人 KLS（多样化资产管理公司）通过 Funding Circle 向英国小企业放贷 1.32 亿美元的贷款，成为首家美国公司通过欧洲平台出借的案例。

案例 4.6　Market Invoice——专门的在线票据融资平台

Market Invoice（以下简称 MI）于 2011 年 2 月成立于英国伦敦，是英国第一家在线票据融资平台，持有票据的中小企业通过平台出让票据获得投资者的资金。英国商业银行的报告指出，MI 已经促成近 3 亿英镑的票据融资，其中超过 2 亿英镑是在 2014 年完成的。

MI 上的融资流程比较简单，企业注册完成审核后，上传持有的票据，MI 审核票据后在平台上发布融资需求，90%的票据会通过审核并得到融资，24 小时内就可以完成融资。与传统的保理业务不同，在 MI 平台上企业可以在一天内做到注册、出让票据、获得融资，并且平台不需要企业提供合同、其他费用或个人担保。MI 的收入来源是收取融资票据票面金额的 1.5%～3%作为手续费。

对于票据融资者来说，MI 集合了大量的个人和机构投资者，融资时间更短更快捷；对于投资者来说，可以用折扣价购买票据，投资收益源于折扣价格和票据账面价格之间的差异。

MI 平台上的票据期限一般在 30~120 天之间，投资风险较低（虽然平均有 1.9%的违约率，但是大约 90%的坏账都被收回），加之收益较高（大约为 12%），所以投资者十分活跃。但是 MI 的投资门槛较高，要求投资者的最低投资金额为 5 万英镑，同时要满足下列条件之一：第一，机构投资者；第二，有经验的个人投资者（相关金融行业从业者等）；第三，过去一年收入超过 10 万英镑或者净资产超过 25 万英镑。

2014 年，通过 MI 成功完成票据融资约 2.1 亿英镑。MI 在 2014 年的飞速发展，不仅受益于英国票据市场的庞大，也受益于英国商业银行的倡议和英国政府的支持。从 2013 年 8 月开始，英国政府拨出 500 万英镑在 Market Invoice 上购买票据，资助中小企业。MI 的平均还款周期为 45 天，可以保证这 500 万英镑在一年内循环投资 8 次，一年内可帮助中小企业获得 4000 万英镑的融资。英国商业银行的报告指出，英国票据融资市场发展可观，市场上仍有超过 190 亿的优质金融票据存在，所以 MI 的发展潜力仍然很大。2014 年 10 月，MI 与普华永道合作，普华永道向客户推荐 Market Invioce，MI 也会介绍有财务及咨询需求的客户给普华永道，以实现双方共同发展。

4.3.2 众筹

互联网金融模式中，众筹融资（crowd funding）不像传统公司通过证券公司辅导上市来向公众筹资，而是通过募资企业在互联网上发布创意，以商品、服务或股权、债权等形式作为回报，在线募集项目资金。互联网众筹以 2001 年美国艺术众筹网站 ArtistShare 的成立为标志，此后爆发式发展。特别是 2008 年金融危机之后，天使投资大幅缩减，众筹对于那些需求起步资本的企业而言变得至关重要（Lehner，2013）。而且，美国企业整个 IPO 的平均费用为 250 万美元，IPO 之后的年平均维持费用为 150 万美元。高额的融资成本导致初创企业和资本市场对接严重受阻，引发了小企业存活率低、社会创新力下降、经济增长缺少持续性等一系列问题(王啸，2016)，JOBS 法案(《初创企业推动法案》)即在此背景下颁布。因此，近几年来众筹融资不仅在发达国家获得快速发展，在发展中国家也颇具发展潜力。

对于我国而言，在互联网金融快速发展以及"大众创业万众创新"背景下，众筹的发展能聚众人之资、众人之智，一可缓解小微企业融资之难，为创业者提供门槛较低融资渠道，是对风险投资、私募股权投资等的补充；二可提高直接融资占比，引导资源合理配置；三可拓宽民间资本投资渠道，我国社会公众财富近年来持续增长，自 2011 年至 2014 年，居民可投资资产从 68.8 万亿攀升至 109.1 万亿人民币，其中存款及现金在 2014 年达到 60.7 万亿。然而传统银行存款收益率快速下降，居民需求更多渠道、更高收益率的理财方式，互联网平台降低了投资成本，居民参与度较高，客观上为众筹融资提供了资金供给可能。

(1) 众筹融资的起源及概念界定

众筹并非新鲜事物，早在 1713 年，英国诗人亚历山大·蒲柏即通过众筹完成了《伊利亚特》的翻译，并在完成后向每位订阅者提供一本译本作为回报。早期的这种众筹模式需要发起者具有较高声誉和较强信息传播途径，我们将其称为传统众筹，其活动具有赞助和预付费的性质，并主要集中在文学、艺术等创意领域。现代众筹的灵感则来自于微型金融 (Morduch, 1999) 以及众包 (crowdsourcing)(Poetz & Schreier, 2012)。Zaman(2004) 将微型金融界定为提供金融产品和服务的新型金融形式，包括储蓄、贷款、支付服务和现金转账、保险等，其服务面向中低收入阶层及小微企业(如图 4.3 所示)；众包的目的是有效利用一个新项目潜在参与者的知识、智慧、技能，构建一个庞大的资金池(Mwangi & Acosta, 2012)。但由于众筹融资采用不同的通道、过程和目标(如图 4.4 所示)，因而不同于微型金融和众包。微型金融与微型贷款的资金来源于金融机构，而众筹的资金则借由社会网络获得社会资本，资金需求额度的不同可以通过不同的众筹融资模式满足(如图 4.5 所示)。

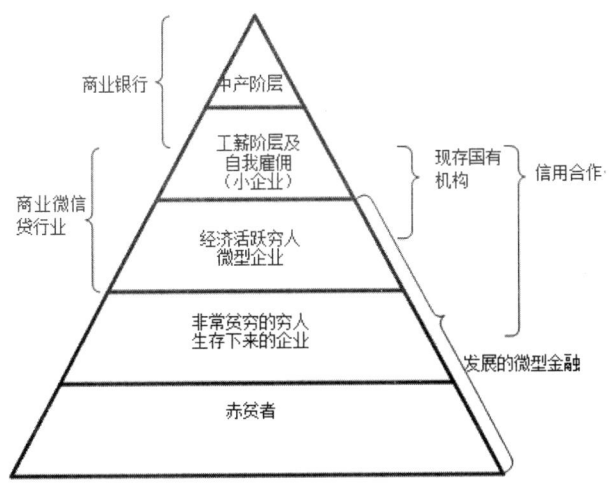

图 4.3 微型金融服务对象的分类

资料来源：Kirsten M. Policy Initiatives to expand financial outreach in South Africa[C]//World Bank–Brookings Institute conference Access to Finance: Building Inclusive Financial Systems, Washington, DC, May. 2006: 30-31.

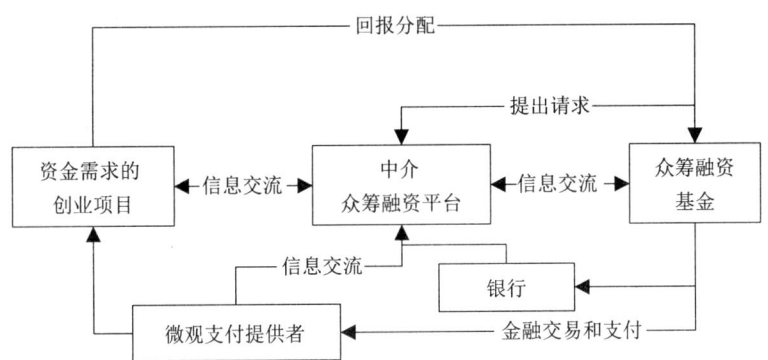

图 4.4 众筹融资的流程

资料来源：苗文龙、刘海二. 互联网众筹融资及其激励约束与风险管理——基于金融市场分层的视角. 金融监管研究，2014（7）：1-22.

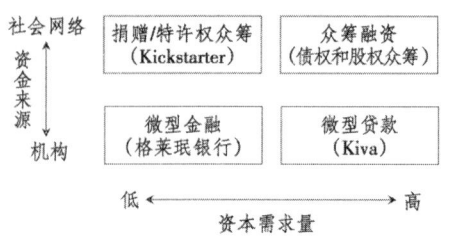

图 4.5　众筹融资与微型金融、微型贷款的区别

注：Kickstarter 是捐赠/特许权众筹的典范，格莱珉银行是开展微型金融的著名银行，Kiva 是微型贷款发放的典型案例。

资料来源：The World Bank, Crowd funding's Potential for the Developing World[EB/OL].（2013-10-24）[2014-05-26].http://www.infodev.org/infodev- files/ wb_crowdfundingreport-v12.pdf.

近年来众筹主要通过互联网渠道进行募资，因此，Schwienbacher & Larralde（2010）将众筹界定为"一个开放的、基本通过网络的，以捐赠或获得某种形式回报/投票权力的金融资源提供，通常以支持特定目的而发起"。截至 2014 年底，全球共有 1250 家众筹公司，交易额达 842.90 亿元，同比增长 40.6%和 167.0%，预期增长还将持续（如图 4.6、图 4.7 所示）。

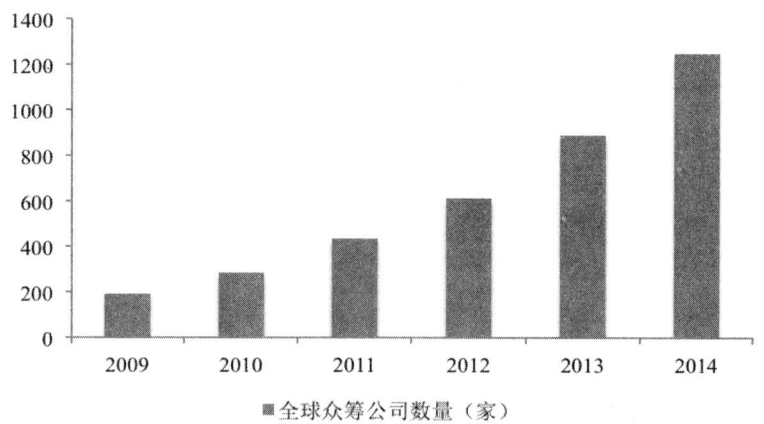

图 4.6　2009~2014 年全球众筹公司数量

数据来源：Wind 数据库。

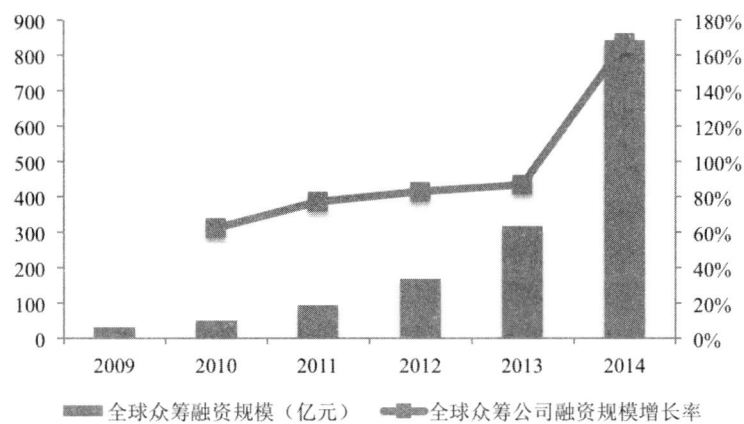

图 4.7　2009~2014 年全球众筹融资规模及增长率

数据来源：Wind 数据库。

表 4.4　2013 年主要国家众筹融资平台数量

国家	美国	法国	意大利	英国	西班牙	荷兰	德国
众筹融资平台数	344	53	15	87	27	34	26
国家	巴西	加拿大	澳大利亚	南非	印度	俄罗斯	中国
众筹融资平台数	17	34	12	4	10	4	2

资料来源：苗文龙，刘海二. 互联网众筹融资及其激励约束与风险管理——基于金融市场分层的视角[J]. 金融监管研究，2014（7）：1-22.

(2) 众筹融资模式及其特点、优缺点分析

目前全球众筹模式主要分为两大类：捐赠型和投资型众筹。其商业模式又可以细化为基于捐赠和回报的众筹融资模式，基于股权、债权和特许权的众筹融资模式，典型代表包括 Kickstarter、Angellist、Crowdcube、点名时间、天使汇、京东众筹等。表 4.5 中列出了目前全球众筹融资的具体模式，并对其特点、优缺点进行了说明分析。

表 4.5　众筹融资模式

众筹模式	捐赠		投资		
商业模式	基于捐赠	基于回报	基于股权	基于债权	基于特许权
特点	资金提供者捐赠资金,并不需要被投资方予以货币上的补偿。	资金提供者收到感谢礼物或者是获得服务或商品预购权。这个模式演变为一个独立市场,公司通过预售获得大量资金。	资金提供者获得股权或是利润分享协议。	资金提供者获得债权凭证,据以获得固定收益率利息和本金偿还。	资金提供者获得单位信托份额,他可以获得公司知识产权的特许权收益/版税收益。收益在未来发放,并且收益金额取决于公司盈利情况。
优点	无风险。	低风险,主要是履约和欺诈风险。没有真正的财务回报潜力。	具有分享企业盈利的潜力。财务回报潜力无限。可能吸引大量相关投资者。	借贷双方事先协议确定收益率。破产时债权人求偿权优于股权持有人。担保状况利于企业家筹集资金。	潜在回报无限,但是收益率预先由利率决定。较之于股权投资和债权投资,其风险或收益介于二者之间。
缺点	捐赠人未获得担保权益,企业家难以筹集大量实质资本。	潜在回报率很小。没有获得证券,没有问责制。如果未能形成大规模销售的产品,多数企业家难以筹集实质资本。	投资可能发生损失。破产情况下股权持有者求偿权居于贷款人之后。涉及众筹投资的证券法可能比较复杂。	初创企业的高失败率使得其风险类似于股权投资,但潜在回报可能会非常高。现有现金流为正的企业可能考虑这一方式,因为较之与股票发行,他们可以提供一个更优结构化的退出机会。	投资可能失败。损失风险与股权投资大致相当,但是收益比股权投资要低。如果企业决定不再继续经营有问题的知识产权,那么它会停止支付特许权收益。这种模式较之于众筹投资的其他模式,对于投资者的吸引力不大,所以企业难以通过这种模式获得资金。

(3) 我国众筹的发展现状

我国互联网众筹始于 2011 年，随后进入爆发期，截至 2015 年 7 月，我国众筹平台发展到 224 家，融资额度 13.8 亿元。其中股权众筹平台 107 家，占比 48%，奖励众筹 66 家，占比 29%，混合众筹 47 家，占比 21%，捐赠众筹 4 家，占比 2%[①]。其中，奖励众筹典型平台有点名时间、追梦网、众筹网、淘宝众筹、京东众筹与乐童音乐。这些平台虽然同为奖励式众筹平台，但平台在打款次数、保障程度、费用收取等方面存在不同从而使得平台发展各异。淘宝众筹、京东众筹与众筹网是经营多种互联网众筹的平台，这一类平台由于经营众筹种类多，因此众筹金额与众筹数目普遍较大；追梦网为经营多种奖励式众筹的平台，这类平台用户量大，融资能力较强；经营单种奖励式众筹的平台，如点名时间与乐童音乐等，由于其深耕单个领域，但侧重领域不同，一个侧重科技、一个侧重音乐，满足了特定类别用户的需求。

从经营多种众筹种类的平台来看，就项目个数而言，众筹网众筹项目个数最多，淘宝众筹次之，京东众筹最少，但从基于商品的众筹已募集金额而言，2015 年上半年，京东众筹最多，达到 4.5 亿元；淘宝众筹次之，达到 2.39 亿元；众筹网最低。京东和淘宝依托电商平台和巨大的流量，拥有大多数大金额和高人气项目，从而促进了其众筹平台迅速发展，另一方面，一些热门项目在实际众筹过程中也受到强烈关注，例如"WiFi 万能钥匙"项目，拟融资 6500 万元，意向认购资金高达 77 亿元，创造了国内股权众筹意向认购记录。由此可见，好的标的是众筹平台成功的保证。

(4) 众筹融资对于经济的有益之处

Gompers and Lerner（1998）、Sahlman and Gorman（1989）、Kortum and Lerner（1998）指出新企业想要成功必须要获取资源，而其中最为艰难的就是融资。中国银行体系存在"所有制歧视"与"规模歧视"（张杰等，2013），小微企业，尤其是初创企业，其融

[①] 数据来源：众筹之家。

资困境体现在从正规金融无法获得融资，或融资金额不能满足需求，或融资成本偏高，从而导致了金融排斥的存在。而对于初创企业，从规模来看，多数属于小微企业，由于初创企业商业失败的可能性较高，所以伴随较高投资风险，其资金多来自于天使投资、风险投资（Venture Capital）、朋友或家族融资。前两者在发达国家是初创企业融资的重要途径，而对于我国而言，初创企业的初始资本多来自于朋友或家族融资。众筹融资是私人资本市场的最新的资产类别，由于其为初创公司和小企业提供大额资本，恰恰有效衔接了从朋友/家族融资到天使投资/风险投资之间的空白区域。PE/VC（私募股权、风险投资）市场逐渐成熟推动众筹作为项目孵化器快速发展。众筹融资模式的存在，丰富了资本市场层次，有力推动了实体经济的融资需求满足。

众筹融资有效衔接了企业不同生命周期阶段之间的融资模式。企业在不同的成长阶段，其融资来源不同，由此将企业金融成长周期分为初期、成熟期和衰退期（Weston & Brigham，1970），Weston & Brigham（1978）又进一步将企业金融成长周期分为创立、成长阶段Ⅰ、成长阶段Ⅱ、成长阶段Ⅲ、成熟期和衰退期。Berger & Udell（1998）将企业规模、资金需求和信息约束等纳入考虑，认为在初创期企业主要依赖内源融资，企业从成长期到成熟期的发展中，外源融资比重得以上升，债权、股权等直接融资比重上升。实践中，众筹融资模式的存在，填补了不同融资模式之间的空白领域。图 4.8 列示了众筹融资适用的企业生命阶段，以及在企业生命周期中其他融资渠道的选择。

此外，众筹模式包括了多种子模式可以供募资企业选择，譬如，在创意阶段，捐赠式或回报式众筹更为适合，在融资规模扩大时，还可以选择投资式众筹。进一步的，全球经济都在一个去杠杆的通道中，如果企业过分依赖债务筹资，容易导致过高的杠杆风险，影响实体经济稳健增长，股权众筹则能够较好地规避杠杆风险问题。从中，我们可以观察到众筹模式为募资企业提供的选择灵活性。

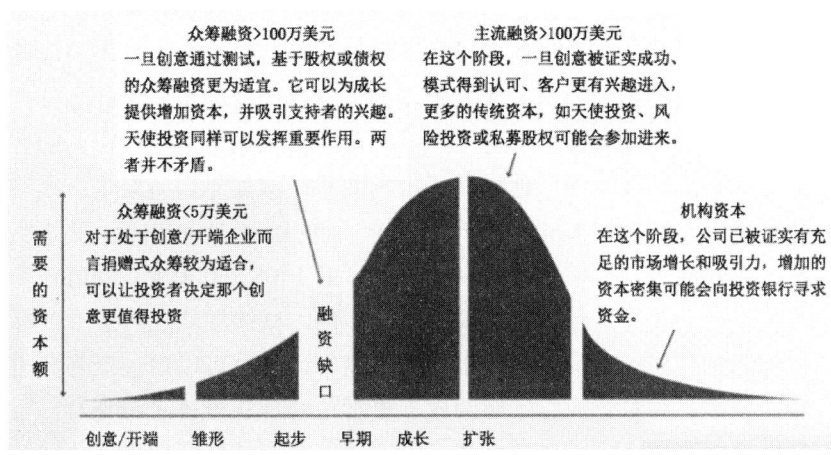

图 4.8 众筹融资适用的企业生命阶段

资料来源：The World Bank, Crowd funding's Potential for the Developing World[EB/OL].（2013-10-24）[2014-05-26].http://www.infodev.org/infodev-files/wb_crowdfundingreport-v12.pdf.

而且众筹融资还扩大了投资地理范围，不像微型金融一样受限于"本地化"，众筹更是一种"较少束缚"的融资方式（boundary-less approach）。借助于天使投资和风险投资的进入，即目前国内"股权众筹+PE/VC"的方式，完善了"生态链条"，股权众筹原始投资者得以多渠道退出，提高了其投资流动性和灵活性。同时，此种方式下的众筹成为 PE/VC 市场的项目孵化器，起到补充作用，更利于募资企业融资模式的平稳转换和更高额度募资的实现。以积木旅行为例，2014 年其在"天使客"发起融资计划，出让 25%股权融资 350 万元，2015 年 10 月，积木旅行获得来自美国风投机构的 A 轮融资，41 名投资人获得 5 倍投资回报后全部退出，成为国内首个股权众筹退出案例[①]。

众筹模式除了其在融资上提供的"两个连接"之外，还可进行产品市场前景测试。早期阶段的公司借助于众筹，得以低成本低进

---

① 资料来源：积木旅行 A 轮融资，股权众筹悉数退出。http://finance.caixin.com/2015-10-16/100863560.html.

入障碍的方式招募早期使用者来检验产品的市场活力。基于平台，对于商业概念、产品创新和目标市场的公开信息交流，极大限度地提高了市场效率。消费者和投资者的大量反馈有助于修正计划商业模型，以适应市场需求。对于产品创新、商业概念和目标市场的公开信息交流，极大限度地提高了市场效率。例如专门研发生产咖啡和过滤系统的公司 Kone，原计划在 90 天内融资 5000 美元，鉴于良好运作的活动，实际通过 Kickstarter 筹集了 15.5 万美元，同时还获得关于产品改进的反馈与建议。进一步的，众筹模式还可进行产品市场测试和需求度量。如果市场测试良好，公司可以通过众筹获得所需资本，并对企业存续经营建立更强信心；从投资者视角看，市场需求的存在可以降低其投资风险。这实际上起到了项目或公司筛选（screening）的功能。

案例 4.7 Kickstarter

国外奖励式众筹平台的典型代表为 2009 年成立的 Kickstarter 平台。截至 2015 年 7 月 28 日，从众筹金额来看，Kickstarter 总众筹金额为 18.6 亿美元，其中成功众筹金额为 16 亿美元，占比 86%；从众筹项目的数量来看，Kickstarter 总众筹项目个数为 246,054 个，成功众筹项目个数为 89,620 个，占比 36.42%。Kickstarter 现已成为国外最大的奖励式众筹平台，未来将继续维持领头地位。

表 4.6 Kickstarter 众筹项目种类及金额

种类	总众筹金额（百万美元）	成功众筹金额（百万美元）	未成功众筹金额（百万美元）	正在众筹金额（百万美元）
游戏	388.4	347	38.3	3.2
科技	320	269.2	41	9.8
设计	313.7	271.7	31.9	10
电影&视频	290.4	240.9	46.5	3
音乐	152.3	138.1	13.1	1
出版	76.9	64.7	11.1	1.1
食品	76.4	62.9	12.7	0.8
时尚	64.7	55.4	8.2	1.1
艺术	54.2	46.8	7	0.5

续表

种类	总众筹金额（百万美元）	成功众筹金额（百万美元）	未成功众筹金额（百万美元）	正在众筹金额（百万美元）
喜剧	41.8	37.9	3.1	0.8
戏剧	33.3	29.3	3.7	0.3
摄影	21.5	17.8	3.1	0.7
舞蹈	9.3	8.6	0.7	0.4
新闻业	7.3	6.1	1	0.1
手工	6.3	5	1.1	0.1
总计	1860	1600	222	33

资料来源：平安证券

4.4 互联网供应链金融

4.4.1 供应链金融市场前景巨大

供应链金融（Supply Chain Finance）是银行对于供应链上所有企业成员开展系统性融资的业务安排。供应链金融由银行与供应链中的核心企业达成，银行可向核心企业提供包括融资、结算、公司理财等金融服务，同时向核心企业的上游供应商提供贷款便利（由于其应收账款增加而产生的融资需求），向核心企业的下游分销商提供预付款代付和存货融资服务。2001年深圳发展银行率先开展了这一业务。由于供应链金融基于"上游供应商——核心企业——下游分销商"的真实交易背景展开，在2008年金融危机后的信贷紧缩周期中，呈现出逆势而上态势。

供应链金融将产业与金融融合，不仅为产业提供新型金融服务、新的融资渠道，更对产业链条进行整合和重塑。其细分业务模式包括了存货融资、预付款融资和应收账款融资。Wind数据显示，2015年7月国内主要行业应收账款达58060亿元，预计2015年全年，存货、预付账款、应收账款规模将接近90万亿元，如果仅有20%可作为质押品，按照60%质押率计算，供应链融资规模可达10万亿以上。

4.4.2 互联网供应链金融的发展

互联网平台的兴起掀起供应链金融的浪潮,互联网所积累的数据和信息使得供应链金融发展出现新的模式:

(1) 商业银行供应链金融的互联网迁移

一是以商业银行为代表的银行系供应链金融,但将业务延伸至互联网平台,如广发银行、平安银行(基于之前收购的深发展银行的供应链金融业务额基础上)(如表 4.7 所示)。

表 4.7 我国主要银行供应链金融互联网平台

商业银行	供应链金融平台	平台功能概要
平安银行	供应链金融2.0系统	涵盖了预付线上融资、存货线上融资、线上反向保理、电子仓单质押线上融资、核心企业协同、增值信息服务、公司金卫士等产品
招商银行	网上企业银行平台8.0版	包括应收账款池融资、票据池、电子订单融资、网上保兑仓、在线发票融资等业务。综合现金管理工具与网络平台,涵盖小企业商务交易、现金增值、便捷融资、电子供应链金融等领域
中信银行	上下通融	从供应链全流程、前后端出发,设计了包括订单贷、保理、应收账款以及消费贷的"接力融资"模式
工商银行	电子供应链	为供应链中的核心企业及其上下游企业提供集供应链会员管理、供应链信息管理服务、融资服务、结算服务等综合性金融服务
农业银行	E商管家	供应链管理、多渠道支付结算、线上线下协同发展、云服务等。企业可以实现自身以及供应链上下游财务结算、采购销售、营销配送等的全方面管理

资料来源:中银国际证券研究

但由于其他互联网供应链金融模式的存在,银行不再是供应链金融产品与服务提供的绝对主体,更多的市场主体参与产品与服务的提供，利用其自身的信息优势、交易资源优势以及客户资源优势，纷纷转型成为供应链金融产品与服务提供主体。

（2）互联网公司开展的供应链金融

互联网公司开展的供应链金融以互联网公司为代表，基于大数据、征信开展信贷业务，资金或来自银行，或是企业自有资金，或是依托P2P吸收社会闲散资金，可进一步细分为电商平台和P2P公司两种子模式。

第一，电商平台模式。以企业交易过程为核心，采用"N+1+N"模式，一个平台对应多个供应商、对应多个商户或个人的模式。电商基于在商品流、信息流方面的优势，帮助供应商解决资金融通问题，承担担保角色或通过自有资金借贷。

电商平台模式的优点有两个：一是简化流程，提高效率，供应链开展变得更快捷、更流畅；二是电商平台拥有产业链上下游的交易、物流、现金流等数据，可以缓解信息不对称问题，而这个问题是传统金融行业对个人和小企业贷款时常常面临的问题。依靠庞大的上下游客户资源，电商平台形成客户海量交易信息，通过不断积累和发掘交易行为数据，分析、归纳借款人的经营与信用特征，判断其偿债能力。交易行为数据比企业财务报表更直接、更真实，同时也大幅降低客户筛选成本，而传统商业银行手中只有客户的支付结算数据，在公司信贷业务上需要另建专门的信用评价系统，在客户信息数据的获取和评价方面，与电商平台相比还是有差异的。基于电商平台累积的大数据，成为其具有的核心竞争优势。近几年，阿里巴巴、苏宁云商、京东商城都选择进入供应链金融领域，凭借其在商品流、信息流方面的优势，帮助供应商解决资金融通问题。其资金来源，一种是以银行为主，电商平台扮演担保角色；另一种是自有资金放贷，但更多的是两者兼而有之。

电商平台模式的缺点在于资金和风控两个方面。首先，电商平台在资金上不像银行那么有优势，毕竟银行可以向公众吸收存款。其次，电商平台还需要补充信用风险控制方面的人才储备，并积累风控经验。如果电商平台和银行进行合作,则能够使供应链金融业务开展的更加顺利、便捷、有效和真实,形成双赢模式,但合作并不容易。现实发展是为了让金融产品更加灵活、收益更大,阿里巴巴、苏宁云商和京东商城通过获得小额贷款公司牌照,使用自有资金运作融资业务。这种"小贷公司+平台"的全新模式,将小贷公司的牌照优势与电子商务企业的渠道、信息优势充分结合,有效降低客户搜索成本以及信用风险,也摆脱了与银行合作带来的束缚。前文中我们提到的阿里小贷即属于此种类型。阿里经历了2007年同工行、建行的合作,推出"易融通""e贷通"等贷款产品,到2011年开始独立开展业务的过程。随后进行了多次资产证券化,以通过该种创新提高资金流动性、扩大自身贷款提供能力。

第二,P2P平台模式。P2P平台在转型过程中,通过"供应链金融+P2P"的方式成为其突破方式之一。或是围绕一个或多个核心企业开展供应链条上下游中小企业的短期应收账款;或是与保理公司合作,进行债权转让,以此进行风险控制。综合目前P2P的业务模式和项目来源来看,相比信用借款、抵押担保等模式,供应链模式以其真实的贸易背景、透明的资金流向和更有实力的核心付款企业等优势,已经成为P2P投资者最青睐的模式。从投资人的投资风险角度来说,供应链金融在逾期和坏账风险上也有着风险系数最低的明显优势。

但是网贷平台自身存在着一定的风险。首先,法律法规不健全使得网贷平台的合法性以及合规情况难以得到确认;其次,信息不对称及统一信用评级体系的缺乏容易诱发信用风险;再者,网贷平台挪用中间账户资金容易引发操作风险。

(3)核心企业、物流企业、信息提供企业等开展的供应链金融

以核心企业为代表,如安源煤业、金叶珠宝等,结合保理、小贷业务在自身所处供应链中开展类信贷业务;以供应链服务提供商为代表,如怡亚通,借助第三方物流信息优势开展保税仓、仓单融资等业;以信息咨询公司和信息服务提供商为代表,转型至供应链

金融服务，如上海钢联、汉得信息。

表 4.8 对目前的互联网供应链金融模式进行了比较，相比较而言，银行和大型电商风控相对处理较好，而核心企业与 P2P 平台风控存在风险隐忧。

表 4.8　目前国内互联网供应链金融模式比较

企业类型	模式	典型企业	风控手段	资金来源
信息化管理厂商	通用型	用友网络	通过ERP综合服务云平台，基于核心企业与上下游的真实交易进行风控管理	P2P、商业保理（自有资金、银行资金）
	垂直型	新大陆	通过电商ERP+物联网（仓储物流信息化监管）+大数据分析的手段实现物流与信息流合一，减少重复质押率，降低不良	银行资金、P2P
		广联达	初期基于B2B电商平台交易信息，远期将实现建筑行业全生命周期的风控管控	小贷公司、商业保理（自有资金、银行资金）
电商平台	B2B	上海钢联、生意宝	以大宗商品交易平台为依托，实现在线交易、物流管控、融资服务的一体化	自有资金、银行资金
	B2C（企业到用户）	京东、蚂蚁微贷	基于数万供应商、数亿网购客户的行为和信用数据，以及庞大自建物流体系，形成以大数据驱动的供应链金融体系	自有资金、银行资金
大型核心企业		海尔	ERP系统内拥有产业链上下游数十万客户的交易数据，结合尽职调查团队线下分析，与专业风控企业紧密合作	自有资金、银行资金

续表

企业类型	模式	典型企业	风控手段	资金来源
供应链服务商		怡亚通、瑞茂通	以深度分销380平台为核心，百万级快消品终端交易信息为风控基础；以放大煤炭贸易规模积累客户资源，通过电商平台沉淀数据，为金融服务与供应链管理提供信息支撑和风险保障	小贷公司、自有资金、银行资金
物流企业		顺丰速运	依靠强大物流配送网络与密集的仓储服务网点主导库存融资业务，三点连接形成完整的物流服务闭环	商业保理（自有资金、银行资金）
商贸园区		小商品城、海宁皮城、深圳华强	利用线下母市场与线上电商的数据积累与交叉融合，搭建大数据服务平台为商户提供资信评级、供应链融资等服务	P2P、小贷公司、银行资金
第三方支付		快钱	帮助合作方深挖B2B市场，整合其供应链上下游的电子收付款等真实贸易数据，形成流动资金管理解决方案并打包销售给银行	银行资金
商业银行		平安银行	构建供应链生意平台与金融电商平台（橙e网），中小企业的订单、运单、融资、仓储等经营性行为在其上运转，同时引入物联网、物流、第三方信息化管理企业提供配套信息监控服务	银行资金

资料来源：招商证券研究

4.4.3 互联网供应链金融特点与趋势

互联网+供应链金融的优势体现在网络化、精准化、数据化三个方面：网络化使得交易信息传递更为高效，从而实现在线互联；精准化提高了对于质押物的风险控制能力；数据化对贸易、物流中的各类行为主体进行全方位记录，实现产融结合。互联网供应链金融以在线互联、风险控制、产融结合为形式，基于大数据、云平台、移动互联网等手段，对于供应链金融的改变体现在以下方面：

首先，在供应链金融的链条架构上，模式由"1+1+N"变为"N+1+N"。"1+1+N"的架构模式中"1"代表银行及核心企业，"N"指上下游多个企业。银行主要是对核心企业进行授信。"互联网+"核心企业既可以利用自身资金，也可以通过外部融资补充资金，使得链条构架变为"N+1+N"，而且更加凸显核心企业的作用。

其次，提供供应链金融产品和服务的方式从线下向线上迁徙。线上供应链金融的提供方式可以有效地降低交易和融资的成本，提高融资以及整个供应链交易的效率。

最后，互联网和大数据使得供应链金融覆盖众多小企业成为可能。在供应链金融服务对象多样性方面，原来的供应链金融只是针对核心企业，并通过核心企业为该核心企业的上下游企业提供金融产品或者服务。但是"互联网+"下的供应链金融能够很好地将以前供应链金融无法覆盖的企业涵盖进来，能够很好地利用"长尾效应"，供应链金融产品和服务对象更加多样化。

案例 4.8　京东供应链金融模式分析

2013 年 12 月 6 日，京东上线"京保贝"供应链金融产品，面向京东平台上的供应商，它们可凭采购、销售等数据快速获得融资，无需任何担保、抵押，随借随贷，从申请到放款的全过程约 3 分钟即可完成。由于门槛低、效率高、客户体验好，"京保贝"上线一个月即完成超过 10 亿规模的放贷。

2012 年初，京东曾采用与银行合作的模式向其供应商提供供应链融资服务，主要以信用及应收账款为抵押，银行贷款给供应商。目前的"京保贝"的特点在于三个方面：一是整个流程在线进行，基于数据处理进行全自动审批和风险控制，审核效率大大提高；二是所有贷款资金为京东自有资金，没有联合银行进行；三是贷款额度基于京东与供应商长期贸易往来以及物流活动产生的大数据计算结果。供应商可以在额度范围内进行融资，成本大约为 9%，最长期限 90 天。在客户没有自动还款时，京东会用供应商的结算进行还款。换言之，资金流转形成闭环，京东可借此降低供应商的信用风险。基于供应链的金融业务已成为京东增长最快的业务线之一。

4.5 第三方支付

实现支付清算功能的为第三方支付，是买卖双方在缺乏信用保障或法律支持的情况下，资金支付的"中间平台"，其运作实质是在收付款人之间设立中间过渡账户，使汇转款项实现可控性停顿，只有双方意见达成一致才能决定资金去向。当前，第三方支付已经发展为用户将一定量的资金存放在第三方支付处，需要支付时，通过网络指令实施支付的支付方式，其已经成为银行支付业务的重要竞争者。截至 2015 年第 3 季度国内第三方支付交易规模已达到 9 万亿，国内持牌机构约 250 家，分为手机支付和互联网支付两大类。

手机支付，也称移动支付（Mobile Payment）方式，是允许用户使用其移动终端（通常是手机）对所消费的商品或服务进行账务支付的一种服务方式，包括了远程支付、近场支付 NFC（近距离无线通信技术）和通信账户支付。远程支付以支付宝、PayPal 为代表，通过发送支付指令或借助支付工具进行，支付功能的实现往往需要连接到客户的银行账户，从而以其支付清算功能获取客户。其以软件为主的解决方案，即将银行卡与支付账户进行绑定，通过 APP 调用账户终端读取其展示形态进行支付，便利性好，二维码是这一模式的典型。近场支付如苹果支付、visa paywave、万事达 paypass、docomo 等，基于 HCE+TOKEN 的（基于主机的卡模拟+标记）云支付，在具备

NFC 硬件通信能力的手机上通过软件应用或连接云端服务器完成硬件搜索引擎的功能，对安全性和便利性进行了综合平衡，推出不久的银联云闪付属于此类。通信账户支付，如 ZONG、boku、payone，是以硬件为主的解决方案，通过 TSM 存储平台将支付信息置入手机上的 SE 模块，实现模拟芯片银行卡的支付，安全性极高，NFC 全手机支付、移动运营商的 NFCSIM（近场通信客户识别模块）手机支付都是这种模式。类 Square，包括 Square、iZettle、PRIZM、盒子支付、拉卡拉等支付平台。

互联网支付在 2015 年支付交易规模增速放缓，同比增长 46.9%，较往年有所下降，主要原因在于用户支付行为向移动端迁移，各互联网机构也在移动端展开竞争。

在我国，以支付宝为代表的第三方支付迅速发展壮大，2014 年网络支付市场中，支付宝拥有 88.2% 的品牌渗透率，处于绝对领先地位。截至 2014 年 3 月底，支付宝的总支付金额达到 6230 亿美元，约合 38720 亿元人民币；日均支付量已超过百亿，日交易笔数超过 8000 万笔；拥有近 3 亿实名用户。2014 年 3 月以来，支付宝每天的移动支付笔数超过 2500 万笔。随着移动通信的发展，支付宝与移动终端（手机）结合的模式被广泛接受。但我们也发现，第三方支付市场结构变化较快。2015 年第 3 季度第三方支付平台中，支付宝占比 61.9%，虽仍占据大部分支付市场，但其他平台在市场份额上获取加快。财付通市场份额仅次于支付宝，排在第二位，占比 14.5%，微信支付、QQ 钱包两种新支付入口的快速发展使其市场占比进一步扩大。受支付宝和财付通的冲击，银联在线的市场份额继续减少，占比 9.2%，排在第三位。

2016 年，支付宝又启动了与深圳市人力资源和社会保障局共同合作的医保移动支付项目，正式在深圳 8 家公立医院率先试点。双方基于合作推出的"医疗保险"网络支付标准，在国内首度确立了可规模性接入医院且具备可复制性方案，奠定了互联网+社保业务的深圳模式，通过支付宝的实名、风控、支付等核心能力，构建医保移动支付安全通道。医保移动支付的破冰，标志支付宝

"未来医院"计划正式进入第二阶段。目前全国已有近600家医院加入支付宝"未来医院",覆盖全国90%的省份,已有超过5000万用户通过支付宝体验了挂号、缴费以及查报告、支付等全流程移动服务。2016年5月,支付宝下花呗联手上海复旦大学附属华山医院、支付宝推出针对个人消费者的医疗分期付费,最高可获得的额度为5万元。2016年2月,支付宝联合广州妇女儿童医疗中心以及芝麻信用,正式上线"先诊疗后付费"服务,在芝麻信用上分数达到或超过650分的患者,不带钱也可以在该院享受挂号、诊疗、检查检验、拿药等全程服务,回家之后再付费。第三方支付与征信、消费信贷实现了连接[①]。

以支付宝和财付通为首的拥有互联网巨头背景的第三方支付公司,无论从交易规模、创新支付模式,还是支付场景和基于支付数据的增值服务等方面,都给支付市场带来一次重大金融革新。

表 4.9　互联网三巨头支付工具比较

支付工具	百度钱包	微信支付	支付宝钱包
时间	2014.4	2013.7	2013.1
O2O（Online To Offline，线上到线下）	糯米网、百度地图	搜搜地图、杭州市上品折扣微信体验店	高德地图
轻应用	话费支付、网购电影票等	Q币充值、微信红包、购买电影票、照片冲印等	信用卡还款、水电缴费、银行转账、电话费缴纳等
商户	国美线上、易淘食、比邻店、酒仙网、爱奇艺、去哪儿	海尔空调、房企代理商易居旗下乐居	覆盖四川、广东、上海、浙江、江苏五大省市,逾1.5万家便利店,新希望双峰乳业、药零售品牌海王星辰

资料来源:笔者根据相关资料整理得出

---

① 资料来源:蚂蚁金服评论

对于第三方移动支付交易规模结构,我们比较了 2014 和 2015 年的数据,分析发现,移动金融占比由 40.1%上升到 44.3%;移动消费由 17.1%上升到 25.4%;个人应用和其他从 42.8%下降到 30.2%。结构的变化反映出金融消费者的移动端迁移,以及随时随地理财的偏好。

4.6 互联网保险

4.6.1 互联网保险在全球的发展

保险业协会将互联网保险界定为保险企业或保险中介机构通过互联网为客户提供产品和服务信息,实现网上投保、承保、核保、保全和理赔等保险业务,完成保险产品的在线销售及服务,并通过第三方机构实现保险相关费用的电子支付等经营管理活动。

互联网保险在各国均获得快速发展,也是被消费者接受度很高的保险销售渠道。如 1997 年意大利 KAS 保险公司即建立网络保险销售服务系统,提供报价、信息咨询和投保。英国 2013 年全年互联网车险保费占比 44%、家庭财产险占 32%,而且个人财产保费在 2000 年网络渠道占比 29%,2008 年占比增长到 42%,传统保险经纪渠道市场份额从 42%下降到 29%。美国的 eCoverag 公司完全通过互联网向客户提供保险服务。美国居民在选购车险时,73%的人群通过互联网收集信息,部分险种网上交易额占到市场份额的 30%~50%;在德国,车险和家财险网络渠道份额从 2009 年的 26%、13%上升到 2010 年的 45%和 33%。日本车险电子商务渠道占 41%;韩国网上车险销售占 25%以上,网络渠道对寿险市场贡献率约 10%;其他国家如欧洲国家、拉丁美洲、亚洲发达地区等,互联网也是获取金融产品和服务的常用信息渠道。

那么是否所有保险产品都适合通过网络销售呢?Gandel S.、Donaldson Lufkin、Jenrette(2000)发现交易金额越小、产品越简单、客户理解越容易的保险产品,越易于在网上进行销售。

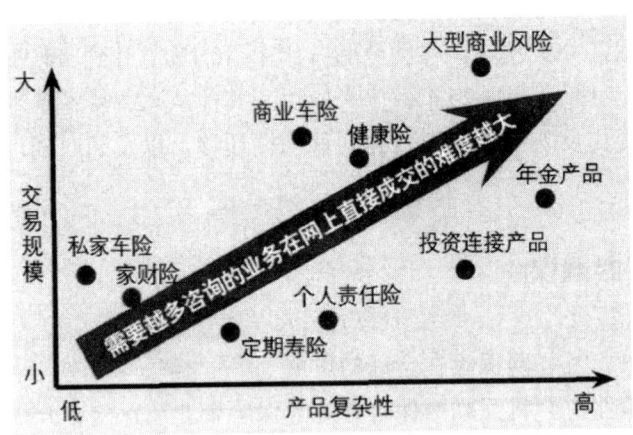

图 4.9　保险产品的网络适销性

资料来源：徐徐. 互联网保险的效应、困局与突破[J]，中国保险，2015（3）：20-24.

目前适合互联网渠道销售的保险产品包括短期简单理财型产品、短期健康险、意外险，简单、标准化定期寿险、车险，不适合销售的如长期分红险、长期寿险、健康险、农险、企业财产险等复杂财险。

进一步的，Brown、Goolsbee（2002）发现基于互联网价格比较平台可以有效降低保险消费者的信息搜寻成本，从而降低保险价格并提高保险市场竞争性。Garven（2002）认为互联网不但可以降低保险的交易成本，还可以降低市场进入门槛，从而增加保险市场供给，并通过让客户"买得起"而提高客户的购买能力。

近年来，国外互联网保险不断创新。一是放弃中介模式的互联网保险直销模式的兴起。例如，Geico 公司通过自有网站直销，是美国第四大汽车保险公司，也是美国最大的直销保险公司，它放弃了中介模式，采用网上直销模式，清楚列明各种类型、对应价格的保险产品，方便潜在客户在线查询价格。同时 Geico 还根据客户的背景、忠诚度等信息对其进行差别定价，车险在线报案和理赔，通过对案件进行分类，允许就近选择汽车修理地点、索赔记录等。App

方便客户查询最近的拖车、续期缴纳时间、金额的提醒等。二是 P2P 风险计划的出现。通过社交媒体创建团体，消费者可以通过这些团体彼此承保风险或与保险公司协商更好保险条款。典型例子如德国的"朋友保险"、英国 jFloat 计划、美国 Peercover 计划等。以德国的"朋友保险"为例，它将寻求愿意分担标准保单免赔额以下的潜在损失的个人联系在一起，与保险公司合作，为超过该金额的损失提供常规保障。与团险不同的是，保单持有人与保险公司分别签订合同，如果网络内相关个体理赔额较小，则保单持有人会以传统保单保费回扣（至多一半）形式获得相关金额。三是保险逆向拍卖平台。保险公司或分销渠道提供保险产品在线竞价，消费者选择承保人，例如 iXchange 的基于网络的财产险和意外险逆向拍卖平台。四是移动保险的使用。它通过远程信息处理技术进行创新，如美国保险公司 Progressive Insurance Company 的 UBI 保险，根据汽车里程确定保费。针对单次保费低但缴费频次高的产品，借由手机或网络或短信确认方式进行承保，降低了成本。亚洲、非洲、拉丁美洲的小额保险公司已提供意外险、寿险等一系列移动保险服务。

4.6.2 我国互联网保险的发展

根据中国保监会的统计数据测算，截至 2015 年底，全国保险密度（以人口计算的人均保费收入，反映一国保险普及程度和保险业发展水平）为人均 1766.49 元，约合 271.77 美元，而全球人均保费支出 662 美元，发达市场人均保费支出 3 666 美元。我国还不到全球平均水平的 1/3，较之于发达市场差距很大。从保险深度（保费收入占 GDP 比重，反映保险业在整个国民经济中的地位）来看，2015 年底为 3.59%，全球平均保险深度为 6.2%；而 2014 年这一数据英国为 10.6%、日本为 10.8%、美国为 7.3%、法国为 9.1%，也存在较大差距。2014 年国务院印发《关于加快发展现代保险服务业的若干意见》，指出要继续提高保险深度和密度，发挥其社会"稳定器"和经济"助推器"作用。那么提高用户购买可以借由网络渠道、产品创新、服务提升和模式转变来进行。从渠道来看，即把互联网作为销售和理赔等渠道；从产品来看，包括开发专门用于互联网销售的产品，开发为互联网业务服务的保险产品和嵌入互联网技术的保险产品；从服务来看，如建立保险产品网上超市、比价平台和协助投保人索赔产品；从模式来看，即通过互联网建立业务新模式，如互联网互助组织活动等。

目前国内网络购物的渗透使得互联网保险渐为大众接受，用户保险意识也不断提升，加之网络渠道的便捷性，用户对于通过互联网渠道购买保险接受度更高，同时，互联网保险产品单价低、新奇、嵌入使用场景的销售也推高了保险网络渠道的贡献度。

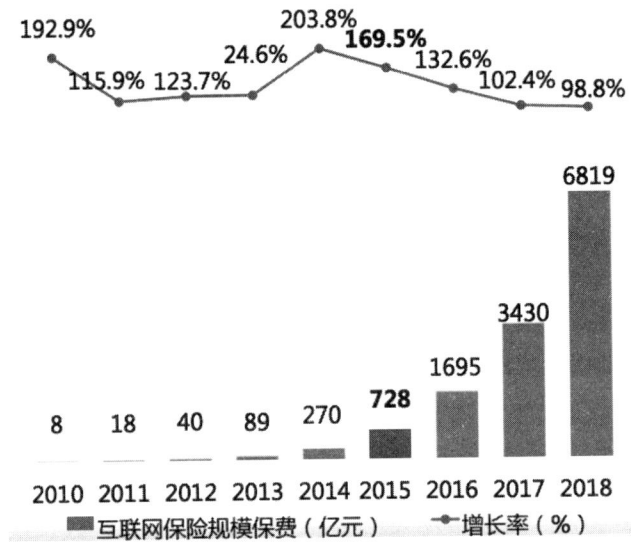

图 4.10　2010～2018 年中国互联网保险保费规模

资料来源：资料来源：艾瑞咨询，2015 年年度数据发布，互联网金融篇 [EB/OL].(2016-01-01)[2016-05-15]. http://www.cbdio.com/BigData/2016/01/15/content_4491516.htm.

目前通过互联网销售保险的模式有三种：一是自建官网网上直销（共有17家公司）；二是专业保险销售网络网上销售保险；三是第三方平台网上代销（共有16家公司）。目前有61%的保险公司（共52家公司）既有自建平台，又与第三方平台进行合作，采取了双管齐下的做法。

台湾地区"金融监管管理委员会"(简称"金管会")规定拥有电子凭证的民众可以在网络投保旅游平安险、伤害险、传统型定期寿险、传统型年金险等。随着智能手机的普及、云端服务的出现,数字化投保也正在推进中。

表4.10 2014年我国互联网保险主要种类和特点一览表

保险种类	具体品种	特点
财险	车险; 家庭财产险; 退货运费险; 针对支付宝、财付通、微博等支付工具开设的个人资金账户安全险; 针对网络游戏玩家提供的账号以及虚拟资产被盗险	产品具有保费低、简明易懂、审核简便、保险期限短、保险责任简单、投保简单、理赔快等优点; 但缺点在于产品的同质性、复制性强,竞争主要就价格展开
寿险	意外险,包括综合意外、交通工具险、境内外旅游险; 投资类保险,包括万能险、投连险等; 两全保险,如重疾险、防癌险; 年金保险,如补充养老计划等	投资类险种的销售规模大于保障类险种,第三方平台的主打保险理财产品多为万能险、投连险,风险相对较低,预期收益率较高
信用保证保险	众安保险在淘宝平台推出的"众乐宝",聚划算平台推出的"参聚险",均由淘金卖家收取相对较低的保费替代保证金,提供信用风险淘宝保障	创新产品伴随电商规模扩大而不断涌现,并不断拓展业务范围
新奇创新保险	摇号险、泰康"微互助",航延险等	吸人眼球,但是否具有投保利益,需要再考虑

资料来源:叶颖刚、秦建文. 我国互联网保险发展中存在的问题及对应研究——基于风险管理视角[J]. 海南金融,2015(7):47-52.

表 4.11 2011~2013 我国互联网保险数据

年份	2011	2012	2013	2014	2015
互联网保险公司数（家）	28	34	60	85	110
全国保险机构数量（家）	120	130	134	136	148
互联网保险公司行业占比（%）	28	31	45	63	74
互联网保费收入合计（亿元）	31.99	106.24	291.15	858.9	2233.96
保费总收入（亿元）	14339.25	15487.93	17222.24	20234.81	24282.52
互联网保费占比（%）	0.22	0.69	1.70	4.24	9.20
互联网渠道新增保费占比（%）	NA	6.46	10.66	18.85	33.97

数据来源：中国保险行业协会，互联网保险行业发展报告[M].北京：中国财政经济出版社，2014；曲速资本，2016 年互联网保险行业研究报告.

4.7 互联网征信

4.7.1 我国征信体系的发展历程

我国征信体系在发展历程上，经历了从封闭到开放、从小众到大众、从政府主导到渐进市场化的历程。

我国征信体系建立之初，是由中国人民银行集中管理，以收录信贷信息为主的封闭、小众的征信系统。1977 年上海开展企业信贷资信评级，1999 年，成立第一家信用评级公司——上海远东资信评级有限公司，开展个人和企业征信；1999 年，银行信贷登记咨询系统上线运行，2002 年，该系统建成总行、省、地市三级数据库，实现全国联网查询，在企业征信领域发挥了重要作用。2003 年，建立征信管理局，2004 年全国个人信用信息基础数据库建立；2005 年，银行信贷登记咨询系统升级为全国企业信用信息基础数据库；2006 年，企业和个人征信系统在全国联网运行，全国金融机构信贷征信系统建立，这也是现有征信系统的原始基础。但由于外部数据介入不被允许，从而其市场需求无法被满足。截至 2013 年底，央行征信覆盖的人群占总人口的 23.7%，远低于美国征信体系对人口 85%的覆盖率。征信体系存在数据不完整、守信激励不足、失信惩戒缺失、失信成本偏低等问题。从个人征信系统接入机构情况来看，2014年底，央行征信中心企业征信系统接入1724家机构，个人征信系统接入1811家机构数据，但83%的个人征信数据为传统金融数据，包括信贷和信用账户数据，来自于公积金缴存、社保、电信、税务和其他辅助个人信用信息仅占17%。

2013年3月国务院颁布《征信业管理条例》，初步构成社会信用体系的法律基础。2014年6月国务院发布《社会信用体系建设规划纲要（2014～2020年）》，作为对我国征信行业发展的方向指导。征信的作用在于防范信用风险,降低信息不对称而带来的交易风险；扩大信用交易，促进基于商业和金融信用产品的创新和使用，扩大交易范围；降低信息收集和处理成本，提高经济运行效率；推动社会信用体系建设。在互联网征信发展之后，数据资源和发掘技术助力网上支付企业建立征信机制。对个人而言，网络支付行为与个人信用评价的关系最为密切。随着网络支付平台业务架构的不断完善、用户数据的海量存储，以及数据挖掘技术的逐渐成熟，网上支付企业具备了个人征信业务的基本资料。借由网上征信，或将改变传统征信模式，利用互联网征信降低数据采集成本，通过互联网信息数据判断、覆盖过去没有信用记录的人，完善我国征信体系。2014年，央行征信中心电话咨询问题类型中,个人信用报告查询咨询量最高，占35.46%，其次是互联网个人信用信息服务平台查询咨询量，占26.15%[①]。

基于人行金融信用信息基础数据库，国内征信体系纳入下列三种形式，一是以阿里为代表的拥有大数据的电商，通过数据分析和运用，形成闭环信用生态圈；二是以国政通和大公互联网金融信用信息平台为代表的源于第三方的互联网大数据，通过模型分析和信用评分，提供给第三方信用产品；三是以中国人民银行

---

① 中国人民银行征信中心，征信系统建设运行报告（2004-2014）[EB/OL]. (2015-08-05) [2015-12-15]. http://www.pbccrc.org.cn/zxzx/zxzs/201508/ f4e2403544c942cf99d3c71d3b559236.shtml

征信中心旗下上海资信为代表的"网络金融征信系统"（NFCS），用于收集 P2P 网贷业务中产生的贷款和偿还等信用交易信息，并向 P2P 机构提供查询服务，防范借款人恶意欺诈、过度负债等信用风险。截至 2014 年 7 月，NFCS 共接入 203 家 P2P 平台，其最终目标是打通线上线下、新型金融与传统金融的信息壁垒，实现网贷企业之间的信息共享，为人行个人征信系统提供补充。类似的还有北京安融惠众征信的"小额信贷行业信用信息共享服务平台"（MSP），定位于为 P2P、小贷公司、担保公司提供行业信息共享服务。

相应的，2015 年 1 月，中国人民银行发布《关于做好个人征信业务准备工作的通知》，要求芝麻信用管理有限公司、腾讯征信有限公司、深圳前海征信中心股份有限公司、鹏元征信有限公司、中诚信征信有限公司、中智诚征信有限公司、拉卡拉信用管理有限公司、北京华道征信有限公司（八家机构比较如表 4.13 所示）等做好个人征信业务的准备。这意味着个人征信市场化的开闸，"金融应用+商业场景"成为征信业发展的新助力。以拉卡拉为例，它拥有电子支付、互联网金融、社区电商三条业务线，建立了 120 多万家商户和 8000 万个人用户的平台和业务信息。2015 年 6 月，芝麻信用分应用于租房、租车、签证申请等生活场景。从中我们可以发现，基于电商平台、网络银行、支付中介、评级公司等积累的个人征信数据将纳入到央行征信体系，央行监管下的独立第三方征信机构作为市场主体的征信体系进入发展快车道，从而逐渐完备我国企业和个人征信数据。

表 4.12 我国目前的征信体系

	人行金融信用信息基础数据库	NFCS	MSP
覆盖面	截至 2014 年 6 月底，收录自然人 8.5 亿，平均日查询量 106 万次	截至 2014 年 7 月底，收录客户数 29 万人，平均日查询量 2000 次	截至 2014 年 7 月底，收录自然人 88.5 万人，平均日查询量 8800 次

续表

	人行金融信用信息基础数据库	NFCS	MSP
收录信息	金融机构信贷信息为主，以及社保、公积金、环保、税收缴纳、民事裁决和执行等公共信息	P2P平台借贷双方的个人信息、贷款申请信息、开立信息、还款信息和特殊交易信息，借款人黑名单	借款人借贷交易行为，包括申请、审批、还款、违约、恶意拖欠，借款人不良信息，司法信息
允许接入方	商业银行、农村信用社、信托公司、财务公司、汽车金融公司、小额贷款公司等各类放贷机构，融资性担保机构	203家P2P2机构，其中86家开始提供数据，40家报送全量数据	会员制,329家小额借贷金融机构或中介，以P2P为主
产品	个人信用报告；企业信用报告、关联企业查询、信贷类汇总数据、对公业务重要信息提示、商业银行信贷组合管理	信用主体信息；借款人黑名单	信用主体信息；借款人黑名单；不良信息，司法信息

表 4.13 我国目前的第三方征信机构

征信机构	数据来源	数据处理技术	主要产品和服务	应用
中诚信征信	主要依靠积累的银行、医疗、保险、教育等信息，以及合作的地方性中小金融机构和企业平台	以独立自主研发的信用评分算法为基础，积极探索大数据信用评分技术，旨在将传统建模与大数据建模有机融合	万象分、信用体系建设、信用报告、信用信息验证等	银行、电商、P2P平台、小贷公司等客户

续表

征信机构	数据来源	数据处理技术	主要产品和服务	应用
鹏元征信	合作金融机构、各级政府、公共事业单位等	以成熟的传统主流征信模型体系为基础,结合创新大数据挖掘建模算法,利用前沿海量数据处理加工技术	个人信用报告类产品、身份认证类产品、评分类产品、信息核查类产品、统计指数类产品、自助征信类产品、互联网服务类产品等	银行、P2P平台、小贷公司、第三方支付、消费分析及其他泛金融领域、电商等
中智诚征信	主要依靠合作的P2P平台和其他第三方机构	全球独有的中文模糊匹配技术;分级分团技术;基于商业银行反欺诈业务的疑似团伙欺诈专家规则集;探索大数据技术	个人征信评分服务、申请反欺诈服务、全国公民身份信息认证服务等	P2P、消费金融等,将会接入银行和汽车金融公司
芝麻信用	阿里电商、蚂蚁金服、用户上传、合作的互联网平台、金融机构和公共机构等	云计算及机器学习等技术,包括逻辑回归、决策树、随机森林等模拟算法;芝麻评分类似于美国FICO信用评分	芝麻信用评分、信用报告、反欺诈、行业关注名单等	金融机构、生活类商户等
腾讯征信	QQ和微信用户,财付通、用户上传数据、京东等第三方合作平台	利用大数据平台TDBANK,采集处理相关行为和基础画像等数据,并利用统计学、传统机器学习的方法	七颗星评分、金融反欺诈、信用报告、人脸识别等	金融机构、非金融机构、普通用户

续表

征信机构	数据来源	数据处理技术	主要产品和服务	应用
前海征信	平安集团综合金融数据，合作方如银联、小贷、P2P数据	自有专业大数据团队，并积极与海内外顶尖学术机构展开深入合作；个人评分采用与美国FICO完全一致的评分标准	数据类（如风险度提示、好信度等）、云系统（信贷云、反欺诈云、催收云等）、功能插件（好信易申请、好信认证、生物特征识别）	金融机构、互联网金融公司、非金融机构等
考拉征信（拉卡拉）	拉卡拉集团下属的个人支付、企业支付、小贷、保理、P2P、O2O社区电商，银联等其他合作机构和公共机构	利用传统的德尔菲法、回归、分类、Web挖掘和神经网络技术，结合大数据技术进行数据处理和多角度组合建模。考拉分类似于美国FICO评分	考拉分	P2P、电商平台、小额贷款公司等
华道征信	银之杰金融服务体系、亿美软通的移动电商平台、新奥燃气信息以及其他合作的第三方机构	依托清华五道口金融学院，共建"大数据征信实验室"	华道猪猪分、反欺诈，包括同业征信联盟、华道信用评估模型、华道个人征信评估	租房房东等

资料来源：BCG，中国个人征信行业报告（2015）[R].(2016-04-02)[2016-05-15].http://www.01caijing.com/article/3164.htm

2015年8月，国务院颁布《促进大数据发展行动纲要》，为征信数据共享和完善奠定政策基础，2015年12月，中国人民银行又发布了《征信机构监管指引》，加强了信息主体权益保护，建立风险控制防线并规范牌照流转。

世界银行《全球商业环境报告》中指出，由于企业和个人征信系统的建成，我国信用信息环境大大改善，信用信息指数在2006年由3升至4，在2014年从4提升到5，我国获取信贷的便利程度在全球排名也获得大幅上升。信用信息指数每上升1单位，将拉动国内生产总值增长0.9个百分点，生产率增长0.7个百分点。清华大学中国与世界经济研究中心研究表明，从2008年到2012年，征信系统年均改善了4103亿元人民币的消费贷款质量，征信系统带来的总消费增加年均约为2458亿元人民币，与没有征信系统相比，征信系统在2012年拉动了约0.33个百分点的GDP增长，占整个GDP增长的4.28%左右[1]。由此，互联网征信的发展对于我国征信数据的完善以及相应的经济增长，将形成明显的正向效应。

4.7.2 征信模式的变化

目前，世界范围内的征信模式分为三种基本类型：

一是中央银行主导的非营利性公共征信模式，欧洲大陆国家较多采用，典型代表国家是法国。其征信核心机构为法国央行，基本无市场化征信机构。原因在于大政府体制，及考虑到信息安全问题，惩戒违法为其主要任务。央行主导模式的优点在于保证国家信息安全，但缺陷在于信息使用者仅局限为金融机构，只收集负面信息，征信评价不完整。

二是行业协会主导的非营利性同业征信模式，典型代表是日本。这一模式形成的原因在于行业协会对经济发展有巨大的影响力。征信核心机构包括行业协会组织的非营利性三大机构和商业公司（如日本的咨询公司Crecon Researching & Consulting Co.）。行业协会主导模式的优点在于政府干预较小，但缺陷在于收集信息种类较少，不全面，同时行业间、机构间信息互通少，较为封闭。

三是以市场需求为导向的营利性征信体系，譬如美国，其征信体系由各个独立征信公司组成。美国的征信体系，在层次上包括了

---

[1] 数据来源：中国人民银行征信中心，征信系统建设运行报告（2004-2014）[R]，2015年

监管层、运作层和数据层三个层面，由七大征信机构进行分工合作，在征信对象上覆盖了上市公司、企业、中小企业和个人。优点在于行业细分，对接应用最为全面，最具活力。缺点在于市场淘汰过程慢、代价高，此外由于采取了市场化运作方式，对监管等基础环境要求较高。

就我国目前的情形而言，从银行贷款、消费金融，到租车、租房、住宿、借书等生活日常，信用不但影响个人在传统金融领域的金融活动，更逐渐影响到社会生活的各个方面。信用的重要性，映射在市场行为，则是市场对于征信产品和服务需求的增加，并且需求呈现越来越多样化的特征。作为社会信用体系建设的一个环节，个人征信商业化、市场化发展正在展开，而且其重要性程度不断上升。完善的征信体系也将直接影响到社会融资成本、放贷效率和行业抗风险能力，从而有助于普惠金融的渐进实现、经济运行成本的降低以及经济运行效率的提高。

互联网金融的快速发展扩大了征信体系的数据来源与范畴，得益于通信技术的发展，个人、企业随时随地得以接入互联网主体，信息扩散和传播的方式、路径、速度都发生了变化，市场的活力被激发。相对应的，征信模式在发生变化，贸易往来也可以成为征信行业发展的基础，供应链金融数据一样可以并入。新兴互联网金融公司 Zestfinance 和 Kreditech 通过联网方式收集用户网络社交、社保缴纳、税收缴纳记录等数据，并基于此综合起来为用户评定信用等级，并以此作为授信的重要判断基础。Wecash 闪银基于移动终端进行授信，通过用户自主授权的社交网络数据和搜索引擎获取结果，以交叉检验的方式，判定数据的真实性，再结合行业、职业等个人信息综合评定用户的信用等级。并且授信的效率极高，20 分钟内即可完成 6000 元以下授信额度，2 小时内完成最高 50 万元的授信额度。在征信行业中，波士顿咨询提出其中包含了数据征集、模型分析与征信洞察、征信产品应用在内的三大产业链核心。

表 4.14　传统个人征信机构和互联网个人征信机构比较

	传统个人征信	互联网个人征信
数据来源	来源较多，如授信机构、数据代理商、公共事业部门等	来自征信机构和消费者自身
征信产品和服务	信用报告、信用评分、信用监测、风险决策支持、市场营销	简版信用报告、信用评分、信用监测以及金融产品推荐
主要服务对象	授信机构	个人消费者
服务是否收费	收费	免费，如 Credit Karma
盈利模式	向授信机构和个人消费者收费	向金融机构收费

资料来源：刘新海. 美国个人征信互联网服务新趋势研究[J]. 征信, 2015(12): 52-55.

2014 年末中国大陆人口总数约 13.68 亿人，随着网上理财行为、网络消费和在线支付等消费、投资与支付习惯的改变，客观上为网络征信的发展提供了客观基础。尤其是互联网理财产品，它的出现满足了金融投资者随时随地投资的偏好，节约时间同时进行财富增值，对于在线借贷平台，由于其较高收益率吸引了众多投资者，但其中存在的问题即是信用数据缺失而带来的隐含高风险问题，因此，征信体系的完善将有利于投资者在信息充分基础上做出决策，从而利于资源更合理、有效、高效的配置。

案例 4.9　芝麻信用及其生活场景使用

芝麻信用是依据方方面面的数据而设计的信用体系，基于阿里巴巴的电商交易数据和蚂蚁金服的互联网金融数据，并与公安网等公共机构以及合作伙伴建立数据合作。与传统征信数据不同，芝麻信用从用户信用历史、行为偏好、履约能力、身份特质、人脉关系五个维度，对涵盖信用卡还款、网购、转账、理财、水电煤缴费、租房信息、住址搬迁历史、社交关系等海量信息数据的综合处理和评估。

芝麻信用通过分析大量的网络交易及行为数据，可对用户进行信用评估，这些信用评估可以帮助互联网金融企业对用户的还款意愿及还款能力做出结论，继而为用户提供快速授信及现金分期服务。

芝麻信用评分，是在用户授权的情况下，依据用户各维度数据（涵盖金融借贷、转账支付、投资、购物、出行、住宿、生活、公益等场景），运用云计算及机器学习等技术，通过逻辑回归、决策树、随机森林等模型算法，对各维度数据进行综合处理和评估，在用户信用历史、行为偏好、履约能力、身份特质、人脉关系五个维度客观呈现个人信用状况的综合评分。

芝麻分分值范围从350分到950分。持续的数据跟踪表明，芝麻分越高代表信用水平越好，在金融借贷、生活服务等场景中都表现出了越低的违约概率，较高的芝麻分可以帮助个人获得更高效、更优质的服务。

表4.15 芝麻信用的外部合作及生活场景应用

时间	事件
2015.01.05	央行发布《关于做好个人征信业务准备工作的通知》，芝麻信用正式开展个人征信准备工作。
2015.01.28	芝麻信用评分正式上线，为用户开启全新的信用生活。
2015.01.30	芝麻信用与神州租车合作，全球首创，为用户提供免押租车新方式。
2015.06.04	芝麻信用和阿里旅行合作，芝麻分700以上用户有机会便捷签证新加坡。
2015.06.06	芝麻信用首个6.6信用日，无人超市信用测试，引起社会广泛关注。
2015.07.01	芝麻信用连接最高人民法院，实时更新"老赖"名单，开创了第三方征信机构首次通过最高法官方授权，联合开展信用惩戒的先河。
2015.07.31	芝麻信用与永安自行车合作，用户可以免押扫码租车，缓解城市公共交通和环境压力。

续表

时间	事件
2015.08.16	芝麻信用和贵州省公安厅交通管理局联合开发的"贵州省重点车辆驾驶人从业综合评分系统"正式启用,成为开始输出模型开发能力的首家征信机构。
2015.08.17	芝麻信用与花田、世纪佳缘合作,通过芝麻的实名身份认证服务,协助合作伙伴打造诚信婚恋体系。
2015.09.09	芝麻信用推出9.9大学生信用节,芝麻分开始成为高考分之外最重要的分数之一。
2015.09.23	芝麻信用与相寓合作,用户免押金租房、月付租金成为可能。
2016.01.13	"信用+城市"模式开启,杭州携手芝麻信用打造信用之城。
2016.02.25	芝麻信用和广州妇女儿童医疗中心联手推出"先诊疗后付费"服务,节省患者就诊时间60%以上。

4.8 数字货币和区块链

数字加密货币及其背后的技术"区块链",越来越受到互联网金融领域、FinTech(金融科技)公司和政府监管层面的关注。

4.8.1 数字货币

数字现金的概念最早在80年代由David Chaum(数字货币的发明人)提出。之后,一些机构对加密货币做了商业化尝试,比如引进电子现金和电子黄金。然而,这些努力因为缺乏法律合规性、不明智的商业管理或全网集中化等不同原因以失败告终。之后,日裔美国人Satoshi Nakamoto(中本聪)在2009年提出比特币(Bitcoin)。与大多数此前的数字货币不同,比特币不依靠特定货币机构发行,它依据特定算法,通过大量的计算产生,而此之前的数字资产则被认为是容易复制的。基于密码学和P2P网络,比特币是一种P2P形式的数字货币,并在互联网上发布和流通。

目前关于数字货币还没有一个明确的定义,但欧洲银行管理局

（European Banking Authority）曾在2014年对虚拟货币进行了界定，认为"虚拟货币是价值的一种数字表达，不是由中央银行或某个公共权威机构发行，也不一定与某一法定货币挂钩，但被自然人或法人接受用于支付手段，可以进行电子和转移、储蓄或交易"。周永林（2016）参照IMF（国际货币基金组织）研究报告的分类，将数字货币（digital currency or digital money）定义为"价值的一种数字表达"，包括由非中央银行或公共权威机构发行的数字货币即虚拟货币，也包括中央银行或公共权威机构发行的数字化法定货币。即数字货币包括虚拟货币和法定数字货币两类。数字加密货币也被包含在这一概念之内，谢平、石午光等（2015）对数字加密货币做了进一步研究。多数研究认为数字加密货币是一种新的虚拟货币。欧洲央行（2012）比较早采用这种分类。按照是否与法定货币存在自由兑换关系，虚拟货币可以分为三类。第一类，虚拟货币与法定货币之间不存在兑换关系，只能在网络社区中获得和使用，比如魔兽世界G币；第二类，虚拟货币可以通过法定货币获取，用来购买虚拟和真实的商品或服务，但不能兑换为法定货币，比如AmazonCoin（亚马逊币）；第三类，虚拟货币与法定货币之间能相互兑换，并可以用来购买虚拟和真实的商品或服务，比如比特币、林登币。美国税务局和财政部金融犯罪执法网络FinCEN（2013）将比特币称之为可转换的虚拟货币。从税收角度，美国将比特币和其他虚拟货币归类为特殊商品。世界银行扶贫协商小组CGAP（2014）从形式、记账单元、客户识别、发行人、发行机制等方面比较了比特币和一般电子货币的异同。

比特币经济使用整个P2P网络中众多节点构成的分布式数据库来确认并记录所有的交易行为，并使用密码学的设计来确保货币流通各个环节安全性。点对点的传输意味着一个去中心化的支付系统，它创造的一种解决彼此之间不信任的记账方式。P2P的去中心化特性与算法本身可以确保无法通过大量制造比特币来人为操控币值。基于密码学的设计可以使比特币只能被真实的拥有者转移或支付。这同样确保了货币所有权与流通交易的匿名性。这对于学界、业界和监管机构都将是一个很大的挑战。迄今为止，仅有厄瓜多尔一个国家的中央银行发行了数字货币，但其余国家也始终将其作为一个可以考虑的保留选项。焦瑾璞（2016）指出发展数字货币的全社会的成本基本上是零，但可能会对现在的货币调控、监管形成很大冲击。对于中央银行自己发行数字货币是否有益于普惠金融的发展，国际上目前仍然存在较大争议。支持者的理由主要有三方面：一是有利于数字货币的标准化和通用化，便于系统的整合以及与金融业的对接，目前大部分数字货币的使用范围均非常有限，而央行发行的数字货币理论上在全国范围内都是法定通货；二是由于央行有国家信用作担保，可以保证数字货币币值的稳定，有利于维护消费者的信心，保护消费者的合法权益；三是可以提升央行在数字货币领域的权威性，有利于各项普惠金融发展政策的贯彻实施。反对者的理由主要也有三方面：一是由于市场经验和技术力量的欠缺，央行在数字货币方面和民间企业相比并不具备比较优势；二是作为非营利机构的央行相对缺乏创新的动力，但又具备天生的垄断能力，可能会阻碍数字货币市场的创新发展；三是发行数字货币可能会给央行带来各种管理风险和技术风险，一旦出现管理不慎或安全漏洞，后果会比民间企业要严重得多[①]。

4.8.2 区块链技术及其应用

比特币背后的技术"区块链"（Blockchain），其价值远远超过了数字货币和现金货币本身。在使用现金货币的情况下，如果消费者用英镑购买了货物，那么银行需要与另外一家银行接触，以更新客户开立在银行的账户余额，当日结束时，银行之间再通过中介进行结算，以保证现金数量是正确的。而区块链技术不同，为了让比特币如同货币一样，比特币必须能够从账户里转移，并可以被同一个人消费两次，比特币必须避免任何对第三方的依赖。交易确认分为两步：第一步，由某个支付节点通过竞争完成交易有效性的初步确认；第二步，初步确认消息被广播到全网络，被全网络认可后，交易有效性得到最终确认。但正因为如此，在支付时消费者仅仅需

---

① 资料来源：焦瑾璞. 数字货币的三种主要监管模式[EB/OL], 2016年1月20日, http://www.thfr.com.cn/post.php?id=66865.

要直接支付给其数字钱包即可。区块链技术的广泛运用有可能重塑现有金融服务技术基础设施，从而对现行业务流程通过优化带来益处。

区块链的应用极其广泛，不只是支持加密货币转换，也支持智能合同。智能合同是现实世界的合同通过电脑程序的再实现，合同的条款嵌入在区块链上配置的代码中，例如将区块链技术应用于登记土地，以确保其所有者的唯一性。Factom 是一家美国的创业公司，为基于区域链的土地登记提供一种原型。当洪都拉斯警方在 2009 年某天冲进 Izaguirre 女士家里并要驱逐她离开的时候，她已经在这个破旧的房屋住了三十多年。与她的邻居不同，Izaguirre 甚至都有政府的房屋证明，但很不幸，来自当地政府房屋委员会的资料显示，该房屋属于另外一个人，而这个"房主"向法院申请驱逐令，最终 Izaguirre 女士被迫离开。由于登记不详或记录丢失，这类事情在全球都很普遍。房屋所有权保障的缺失也是不公正的源头，也让利用房屋或土地作为抵押物进行融资等等变得困难[①]。但基于区块链的技术可以解决这一问题。

区块链作为一种记录交易的公开账本技术，可以被用于记录任何东西，也包括股票等数据。目前基于网络访问权限，主要有两种区块链：无须许可区块链（公共区块链），网络访问免费并且任何人可以建立节点验证交易，以比特币和以太网为代表；许可区块链（私有区块链），网络访问仅限于一些已知的参与者。

金融业正在积极实验区块链技术在各种金融场景中的应用，例如金融机构机建立许可区块链平台，银行在网络中既可以充当参与者，也充当验证者，并可在此平台上进行互动或向客户提供相应通道。金融机构也可以提供区块链服务连通外部平台，例如区块链应用 Applied Blockchain 研发的区块链票据管理服务 Tallystick，他们的服务向公司提供简化的票据管理处理系统，但是要求和现行金融系统进行整合。在这种情况下，银行可以充当通道和服务商的作用，

---

① 资料来源：为什么区块链将重新定义世界？.经济学人[EB/OL]. (2015-10-30)[2015-12-30]. http://it.sohu.com/20151030/n424730336.shtml.

将他们的客户引入网络中。西班牙最大商业银行——桑坦德银行认为，如果全球的金融机构使用区块链技术的话，到2020年为止，每年金融机构节省的成本会超过200亿美元。所以很多人认为也许在未来的十年二十年有很多的金融机构会使用区块链技术。面对区块链技术可能带来的变革，美国大型银行也纷纷加大对该领域的投资力度。花旗银行在内部发行了自己的数字货币"花旗币"（Citi coin）。瑞士联合银行（UBS）在区块链上试验了20多项金融应用，包括金融交易，支付结算和发行智能债券。巴克莱银行已经为这项技术找出了45种用途，从客户身份信息的储存、跨境支付处理、债券或股票交易的清算和结算，到那些自我操作的智能合约如信用衍生合约等，再到如果一家公司出现违约，机器会自动支付等。2015年底摩根大通（JPMorgan）积极投资如区块链、大数据、机器人等领域，这些新技术是其关注的焦点。目前，摩根大通已成立工作组开发"市场领先的平台"，2016年计划投资90亿美元，创新科技将成为其主要优势。而且，摩根大通实质上已经在试图将区块链融入主流，成为与金融技术公司R3签署合作的第一批银行。事实上，2015年9月，13家顶级银行，包括汇丰银行、德意志银行等，已经加入了一个由金融技术公司R3领导的组织，R3公司将会利用区块链技术作为框架。宣布加入的13家银行是：花旗银行、美国银行、摩根士丹利、德国商业银行、法国兴业银行、瑞典北欧斯安银行、纽约梅隆银行、三菱UFJ金融集团、澳大利亚国民银行、加拿大皇家银行和多伦多道明银行。此前，已有另外9个银行签署了R3的初创协议，由此总计22家银行加入。这代表着银行之间首次对于如何利用区块链于金融层面达成了共识。

  2015年美国证券交易委员会（SEC）批准在线零售巨头Overstock计划通过比特币区块链发行证券的计划。这是首次来自权威监管部门的公开批准，也许这将会彻底改变今后证券发行和未来证券交易的方式。区块链技术可以帮助大幅度削减发行、追踪和交易加密证券的成本。它在金融市场中提供了一个完全透明、安全、可靠和快速的基础设施。这项比特币的底层技术也许还能够防止市场操纵行为,并且成为一种自动运行的系统从而完全取代传统交易所。美国电子证券交易机构 Nasdaq 宣布其基于区块链技术建立的平台 Linq 完成了第一笔私人证券交易。Linq 极大加速了公开市场的交易结算,从原先的标准时间 3 天缩短到 10 分钟,结算风险降低 99%;简化交易双方发行和申购材料的文字工作,烦琐流程简单化。

对于区块链技术的重视,并不仅仅发生在业界层面,政府对其的研究与关注不容忽视。英格兰银行(Bank of England)分别于 2014 年 9 月和 2015 年 2 月发布研究报告,对比特币及其相关技术持积极肯定的态度,认为数字货币(如比特币)的出现已经表现出在没有可信任的第三方情况下安全转移价值的可能,其背后的区块链技术创建了一个如何在互联网上转移价值的协议,属于"重大创新,意义深远"。2015 年 3 月高盛在《金融业未来:重新定义后几十年的支付方式》的报告中认为,比特币或数字货币不需要中央清算机构也能进行资产转移,将使企业和个人节省大量转账支付费用,也可能使传统的西联等汇款公司消失。国际货币基金组织(IMF)在 2016 年 1 月发布的一篇研究报告中认为,"加密和网络计算等新技术的发展,正在推动世界经济在物品、服务和资产交换方式等方面的一系列转型变革。在这一进程中,虚拟货币的出现发挥着重要作用。虚拟货币具有很大的潜在优势,包括在支付和价值转移特别是跨境支付和价值转移方面的快速和高效,以及在推动普惠金融发展方面。其背后的技术所引发的变革将远远超过虚拟货币本身。"2016 年 1 月,英国政府发布了 *Distributed Ledger Technology: beyond block chain*(《分布式账本技术:超越区块链》)的重要报告,其中提到英国联邦政府正积极探索类似于区块链技术的分布式账本技术,并分析将其应用于传统金融行业的潜力。一些政府已经开始将分布式账本技术引入业务当中,爱沙尼亚政府已使用 Guardtime 公司开发的"无须密码的签名基础设施"的分布式账本技术进行相关试验,并启动了电子式商业登记(e-Business Register)及电子征税(e-Tax)等,降低了政府和公民的行政成本、提高了行政效率。在 2016 悉尼创新支付会议(Innovation Payment Conference)中,澳大利亚储备银行

（Reserve Bank of Australia）支付政策部门（Payments Policy Department）主管 Tony Richards 宣称，澳大利亚中央银行正对数字货币和区块链支付系统进行研究。他指出"可行的方案是由中央银行发行货币，再由授权机构监管货币交易和流通，当然现有的金融机构可能会参与其中。"

从全球角度来看，对比特币和区块链行业的风险资本投资热度渐长。目前全球有 750 多家与区块链技术相关的创新公司，其业务主要覆盖数字货币、支付与结算、资产与身份管理、基础设施和开源开发，以及风险投资、媒体和咨询等六大应用领域。2014 年全年投资 2.3 亿美元，截至 2015 年第三季度，投资额达到 4.62 亿美元[①]。比特币和区块链的发展值得国内业界特别关注，这将是科技应用于金融的重要发展趋势。

案例 4.10　Bitpay

BitPay 于 2011 年 5 月在美国旧金山成立，是一家提供比特币商家服务的专业公司。2014 年单月交易手续费收入是 500 万美元。到了 2015 年，公司已经有 70 名员工，签署服务了 7 万多商家用户，这其中不乏微软、谷歌和维珍银河等巨头公司，比特币企业服务市场占有率目前达到 60%。随着比特币的火热，许多资本也进入市场，李嘉诚的风投公司维港投资（Horizons Ventures）已投资 BitPay。

BitPay 的业务是面向收取比特币的商户提供支付解决方案，商户收到消费者的比特币（必须是使用比特币的个人消费者），通过 BitPay 把钱兑换成自己使用的货币，并向 BitPay 支付 0.99% 的手续费。目前 BitPay 只向企业提供服务，包括收账、支付、数字资产管理等。个人服务功能尚在开发中，BitPay 在对个人服务领域有着巨大的潜力，尤其是在国际汇款业务上。

传统支付方式使用的是类信用卡系统，商户得到卡号后从消费者个人账户取钱，这被称为拉取交易（Pull Transaction）。商户获取消费者所有个人信息，并通过这些信息收取付款，这个设计本意是

---

① 数据来源：Metteo Biella, Vittorio Zinetti. 基于金融视角的区块链技术和应用[EB/OL]. (2016-03-28)[2016-04-15]. http://chuansong.me/n/2762712.

防止欺诈，但如若被犯罪分子掌握这些个人信息，消费者的账户资金就会因此被盗取。而比特币的支付方式是推送支付（Push Transaction），消费者的手机软件通过获取商户的信息来完成交易，收款人仅收取应付资金款项，而无法获消费者个人信息，因此比特币交易中没有消费者个人信息泄露的可能性，这就是两种交易方式的最大区别。当消费者结账时，手机软件会提示消费者花费多少比特币，BitPay 同时会监控这些资金兑换，并按汇率进行兑换，再将商品等价的资金汇入商户账户。

BitPay 的运营受比特币汇率波动的影响，因此当商家完成一单商品的销售时，BitPay 的后台会立刻卖出对应的比特币确保当期交易，减少比特币波动带来的持有损失，在相反的情况下则会买入比特币。目前这些工作都是通过后台部门人工实现，辅以必要的自动化效率系统。对于小额交易来说，没有必要立刻做出买卖的操作，比特币价格的波动对最终结算影响极小，而大额资金交易则需要较早的锁定交易价格，从而避免市场波动造成损失。

此外 BitPay 对商家进行评估，并检测商家提供的商品或服务是否合理真实，同时受美国当局的监管要求，数据存储在加密的服务器上。通过这些方式与手段防范洗钱和不正当交易。

第五章 互联网金融对经济的宏观影响

互联网金融本身属于金融创新,而金融创新对于金融市场和金融发展的影响,通常可以分为积极效应和消极效应两大类。

从积极效应来看,金融创新是由于金融机构服务能力提升及多样化而实现的,意味着其竞争力的提高,更能满足客户现实中的变化需求;且能通过产品创新进一步拓展金融市场边界,提高整体金融服务效率;进一步的金融创新促进资本有效配置。

从消极效应来看,金融创新易引起潜在风险问题,并进而导致金融体系的不稳定,例如2008年金融危机的产生,是由于风险配置对冲驱动创新的金融产品,一方面为市场主体提供了更多的风险转移和对冲的有效机制,但是另一方面也增加了金融系统的不稳定性,并在客观上要求监管的创新。[①]

需要指出的是,金融创新积极效应和消极效应的发挥通常存在一个滞后效应,并且在不同阶段的形成原因和影响效果存在差异:

第一阶段,金融产品从创意获得、项目立项、组织资源开发、初步设计到监管审批和市场推广,中间经历多个环节,甚至经常存在"反复回炉"的情况,因此金融企业金融产品创新的投入到实际产生效应中间存在一个滞后时间段,特别是一些复杂性业务以及受监管机构严格管控业务,通常金融产品创新的滞后期较长。在这一阶段,通常金融企业不会立即获得积极效应,但是会因为大量的研究支出导致对其他资源的占用,即出现沉没成本逐渐上升的问题,同时也会因新产品而调整现行业务审查审批格局或者风险控制要求,出现一定的消极效应隐患。

---

① 周远. 金融产品拓展的引致路径与风险传导[J]. 经济问题,2011(3):93-107.

第二阶段，金融创新从市场推出、客户接受、市场竞争到收益获取或者风险暴露，也存在一个滞后过程，一般来说，越是突破性较强、产品结构透明度低或者金融机构自身品牌形象知名度不足的金融产品，这一阶段的滞后期越长。在这一阶段，金融创新的积极和消极效应都会逐步显现，通常短期内会集中表现出对收益增加、竞争优势建立、客户满意度增加等积极效应，而在长期将会引出产品操作风险或市场风险上升、对其他产品或者组织的风险内部传递等消极效应。

在本章中，我们先分析互联网金融对于宏观经济的影响，其风险与监管问题放在第九章和第十章阐述。

5.1 互联网金融有助于实现普惠金融

5.1.1 金融排斥与金融包容性增长

（1）金融排斥与普惠金融

我国农村金融和小微金融长期以来面临金融排斥（Financial Exclusion），使得农户、小微企业缺少足够的途径或方式接近金融机构，以及在利用金融产品或金融服务方面存在障碍与困难（Sherman Chan，2004）。由于我国农村金融、小微金融体系仍存在高成本、不可持续等问题，2012 年末全国仍然有 1686 个空白乡镇，在中国，城镇和农村每万人享受银行类金融服务人员的数量比为329:1，服务覆盖面有待大大扩展。发展中国家仅仅有 40%的家庭有储蓄，有贷款需求的人只有 21%通过正规金融机构获得贷款，我国也不例外，小微企业融资难、融资贵现象突出，多年未有缓解。由此，金融改革和创新亟须继续深化，改变现有的金融短缺和金融抑制现象，通过构建完善普惠金融体系，实现金融包容性增长（Financial Inclusive Growth）。所谓普惠金融，是指立足机会平等要求和商业可持续原则，以可负担的成本为有金融服务需求的社会各阶层和群体提供适当、有效的金融服务（黄益平，2016）。发展普惠金融已成为中国金融改革的重要任务之一。

国内外学者实际上对此问题展开过广泛研究，例如通过推动微型金融机构的设置等解决此问题；在实践中也有诸多新型模式，如尤努斯的团队授信机制、我国政府出台的包括强制性地要求商业银行为中小企业提供更多的贷款、规范金融部门收费行为、定向增加为小微企业和涉农企业提供融资服务的金融机构的流动性供给、建立更多的中小金融机构如民营银行等。但是就我国目前的情形而言，该问题依然没有得到有效解决，在经济下行中依然具有现实严峻性。抑制性金融政策仍然相当普遍，监管当局仍然日常性地干预利率、汇率、资金配置和资本流动。庞大的正规金融体系只是为高盈利企业与高财富家庭提供服务，超过70%的中小企业、农户和城市低收入家庭并没有享受到较好的金融服务。如何为这些潜在的客户群体提供更好的金融服务，是发展普惠金融的基本任务。

（2）金融排斥原因、过往解决路径以及存在的问题

分析阻碍农户、小微企业信贷可获得性的表面障碍，可以发现，一是合格抵押品不足，且在征信系统不发达、诚信缺失的市场中，评估普惠金融典型客户的信用尤其困难，金融机构难以进行合理的风险定价；二是商业银行网点布局的高成本导致其退出该市场。究其深层次的原因，最根本之处应归于信息问题和成本收益比问题。

Stiglitz & Weiss（1981）指出信息不对称是研究金融信贷配给（Credit Rationing）的重要视角，而信息是金融机构借以评判是否向信贷申请人授信的依据所在。Berger & Udell（1995、2002、2006）在对小型企业融资的研究中发现，银行贷款技术可以分为交易型贷款和关系型贷款，前者主要使用财务报表等"硬信息"，后者主要使用银行在与企业长期和多渠道接触中积累的"软信息"。林毅夫、孙希芳（2008）指出，"硬信息"通常指报表、有形的抵押品和法律形式的担保合同。软信息包括定性的非财务信息（Non-financial information）、借贷中的私人信息（Private information）和资产特性、客户和供应商品质等信息（Soft information）。

传统商业银行信贷发放时，基本采用交易型借贷方式，其授信与否在于银行掌握的信贷申请人"硬信息"情况，而农户、小微企

业多数缺乏健全的财务报表,由此银行转而要求其提供合格抵押品,但这一群体通常又缺乏合格抵押品,导致无法从银行获得信贷或者抵质押率过高导致信贷资金无法满足其需求。Banerjee et al.（1994）提出长期互动假说,他认为中小金融机构的经营更具有区域性,在与当地小微企业的长期合作中,通过相互的了解可以减少信息不对称和道德风险问题,从而缓解其金融排斥。Berger（1999）发现关系型融资有三个特征：一是金融中介机构拥有企业的业主专有性信息,这些信息是普通公众所无法获得的;二是金融机构所拥有的业主专有性信息是通过与同一客户的长期、或者多种金融服务交易而得到的;三是内部信息对于局外人自始至终具有机密性,仅仅为关系型融资双方所特有。Berger & Udell（2002）、Scott（2006）、Altman、Sabato、Wilson（2010）的研究也证实了基于"软信息"的关系型借贷可以更好地解决这一问题。

基于此,微型金融机构由于具有"本地社区的根植性",决定了其在软信息上的垄断优势,从而更能建立稳固客户关系,并通过关系型贷款较好地解决代理问题（Petersen and Rajan,2002；Berger and Udell,2002；Scott,2004；Carter and McNulty,2005）,即小银行优势理论被提出。

国内学者将这一研究运用于我国情况的分析,徐忠、邹传伟（2010）提出,提高对企业信息的掌握,能提高贷款配置效率的利润。收集并积累关于小微企业的软信息,建立违约信息通报机制将利于缓解其融资困境问题。微型金融机构具有空间效率的比较优势,更愿意服务于小规模的金融需求（何广文,2007）。微型金融具有地理包容性,"小而分散"的分布才能有效利用"圈层社会"的软信息,有效降低运营风险和信用风险。这些优势也是微型金融在我国发展中建立的与大型商业银行相比的自身竞争力（李萍、于显吉,2011）。基于此,我国普惠金融体系的初建,着力于发挥农信社的作用,以及推广微型金融机构如村镇银行、小贷公司等而逐步推进的。

但其发展中面临的问题在于：第一,地域限制。微型金融机构的开设需要在地理位置上接近客户,同时以其为中心的覆盖范围不能太大，否则信息的有效性和真实性可能会随着范围的扩大而递减，这也就意味着，微型金融机构的开展有极大的地域限制特点，受限于地理半径的大小。第二，社会目标的偏离。由于微型金融机构兼具扶贫的社会目标，而其可持续发展则依赖于商业目标的实现，两者之间存在一定的矛盾和冲突，导致目标偏移（Drifting）现象。如何广文、杨虎锋（2012）提出，小额贷款公司的制度目标在于引导资金流向农村和欠发达地区，提高农户和小微企业的信贷可获得性，但在实际调查中发现，其运营在一定程度上偏离了制度目标群体，平均贷款额度相对较大，客户群体收入水平和资产规模相对较高。于魁（2010）的研究也发现微型金融中的小额贷款公司由于贷款利率高、运营模式不规范等，受信人无法获得信贷；而且，部分小额贷款公司设立的目标是为转换成村镇银行，实际经营中其部分贷款流向房地产等高收益行业，导致目标偏离。张正平（2011）认为，伴随着微型金融的商业化，"目标偏离"已成为双重目标冲突的表现。

除了微型金融机构外，地下钱庄、私人借贷等非正规金融的出现也带来了我国影子银行的快速发展，其出现有其客观现实基础，虽利于在利率尚未实现完全市场化的背景下为投融资搭建渠道，但同时，影子银行的信用创造功能也的确成为金融体系不稳定的可能诱发因素。

5.1.2 以互联网金融缓解金融排斥

（1）金融服务可获得性亟待提高

那么在互联网经济渗透到金融行业的今天，有没有其他可行的方法来突破此问题？经济新常态下，发挥小微企业的经济活力以及对经济增长的贡献至关重要（小微企业对经济的作用如图 5.1 所示）。

根据工信部和银监会数据，截至 2014 年，我国小微企业数量占企业总数的 99%、就业贡献占 80%、产值占 GDP 比重达 50%，而其贷款获得仅占 25%。由于其在国民经济中的作用，特别是经济下行期间，小微企业由于其经营的灵活性，更能及时调整。因此只有解决了其融资问题，才能更好发挥其作用。从我国社会融资结构可以发现，在我国社会融资以人民币贷款为主，其占社会融资总额的比例一直保持在50%以上，2014年信托贷款占比收缩，企业债和股票融资占比都得到较快增长，而小额贷款占比始终较小。我国社会融资结构中直接融资和间接融资不平衡，直接融资明显不足。

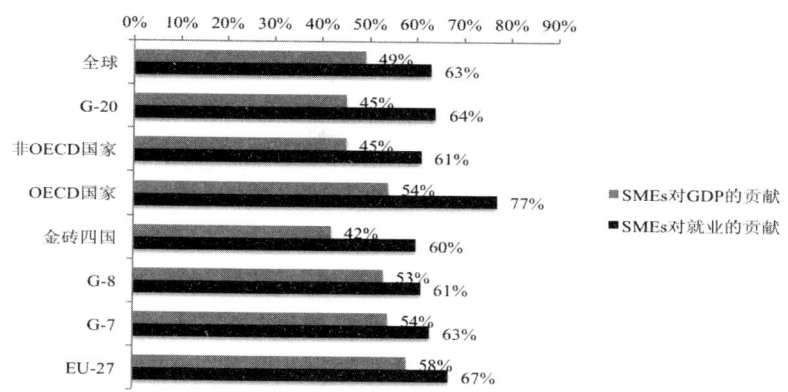

图5.1 全球和各经济体中SMEs（小微企业）对GDP和就业的贡献

资料来源：Small Business: A Global Agenda. ACCA, 2010.9.

此外，中国银行业金融服务可得性仍有较大的提升空间。依据国际货币基金组织的统计数据，从每十万成年人口银行网点数、ATM数来看，2014年，中国每十万成年人口银行网点数为8.1个，约相当于日本、美国、欧元区的1/4，英国的1/3；中国每十万成年人口ATM数为55.03台，约相当于日本、英国的2/5，美国的1/3。从每千平方公里银行网点数、ATM数来看，2014年，中国每千平方公里银行网点数为9.6个，与美国基本相当，远低于日本的103个、英国的55个；中国每千平方公里ATM数为65.5个，只相当于日本的1/6、英国的1/4。商业银行金融服务供给不足的直接结果是，居民对于金融服务使用的比例较低。依据世界银行的统计数据，2011年中国15岁以上人口借记卡普及率、使用电子支付的比例以及过去一年从金融部门获得贷款的比例分别为41%、6.9%、7.3%，而同年美国的相关指标值分别为71.8%、64.3%、20.1%，欧元区的相关指标分别为 71.2%、55.3%、11.4%①。金融服务可获得性亟待提高。

（2）互联网支付、信贷、众筹、网络银行等推进普惠金融实现

互联网金融在业务范围、利率浮动等方面打破传统金融行业高门槛，借助于网络，不再受限于物理网点的局限性，具有空间上的低成本延展性。除第三方支付、网络保险需要牌照外，其他领域基本没有严格市场准入条件。长尾特征是其在普惠金融方面发挥作用的基础。2015 年 7 月，国务院发布《关于积极推进"互联网+"行动的指导意见》，将"互联网+"普惠金融列为 11 项重点行动之一，并从互联网金融云服务平台建设、利用互联网拓宽服务覆盖面、拓展互联网金融服务创新深度和广度三方面，明确了行动方向和关键环节。云计算、大数据、移动互联网等技术的出现及在金融领域的应用，在一定程度上解决了传统金融服务覆盖面不足的问题。一是传统金融机构使用互联网手段不断提高服务质量和效率，不断扩大覆盖面；二是大型互联网企业利用自身的互联网平台开展金融业务，使得金融服务的门槛降低，受惠人群极大拓展，体验明显提升；三是网络借贷、众筹、互联网理财等全新互联网金融创新模式的兴起，更是大大推进了普惠金融的深度和广度。

从金融支付格局来看，2015 年，支付宝（AliPay）和微信支付（WeChatPay）的活跃客户数量已经分别超过 2.7 亿和 2 亿，这一市场规模和增长速度的实现，主要是基于互联网技术支持而实现。

对于长期以来，传统金融领域融资一直面临金融排斥的小微企业而言，互联网金融无疑为其提供了更广阔的融资渠道选择。网络借贷包括以宜信（Creditease）为代表的个体网络借贷平台（P2P）（宜信的宜人贷已经于 2015 年年底在纽约上市，当年全国 P2P 贷款总额超过了 1 万亿元）、以蚂蚁小贷为代表的小额贷款公司，众筹代表则有天使汇（Angel Crunch）和点名时间（DemoHour）等。2015 年 9 月 23 日，国务院印发《关于加快构建大众创业万众创新支撑平台的指导意见》，明确提出要推动大众创业。Gompers and Lerner

---

① 数据来源：娄飞鹏. 民营银行出路何在？[EB/OL]. 2016-4-2. http://www.sinotf.com/GB/News/1001/2016-04-02/3OMDAwMDIwMDA3OQ.html.

(1998)、Sahlman and Gorman（1989）、Kortum and Lerner（1998）指出新企业想要成功必须要获取资源,而其中最为艰难的就是融资。而最能实现"大众创新万众创业"理念的金融组织就是互联网金融中的众筹模式,《指导意见》中也明确指出"众筹,汇众资促发展,有效增加传统金融体系服务小微企业和创业者的新功能,拓展创业创新投融资新渠道"。除众筹之外,网络银行、网络小贷、P2P便利了其融资的实现。

以网络银行为例,网络银行的发展,包括传统银行的电子化替代以及直营银行的建立,将对金融行业格局产生影响。目前的格局中,大型商业银行的一个优势在于其网点的广泛布局,股份制商业银行多借助于高电子银行替代率来弥补这一不足,城市商业银行则受限于经营地域的限制,以服务于所在城市为主旨。网络银行的设立或使得这一局面发生变化,对于股份制银行和城市商业银行而言,将使其得以从成本节约的前提下突破地理范围的限制,迅速扩展客户覆盖面并通过便捷性服务获取新客户。在利率市场化背景下,尤其是2014年11月央行非对称下调金融机构人民币贷款和存款基准利率,前者下调幅度超过后者,同时存款利率浮动上限调整为基准利率的1.2倍,多数银行一浮到顶,由此银行息差明显收窄,迫使银行业金融机构必须要在探索新的收益增长点同时降低成本,降低成本收入比率（cost/income ratio）。从这一角度而言,物理网点的减少的确是成本降低的一个重要手段。金融机构在面临金融互联网迁移趋势下的自主选择,将金融机构差异化过程成为一个自然而非刻意的过程。进一步的,金融服务提供者的多元化、展业形式的多元化将促进金融行业经营理念、商业模式、运营模式的改革与提升。所有的市场参与者将采用更灵活、更动态、更前瞻的适应型战略、创新型战略应对新竞争。此外,网络银行的发展对于普惠金融体系的重构将起到重要作用。在分析互联网金融对传统银行业的冲击时,我们发现互联网金融实际上将标准化金融产品和服务提供给了被传统银行业忽略的客户,这些客户涵盖了储蓄和交易额度较小的零售金融客户、难以从正规金融获得贷款的小微企业和农户等。基于纯网络银行在信贷领域的涉足、民间资本的进入、互联网公司在征信和大数据的处理方面的信息收集和分析优势,这三者的结合或将缓解中小企业融资贵、融资难问题,扩展传统金融边界。推动普惠金融体系的重构,实现金融包容性增长(Financial Inclusive Growth)。这既是金融深化,更是金融民主化的重要尝试。

根据北京大学互联网金融研究中心研制的"北京大学互联网金融发展指数",在 2014 年 1 月到 2015 年 9 月间,中国的互联网金融每月的环比增长速度达到 5.9%,也即每年翻一番。其中,投资和保险两个分行业的增长速度比相对成熟的货币基金与支付服务的增长速度要更快一些。张晓朴、朱太辉(2014)指出,从我国互联网金融的发展演进看,其在创造机会、改善公平、消除贫困、缩小收入差距等方面发挥了传统金融体系难以替代的作用。众筹和 P2P 为个人创业和企业投资提供资金来源,本质上为其发展创造了机会、改变的可能,从而激发了社会创造力。对于低收入群体,互联网金融可能帮助其积累资金、平滑消费、管理风险、改进生产技术,从而降低贫困和缩小收入差距。Gate and Gates(2015)把移动银行列为未来 15 年全球 4 大突破性技术之一,认为移动银行服务将帮助穷人彻底改变生活。这从肯尼亚 M-Pesa 的实践和成功已证明了这一点。

(3)互联网金融在"三农"方面的实践

阿里巴巴在 2014 年启动"千县万村"计划,启动阿里未来三大发展方向(涉农电商服务、大数据业务和跨境电商服务)之一的"涉农电商"服务。中国有约 2000 多个行政县,在传统的城乡二元体制下,县域起到桥梁作用:一端连接城市,另一端是乡村。因此,以县为落脚点提供金融服务,将会在彻底消除贫穷、构建智慧乡村以及完善中国的征信体系等方面产生积极作用。以浙江省安吉镇为例,2015 年有 3000 余个淘宝、天猫店主享受到网商银行的金融服务,总计授信 18.26 亿元,总发放贷款 1.08 亿元,最高一个用户 1 年累计获得贷款 510 万。2016 年,蚂蚁金服推出农业供应链金融解决方案,作为服务农村金融的重点。以贷款产品和服务为例,在过去几年,蚂蚁金服已经通过面向农村淘宝合伙人的信贷支持(网商银行计划投入 10 亿元人民币,支持大学生回乡创业),提供给农村生产经营户的贷款产品旺农贷,服务了大量"三农"用户,他们当中有农村消费者、农村种养殖户、农村电商与村淘合伙人,也有农村的小型种养殖户、小微企业与个体经营户。而 2016 年,蚂蚁金服农村金融服务的客户将"升级",覆盖到类似易果生鲜、合作社等的规模化的新型农业经营主体,如专业合作社、家庭农场和种粮大户等。随着服务人群的扩大,蚂蚁金服实现服务的方式也随之升级。从线上的数据化信贷平台,到线上+线下熟人平台的模式,未来则会进一步发展供应链+定向支付平台、融资租赁平台等。2015 年,蚂蚁金服在支付、保险、信贷三大块业务所服务的"三农"用户数分别达到 1.4 亿、1.2 亿、2000 万。之所以能够实现这一点,是因为蚂蚁金服在农产品上行(将农产品从农村售卖到城镇)过程中,阿里巴巴零售事业群、农村淘宝的合伙人,可以对生产过程做把控,农村淘宝农资平台的下行(将其从城镇售卖到农村)过程中,阿里旗下的菜鸟物流可以将农资送货上门。在销售环节,则有天猫超市、乡甜平台的支持,真正形成了良性循环的生态体系①。京东在 2015 年也全面启动农村电商"3F 战略",即工业品进农村战略(Factory to Country)、生鲜电商战略(Farm to Table)和农村金融战略(Finance to Country)。

希勒(2012)曾提出:"金融到底在生活发展中扮演怎样的角色?不论作为一门科学、一种职业,还是一种创新的经济来源,金融如何帮助人们达成平等生活的终极目标?金融如何能为保障自由、促进繁荣、促成平等以及取得经济保障贡献一分力量?我们如何才能使得金融民主化,从而使得金融能更好地为所有人服务?"从我国目前互联网金融发展的实际来看,其发挥的正面效应实质上推动了普惠金融,并成为推动中国金融民主化的新动力。

---

① 资料来源:蚂蚁金服首度披露农产品供应链金融解决方案[EB/OL].证券时报网.(2016-05-25)[2016-06-06]. http://kuaixun.stcn.com/2016/0525/12730991.shtml.

5.2 提升金融效率，降低交易成本

互联网金融与传统金融很大的不同点，并不是仅仅在于它是通过互联网渠道以及移动渠道来进行业务的开展、产品的创新。而是在这一过程中，一是互联网金融在交易成本上的降低，使得它能够分享给金融消费者更高的投资收益率；二是互联网金融对数据的收集、发掘、分析、使用，使其在将软信息转换为硬信息、信息不对称的解决上以一种不同于传统金融的方式实现；三是网络的发展改变了信息传递的方式、路径，进而是公众在大量资讯和各种创新带来的心理冲击，以及社交网络带来的扩散效应。公众思维出现"自动思维"到"社会思维"再到"心智模型思维"的并存（世界银行，2015）。

5.2.1 降低交易成本、扩大金融交易地理范围

网上支付、电话支付和移动支付等电子支付业务近几年快速发展，为低成本扩大金融覆盖面提供了可能。2013年我国网上支付达236.74亿笔，金额1,060.78万亿元，同比分别增长23.06%和28.89%。移动网民5亿人，渗透率为81%，移动支付成长迅速（见表5.1）。随着互联网企业，如BAT（百度、阿里、腾讯）着力于构建创新支付场景的同时，未来移动支付或超越互联网支付，2014年第二季度，手机银行客户交易金额达到5.99万亿，环比增长8.07%，已经超过了互联网5%的环比增长率，手机银行业务将成为未来金融支付快速发展方向。

表5.1　2013年我国移动支付交易量增长情况

移动支付业务			年成长率（%）
支付机构处理的移动支付业务	金额	1.19兆人民币	557
	笔数	37.77亿笔	79
商业银行处理的移动支付业务	金额	9.64兆人民币	318
	笔数	16.74亿笔	213

数据来源：中国人民银行金融稳定分析小组. 中国金融稳定报告2014[M]. 北京：中国金融出版社，2014.

支付宝蚂蚁金服在2015年已经彻底去掉IOE(IOE中的I指IBM服务器提供商、O指Oracle数据库软件提供商、E指EMC存储设备提供商,三者构成一个从软件到硬件的企业数据库系统。阿里用成本更加低廉的软件——MYSQL替代Oracle,使用PC Server替代EMC2、IBM小型机等设备,以消除IOE对自己数据库系统的垄断),用自己研发的数据库、用自己的方式去解决,用不断提高技术的效率和降低成本可以做到单笔技术成本2分钱。这个重要前提使得互联网金融间接推进普惠金融成为可能。

网络支付和移动支付不仅仅是便利了金融交易的进行,更为重要的是其在降低交易成本的同时,还大大拓宽了金融交易的地理范围,提升金融服务覆盖面和渗透率。从交易成本来看,根据肯尼亚、菲律宾、印度等国家的手机银行在微型金融（Microfinance）领域应用的经验,证明了手机银行在解决农村银行网点少、金融服务不足问题的同时,也帮助银行解决网点建立成本和小额交易处理成本问题,并保证金融服务提供的可持续性。

表5.2 手机银行与传统银行每笔交易成本比较

成本	菲律宾	秘鲁	印度
传统银行	2.5美元	0.85美元	0.8美元
手机银行	0.5美元	0.32美元	0.016美元

资料来源:笔者根据网络公开资料整理得出

肯尼亚的M-Pesa正是移动货币（Mobile Cash）的典范,M-Pesa由英国国际发展部捐款成立,最初的主旨在于促进微型金融信贷还款便利性。但其出现填补了肯尼亚金融体系内长期以来的系统性缺口,把手机变为银行账户,扭转了金融排斥,推动金融包容性实现。根据世界银行2012年的估计,肯尼亚25%的GDP流经M-Pesa。移动货币不仅仅是满足消费者随时随地金融使用,更为重要的是,对于我国普惠金融推进颇有借鉴意义。截至2012年末,我国仍然有1686个金融机构空白乡镇,目前,我国农村地区手机支付试点范围和规模不断扩大,部分省市开展代理服务点手机取现业务,拉萨以

14.48%的手机支付占比成为全国手机支付占比最高的城市，其次为西藏林芝和四川南充。手机支付活跃度排名前十城市中，7个来自西部地区。如果能够继续推动覆盖面，将在极大降低成本的基础上推进我国金融包容性增长的实现。

5.2.2 提高资金配置效率

资金配置效率的提升既指投资者、融资者之间投融资渠道的流畅，如通过移动终端帮助双方发现并通过数据分析识别潜在交易对手；还指资金配置快速完成。目前我国国有企业占GDP比重不到30%，但却占用3/4的债务资源，出现金融资源严重错配，导致实体经济的产能过剩与高杠杆，而中小企业则缺乏有效的、相匹配的金融资源配置。互联网金融在此方面具有的优势替代了银行和投资银行以前耗时耗力的人工调查，大大提交了甄别效率。在第四章中，我们分析了网络银行、网络小贷、P2P、众筹、互联网供应链金融等模式，以下分别进行说明。

纯网络银行、网络小贷一方面增加了市场上金融机构的数量，从而增加了金融供给，借款人可以有更多融资渠道和选择；同时，贷款申请在线进行，也极大提高了贷款的效率，这对于那些融资频率高、单笔融资金额小的小微企业尤其重要。互联网供应链金融是与实体经济最为贴合的一种模式，与实业的紧密联系，依次而开展金融，大大提高了经营效率，为企业间接创造了价值。

P2P、众筹从本质上更是一种投融资的渠道和平台，它将投资者、融资者联系起来，是不同于传统证券市场上股票发行、债券发行的直接融资方式，而直接融资与间接融资不同的一个地方就是双方不必支付给银行之前赚取的利息差，当然银行赚取利息差是由于其汇聚资金、进行期限转换、风险管理等功能。如此一来，P2P、众筹的双方，投资者提高了收益率，融资者降低了融资成本。不可回避的是，投资者的风险实际上会有所增加。但如果信息和大数据分析可以为每个人提供充分的信息来帮助决策，未来就会发生很大变化，间接融资比例会越来越小，直接融资比例会越来越大（黄益平，2015）。以众筹为例，基于众筹融资模式，有助于小微企业、初创企业、科技型企业、文化创意企业开拓市场，获得资金来源，有助于实体经济的发展，更有利于以金融支持"大众创业万众创新"。众筹模式起到融通资金和资产配置的作用，借助于技术实现金融民主化。首先，众筹模式提高了企业或项目资本获得可能性。众筹模式将社交网站与企业融资融合在一起，是一国资本市场融资的替代，便利了信息从企业到潜在投资者的到达速率。对于初创企业和处于早期发展阶段的企业，其获取投资的方式在发达国家传统上包括天使融资和风险资本；在发展中国家则主要靠朋友或家族融资，但众筹融资为其提供了在社交网络发布融资需求从而吸引大量投资者的跨越优势。此外，众筹模式包括了多种子模式可以供企业选择，譬如，全球经济都在一个去杠杆的通道中，如果企业过分依赖债务筹资，容易导致过高的杠杆风险，影响实体经济稳健增长，股权众筹则能够较好地规避杠杆风险问题。其次，众筹模式丰富了个人和机构投资者的投资渠道。个人投资者和机构投资者通过众筹平台，可以发现大量潜在在线投资，并快速决定募资公司是否适合其资产组合战略、风险偏好或其他标准。与微型金融更具有"本地化"的特征相比较，众筹融资颠覆了传统渠道，网络并不受限于地理范围，它更是一种"边界减少方式"融资（boundary-less approach）。众筹模式还扩大了天使投资的地理范围，借助于天使投资和风险投资的进入，股权众筹原始投资者得以多渠道退出，提高了其投资的流动性和灵活性。最后，众筹模式还可进行产品市场前景测试。早期阶段的公司可以借助于众筹，以低成本低进入障碍的方式招募早期使用者来检验产品的市场活力。基于平台，对于商业概念、产品创新和目标市场的公开信息交流，极大限度地提高了市场效率。消费者和投资者的大量反馈有助于修正计划商业模型，以适应市场需求。进一步的，众筹模式还可进行产品市场测试和需求度量。如果市场测试良好，公司可以通过众筹获得所需资本；从投资者视角看，市场需求的存在可以降低其投资风险。

推动经济增长，有效配置资源，使民众分享经济增长带来的成果和财富效应，这正是我们所期待的理想金融体系。

5.3 金融消费者获取方式改变

互联网金融不仅是通过产品设计获取消费者，更为重要的是，在这一过程中，金融消费者行为由于两股力量的推动而发生变迁，形成消费者行为典范的转移（Paradigm Shift）：一是大量资讯和各种创新带来的"心理冲击"；二是社交网络带来的"扩散效应"（Diffusion① Effect）。银行和客户之间的互动方式发生变化，管理资金的方式发生变化，客户较以往有更多主控权、更多元选择和更高效率。消费者的金融诉求发生改变，他们需要突破时间和空间限制的金融服务，其行为变迁可能有四个阶段。

2013年互联网金融产品的出现即是阶段1的实现，消费者在金融消费中拥有了更多选择和主控权。进而，根据艾瑞咨询《2014年中国移动互联网行业年度研究报告》，移动互联网的竞争不仅仅停留在终端和系统层面，应用层入口及内容层的"超级App"成为众多企业竞争重点。在金融领域中，则是阶段2的情形，消费者随时（Anytime）、随地（Anywhere）的移动金融诉求，这也是正在进行的阶段，智能手机、移动设备的使用催生了移动银行的应用，并进一步延伸到平板电脑和更多可上网和使用App的设备上。

在阶段3，无卡无现金成为可能。实际上肯尼亚的M-Pesa正是移动货币（Mobile Cash）的典范，M-Pesa由英国国际发展部捐款成立，最初的主旨在于促进微型金融（Microfinance）信贷还款便利性。但其出现填补了肯尼亚金融体系内长期以来的系统性缺口，把手机变为银行账户，扭转了金融排斥，推动金融包容性（Fiancial Inclusion）实现。根据世界银行2012年的估计，肯尼亚25%的GDP

---

① 扩散率（Diffusion）指新的想法从一个消费者传达到另一个消费者的速度。

流经 M-Pesa。移动货币不仅仅是满足消费者随时随地金融使用，更为重要的是，对于我国普惠金融推进颇有借鉴意义。在阶段4，Brett King（2013）提出，银行不再是一个"地方"，而是一种"行为"（Behavior）。在这一阶段中，银行为响应客户需求，势必广泛开展跨界合作关系。非金融机构也可跨界提供过去属于银行的服务，这种景象实际在我国正在发生，互联网企业提供的金融产品恰恰属于这一类型。

正是由于金融消费者行为的变迁，银行已经感受到两大威胁：一是消费者购买金融产品的地方和方式在改变，而且改变的速度呈现加快趋势；二是跨界从事金融业务的非金融机构蓬勃发展。由此，银行业固然有自己公信力、合规、风控等相对优势，但变革势在必行，最重要的原因在于随着时间和外部环境的变迁，金融机构形式可能会有多种，但客户需要的却是金融功能（Function），因此，金融功能较之于金融机构更加稳定。

金融机构金融功能的提供不能再按照事业部制来进行，而应将客户放在中心位置，通过梳理金融产品与服务在消费者生活中、生产中所处的脉络，来构建嵌入金融消费者生活场景的金融场景成为关键切入点，以此全面融入消费者的生活。以2014年初腾讯的"抢红包"为例，实际上是绑定了信用卡账户，在这一点上，互联网金融的确是把握了用户的需求。基于此，功能与服务成为新的竞争关键。

5.4 银行体系外的信用创造

5.4.1 国内外相关研究

Luca Bandiera（2004）指出电子货币（e-money）的发展将影响货币政策的有效性，通过限制法定存款准备金的需求，使得央行改变其货币操作目标及更为紧密联系的货币和财政政策协作。Bordo 和 Jonung（1981）认为，货币流通速度先随着经济货币化程度的提高而降低。然后会随着金融创新和经济稳定化程度的提高而上升。从许多国家的实际数据看，货币流通速度变化较大的年份往往也是金融创新活跃的年份，因此可以断定金融创新必然会对货币流通速度产生影响。

国内较早开始关注互联网金融对货币供应机制、货币供应量、货币流通速度自2013年开始，如屈庆等（2013）等。在研究中，对中国影子银行特别是互联网金融信用创造的研究较少。屈庆等（2013）指出网络支付由于减少了现金交易，从而提高了货币流转速度。电子货币还降低了商业银行超额准备金率，现金漏损率下降。周光友、施怡波（2015）指出电子货币的发展不仅对预防性现金需求产生替代，还会加速不同层次货币之间的转化，降低转化成本。蒲成毅（2002）基于网络银行数字现金的出现，认为数字现金对纸币通货的逐渐挤占加快了货币流通速度，而且减少了在一定时期内流通中所需的货币量。肖大勇、胡晓鹏（2014）认为现有的互联网金融体系通过拉长信用链条和多次证券化实现倍数化信用创造，给货币政策调控带来新挑战，狭义货币供应量无法体现互联网金融产生的广义信用，央行需要重新审视货币政策中介目标、调控手段可能更依赖利率调控。

5.4.2 现金需求减少

中国从1994年开始正式每季度公布货币供应量的统计监测指标。依据国际货币基金组织（IMF）的要求，我国的货币供应量划分为三个层次：M_0、M_1、M_2；其中M_0指流通中的现金，尤其指银行体系以外流通的现金；M_1指狭义的货币供应量，即$M_1=M_0+$企事业单位活期存款；M_2指广义的货币供应量，即$M_2=M_1+$企事业单位定期存款+居民储蓄存款，其中居民储蓄存款包括个人存款和其他存款，其他存款当中又包含证券公司客户保证金。一般意义上我们谈论的货币供应量就是M_2。

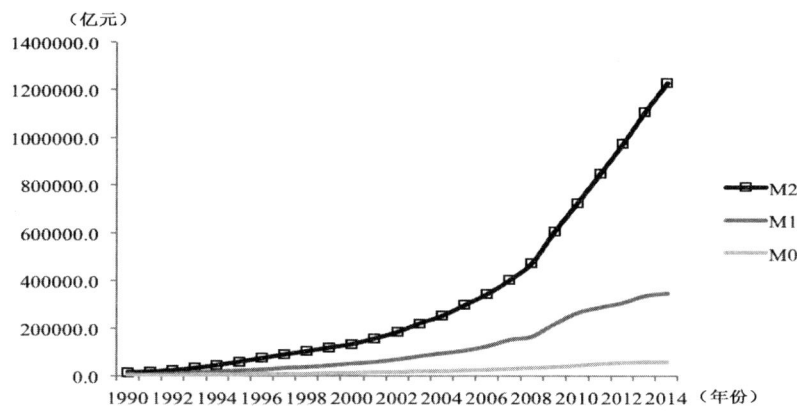

图 5.2　1990~2014 年国内货币供应量

数据来源：根据国家统计局、中国人民银行相关数据整理得出。

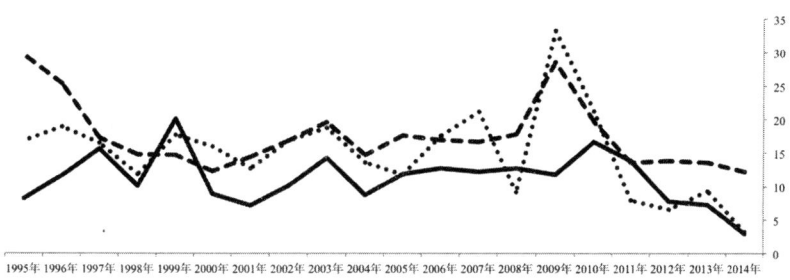

图 5.3　1995-2014 年国内货币供应量同比增长率（%）

数据来源：国家统计局

截止到 2014 年底，中国的广义货币供应量 M_2 的年底余额为 122.84 万亿元，其中 M_1 为 34.81 万亿元，流通中现金 M_0 为 6.03 万亿元。由图 5.2 可以看出，伴随着经济的进步，我国的货币供应量是逐年上升的。尤其是 2008 年后，M_2 增速提升速度明显，M_1 也有明显的增加幅度，但远没有 M_2 提速明显。流通中的现金 M_0 保持较平稳微上涨状态。从各层次货币供应量同比增长率来看（如图 5.3

所示），2010 年起均呈现下降趋势，部分原因在于互联网金融体系产品中包括货币市场基金或其他类型的高流动性金融资产，或对 M2 形成竞争性替代。而且 M1 同比增长率由 2013 年的 9.3%降至 2014 年的 3.2%，M0 同比增长率从 2013 年的 7.2%降至 2014 年的 2.9%，这与银行卡支付方式盛行，尤其是第三方支付迅猛发展不无关系，非现金支付方式越来越便利等技术进步因素减少了人们需要手持现金的数量。

5.4.3 信用创造与影子银行

传统货币理论中，只有商业银行才具有信用创造功能。但美国次贷问题引发全球金融危机以来，金融稳定再次受到各国关注并提上重要议事日程。Tom Burns（2012）、Hervé Hannoun（2010）、Gary Gorton（2010，2012）论证了全球金融危机归因于影子银行体系的过度发展，而影子银行却未被充分监管。实际上，影子银行起源于 20 世纪 70 年代美国传统银行对利率市场化的期望。美国太平洋投资管理公司的执行董事 Paul McCulley（2007），首次用影子银行体系概括那些有银行之实却无银行之名的种类繁杂的各类银行以外的机构，它们通过未被保险的商业票据来为自己融资，但这个体系极易受到攻击。2008 年，时任纽约联邦储备银行行长的盖特纳在美国参院"银行、住房和都市发展委员会"上为纽约联储的救市活动作证时，用了很大篇幅分析那些通过"非银行"的融资安排，利用短期融资资金购买大量高风险、低流动性的长期资产的机构。不同的是，他将这些机构称作"平行银行系统（parallel banking system）"。IMF 在《全球金融稳定报告（2008 年）》中，论及相似的金融机构和金融活动时，使用的则是"准银行"（near-bank）概念。Tucker（2010）认为影子银行体系是指那些向企业、居民和其他金融机构提供流动性、期限配合和提高杠杆率等服务，从而在不同程度上替代商业银行核心功能的那些工具、结构、企业或者市场。Pozsay et al.（2010）对影子银行的定义是能够使信用、期限和流动性转换，且没有明确中央银行流动性支持或公共部门信用担保的金融中介，这个界定赋予了影子银行两个特征，一是影子银行不能明确得到央行的流动性支持，二是影子银行不被公共部门信用担保覆盖。金融稳定委员会认为影子银行本质上是信用中介，广义上，影子银行包括游离于正规银行体系之外的机构和活动；狭义上，影子银行指可能引起系统性风险和监管套利的非银行信用中介机构。由于影子银行的业务一直在演化，严格的定义目前并不存在。笔者认为对于影子银行的理解，关键是看其本质，即是否成为信用中介，是否行使了商业银行信用供给的功能并在经济中进行了资金配置。影子银行实际上是美国、欧洲的金融创新与金融监管之间的博弈。

不同国家金融市场发展、金融创新和金融监管的程度不同，因此影子银行的范畴也存在国家间差异，具有各自不同的机构和活动。美国的影子银行体系涵盖了货币市场共同基金、资产证券化和回购等（Gary Gorton，Andrew Metrick，2010）。Pozsar, Adrian（2010）将美国的影子银行划分为三类，包括政府支持型、内部型以及外部型影子银行体系。政府支持型指美国联邦住房贷款银行系统、房利美、房地美；内部型与银行同属一家金融控股公司，可以间接使用银行资金支持信用中介活动；外部型完全独立于商业银行的非银行信用中介。欧洲的影子银行虽然规模比美国小，但在欧元区某些国家仍然突出，涵盖了资产证券化中的FVC、货币市场共同基金、回购市场和对冲基金（Simon，Borgioli，etc.，2012）。

我国的金融发展程度、层次、经济环境、政策背景及监管体系不同于美国和欧洲，高杠杆性、复杂的金融衍生创新并未在我国出现。中国式影子银行出现的原因主要在于我国金融改革尚未完成带来的金融抑制以及金融效率提升的需要。我国的部分学者在对国内互联网金融进行研究时，因其具有的信用创造功能，而将其视为影子银行的一部分。譬如，虽然我国利率市场化进程自2012年以来不断加速，但存款利率尚未放开，存款利率水平低于均衡利率，民间资金投资渠道缺乏与信贷配给同时并存，换言之，传统银行渠道并未满足投资与融资的需求。再譬如，市场准入、存贷比等金融管制的存在，使得实体经济的金融服务需求并不能从现有的正规金融体系获得满足，而影子银行恰恰补充了这一市场的空白，这也是互联网金融在我国蓬勃发展的契机和动因，从时间点上来看，具有高度吻合性。影子银行较之于商业银行更为灵活便捷的再融资能促进经济发展，特别是小微企业信贷融资困境，促进其发展，并共享其利润创造。同时，影子银行体系在提高资金配置方面的效率，为实体经济提供了必要的流动性缓冲，丰富了金融消费者投资渠道，利于稳定经济并推动经济持续增长。巴曙松（2013）指出，当前影子银行更多是金融机构发展、融资多元化进程的表现。银行理财、信托和财务公司等影子银行业务的存在，为金融消费者提供更多融资途径和多元投资工具，资金实现市场化配置。戴国强、方鹏飞（2014）指出，我国影子银行和互联网金融都是利率市场化进程中，经济主体"自主逐利行为"导致的经济现象。

但自 2010 年以后，银行信贷规模扩张减速，金融创新产品加速涌现，银行理财产品、信托产品、小贷公司、民间借贷等成为民间资金涌入渠道，并通过这些通道进入实体经济。从 2002～2013 年我国社会融资规模结构来看，银行贷款比重呈现出明显下降趋势，而委托打开和信托贷款则有显著上升。其中，依赖于短期融资的长期投资，具有明显的期限错配特征，这在一定程度上加速了金融体系风险集聚。因此，从现实层面来看，很有必要将我国的影子银行纳入到监管体系中。黄益平等（2012）研究也发现，中国影子银行在最近几年快速发展，向公众销售理财产品的信托融资和由金融机构作为中介的委托贷款两种融资方式具有较大潜在风险，但中国的信托融资目前还不致形成"资产价格下跌—不断恶化的资产负债表—被迫抛售资产"的恶性循环。中国的影子银行也还不会导致系统性金融风险，但完善影子银行业务的监管已经成为一项紧迫的任务。

表 5.3 2002~2013 年社会融资规模结构（%）

年份	人民币贷款	外币贷款	委托贷款	信托贷款	未贴现银行承兑汇票	企业债券	非金融企业境内股票融资	其他
2002	92	4	1		−3	2	3	
2003	81	7	2		6	1	2	
2004	79	5	11		−1	2	2	
2005	78	5	7		0	7	1	
2006	74	3	6	2	4	5	4	2
2007	61	6	6	3	11	4	7	2
2008	70	3	6	5	2	8	5	2
2009	69	7	5	3	4	9	3	2
2010	57	3	6	3	17	8	4	2
2011	58	4	10	2	8	11	3	4
2012	52	6	8	8	7	14	2	3
2013	51	3	15	11	4	10	1	4

数据来源：笔者根据《中国统计年鉴 2014》计算得出。

对于中国式影子银行的界定，学界、业界提出了很多看法。例如，国际货币基金组织（IMF，2011）将我国影子银行体系分为三类：第一，非正规金融部门，包括信用担保公司、典当行、小额贷款公司以及未纳入金融监管范围的地下金融；第二，私募基金；第三，理财产品。对于影子银行的界定，国办发 107 号文《关于加强影子银行业务若干问题的通知》中，首次将我国的影子银行分为三类：一类是不持有金融牌照、完全无监管的信用中介机构，包括新型网络金融公司、第三方理财机构等；第二类为不持有金融牌照、存在监管不足的信用中介机构，包括融资性担保公司、小额贷款公司等；第三类则是持有金融牌照的机构、但存在监管不足或规避监管的业务，包括货币市场基金、资产证券化、部分理财业务等。这是从官方口径第一次对影子银行类型进行界定。对影子银行进行准确界定，一是有利于整个监管体系架构的建立和职责的明确，有利于宏观审慎监管和微观审慎监管的实现,二是对于不同类型的影子银行,对其风险计量采用不同识别方法,施以不同监管方式。但这一界定与 FSB 的界定存在明显差异,107 号文分类依据是按照机构的类型以及业务受监管的程度,而 FSB 则是从功能角度进行识别,以金融业务活动是否具备期限转换、流动性转换、高杠杆性特征作为衡量指标。社科院金融法律与金融监管研究基地发布的《中国金融监管报告 2013》,将影子银行的范畴分为四个口径:最窄口径包括银行理财业务和信托公司两类;较窄口径在最窄口径基础上增加了财务公司、汽车金融公司、金融租赁公司、消费金融公司等非银行金融机构;较宽口径则是在较窄口径基础上增加了银行同业业务、委托贷款等出表业务、融资担保公司、小额贷款公司与典当行等非银行金融机构;最宽口径包括较宽口径与民间借贷。报告显示,按照最窄口径,基于官方数据,2012 年底中国影子银行规模将达到 14.6 万亿元,这与 FSB 监测报告显示的 13 万亿元较为接近;基于市场数据则将达到 20.5 万亿元。前者占 GDP 的 29% 与银行业总资产的 11%,后者占 GDP 的 40% 与银行业总资产的 16%。巴曙松(2012)认为在银行信贷无法满足的情况下,大量中小企业通过其他渠道获得融资,使得影子银行在整个金融体系中的份额不断提升。FSB(2013)全球影子银行监管报告的最新数据显示,中国影子银行规模在 2012 年扩张了 42%,影子银行成为企业和家庭融资的替代选择,小微企业通过该渠道获得的融资规模有所上升,支撑了实体经济的增长。无论影子银行和互联网金融的关系如何,都需对其潜在风险密切监督。

第六章 互联网金融对银行业的影响及银行业变革

融资、风险管理以及信息挖掘等功能的发挥,在根本上都依赖于各类信息的搜集和处理能力,为互联网金融发展提供了广阔空间(Merton,1995)。互联网金融具有信息量大、交易成本低、效率高等特点。互联网金融运行机制中,信息通过社交网络的自愿分享和共享机制传播(谢平、邹传伟,2012),由此揭露的"软信息"利于补偿财务报表等"硬信息"的缺乏(Freedman et al., 2008),进而网络发展达到社会化之后,会极大有利于中小组织的融资,使交易更透明,网络融资的成本和利息会比银行贷款方式更低(Chircu & Kauffman,2000;Schenone,2004;Freedman et al., 2008)。这些特点推动金融资源更高可获得性、交易信息相对对称、资源配置去中介化,同时形成商业银行存款转移、盈利受到冲击,进一步的,互联网金融还加速了金融脱媒、推动利率市场化以及有效解决小微企业融资等(宫晓林 a,2013)。在缓解信息不对称、提高交易效率、优化资源配置、丰富投融资方式等方面的确表现不俗,有别于传统金融(张晓朴,2014)。互联网金融模糊不同金融机构之间界限同时,大大降低商业银行特许权价值,金融服务的结构和性质将被改变(Claessens et al., 2002;Allen, 2002)。但主流的看法认为互联网金融与传统金融将是竞合关系(De Young et al., 2007),纯网络银行(没有物理网点)无法取代传统金融机构与服务(Furst et al, 2002;De Young, 2001)。对于较少分支机构的银行,网上银行是获取新客户的一种更为有效的方式

（Corrocher，2006）。De Young et al.（2007）对于美国银行的研究表明，银行的分支机构密集度和网上银行是互为补充的，而且网上银行的采用对银行业绩具有正向作用。梁璋、沈凡（2013）提出银行应逐步扮演"财务全能管家"和"金融服务集成商"的角色。一方面为企业打通和整合网上供应链，从而成为供应链各参与方不同时节点上的金融需求解决者；另一方面通过整合多渠道金融产品、增值服务和专业讯息，为企业及个人客户提供一键式、透明、全方位的综合金融解决方案。

6.1 银行负债、资产、支付业务受到不同程度冲击

互联网金融碎片式、低门槛为标志的资产管理模式和快捷便利的新型金融消费客户体验，唤醒了消费者的潜在金融意识。这些金融服务方式的新变革，增强了金融消费者的自主选择权，引发了非金融机构向银行业的渗透。互联网金融以技术替代传统银行的物理网点和人力，从三个方面形成对传统银行业的冲击：一是投资者收益敏感的理财需求；二是融资者效率敏感的小微贷款；三是使用者便捷敏感的支付方式。并基于此，形成与传统银行业负债端快速分流、资产端错位竞争、支付端分庭抗争的局面。

6.1.1 从银行的负债端来看，互联网金融的冲击主要在于分流银行存款

由于我国利率市场化改革尚未完成，存款利率水平低于均衡利率，民间资金投资渠道缺乏。2004 年之后，通胀上行，投资者寻找更高财富保值增值能力的金融工具，互联网金融碎片式、低门槛为标志的资产管理模式和快捷便利的新型金融消费客户体验唤醒了金融消费者的潜在金融意识。这些金融服务方式的新变革，增强了金融消费者的自主选择权，引发了非金融机构向银行业的渗透，互联网金融和大资产管理满足了大众理财需求。2013 年 6 月推出的余额宝在业界起到示范效应，各互联网公司纷纷加快推出货币基金产品的步伐，BAT（百度、阿里、腾讯）成为侵入金融业的互联网三巨

头,让"存款搬家"的互联网金融产品,引发了传统银行负债端业务隐忧。

在负债端,代表性的互联网金融产品为各种对接货币市场基金(MMF)的"宝宝军团",代表性的互联网企业为BAT(百度、阿里、腾讯)。这一类产品对于银行业的影响主要是存款的可能流失,招商证券分析发现,截至2014年2月底,居民活期存款2014年累计增长2292亿元,较2013年少增6706亿元,而货币基金比2013年底规模增长6754亿元,这两个数字的高度吻合,或许是互联网金融产品对存款的分流所致。银行的反击采取了被动节流和主动开源两种方式,前者指银行对客户每日转账到支付宝等的额度设置限制;后者指银行不得不加快推出了"类余额宝产品",除了在收益率、转出到账时间上相抗衡外,目前的"宝类产品"在客户体验上进行竞争。

2013年6月之后银行存款增速严重下滑,根据中国人民银行2014年发布的数据显示,截至2014年9月末,16家上市银行存款总额75.62万亿元,较6月底数据减少1.51万亿元。其中,13家银行存款减少,特别是交通银行,三季度流失比例5.93%。10月这一趋势继续延续,新增人民币贷款大幅萎缩,环比大降36%,当月人民币存款减少1866亿元,除去财政存款增加6837亿元外,住户存款和非金融企业存款分别减少5395亿元和4482亿元人民币(如图6.1所示)。

互联网金融对于商业银行负债端存款分流的原因,主要在于金融消费者对于金融产品营利性和便捷性的需求显现。分流的去向,一是基金产品购买,"理财+消费"模式在提供高于银行存款收益的同时还提供了消费支付便利,造成存款分流;二是P2P和众筹投资,其高收益的特点以及众筹项目多样化(如科技类、设计类、动漫类项目等)、回馈方式多样化(客户可获得实物产品或货币收入、股权等)是吸引用户的最大优势。

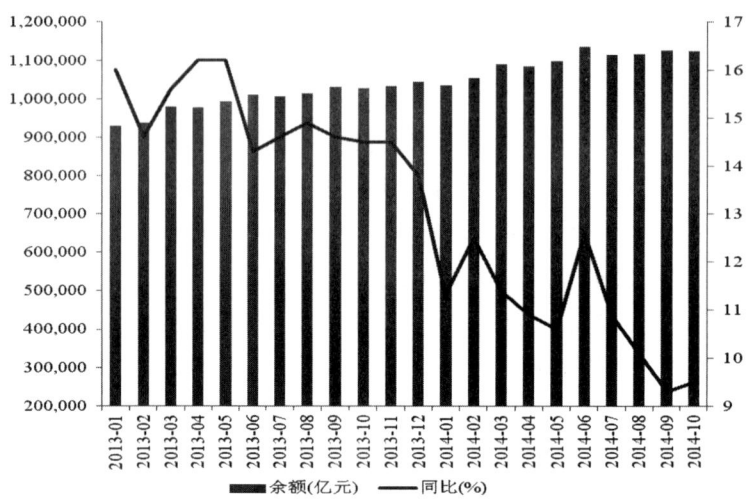

图 6.1　金融机构各项存款余额变动及同比增长情况（2013 年 1 月～2014 年 10 月）

6.1.2　从银行的资产端看，互联网金融与传统银行错位竞争

在资产端，代表性的互联网金融产品为阿里小贷、京东京保贝、众筹和 P2P 等，其信贷对象主要为在金融借贷市场中面临排斥的小微企业。截至 2014 年 3 月末，我国小微企业贷款余额占企业贷款余额的 29.1%，所以，在此方面互联网金融与传统银行是处于错位竞争的情形。阿里小贷和京东京保贝的信贷模式相对更具有商业上的可持续性，关键在于其控制了受信企业的物流、资金流和信息流，或者说，弥补了小微企业普遍缺乏财务报表、有形抵押品、担保合同等"硬信息"（Hard Information）的缺陷，而是基于非财务信息（Non-financial Information）、借贷中的私人信息（Private Information）和资产特性、客户和供应商品质等"软信息"完成授信。实质上推进了我国金融包容性增长部分目标的实现，而这部分客户与授信企业黏性大为提高。

中国银行体系存在"所有制歧视"与"规模歧视"（张杰等，2013），小微企业融资难、融资贵一直是悬而未解决的问题。银监会数据显示，2013 年 7 月末，全国小微企业贷款（含小微企业贷款、个体工商户贷款和小微企业主贷款）余额达 16.5 万亿元，占全部贷款余额的 22.5%，获得贷款的小微企业共有 1302.2 万户，这与其创造的 60%GDP、50%税收和 75%的就业贡献完全不对等。刘鹰（2014）指出企业密度与经济福祉正相关，美国 50 个州经济普查和宏观数据研究表明，美国每千人有 89.8 家企业，中国同样密度人口的有 40.1 家企业。企业密度每增加 1%，个人收入平均增加 1.0178%，贫困率下降 1.4498%。企业发展需要金融的支持，金融正是为经济活动筹措资金。互联网金融为解决这一问题提供了新路径，一是实现成本降低，以美国的 Lending Club 为例，美国传统银行的贷款利率平均为 21.54%，支付给存款人的利率为 0.06%，而 Lending Club 则将贷款利率降为 14.8%，支付给投资者收益率 8.6%，在节约借款人成本的同时，又提供投资者更高的利息收入。二是提高了信息透明度，从而增加了信贷供给。特别是以蚂蚁金服为代表的闭环信用生态体系，截至 2014 年 2 月，蚂蚁微贷累计投放贷款超过 1700 亿元，服务小微企业数逾 70 万家，不良率小于 1%，支持了国内创业者和小微企业的发展。

互联网公司借助于交易平台的交易数据，进入小微企业信贷领域。根据央行公布的数据，截至 2014 年 3 月末，我国小微企业贷款余额占企业贷款余额的 29.1%。从这一数据我们观察到，虽然银行业对于小微信贷投放较往年呈现上升趋势，但不可否认的是，大型企业依然是银行业的主要授信客户群体。而互联网金融中的融资平台则将小微企业定位其主要客户群体，阿里和京东基于交易平台上的客户的贸易、**物流**、现金流数据进行客户授信。因此，从银行资产端业务来看，互联网金融与其形成错位竞争，这对于推动我国的金融包容性增长，缓解个体工商户、微型企业和小型企业长期面临的来自于正规金融的排斥，实现普惠金融具有积极作用。表 6.1 列出了目前的互联金融中的融资平台，其中阿里金融和京东的信贷模式由于掌控了受信客户的物流、信息流和现金流，更具发展可持续性。

表 6.1　互联网金融中的融资平台

互联网公司/类型	典型代表	业务模式
阿里巴巴	阿里金融	为淘宝、天猫企业客户提供订单和信用贷款
京东	京保贝	基于京东供应商的供应链融资,掌握供应商的入库单、结算单、产品销售等时时数据
上海钢联	上海钢联	采集、发布行业信息,聚集客户;利用自有资金为行业内钢铁贸易商提供融资
P2P	人人贷、陆金所、红岭创投	线上获取资金,线下获取和审批项目,引入第三方担保公司保障投资者本金安全
P2P	宜信	线下获取、审批项目,组建信用审查团队,企业法人对项目提供融资;企业法人将债权进行资产证券化,变为标准化理财产品出售给线上理财客户
P2P	拍拍贷	线上获取、审批项目,线上获取资金,为零散的资金供给和需求提供一个撮合平台
众筹	点名时间	线上宣传推广项目,投资者获得非利息回报

6.1.3　从银行的支付端来看,互联网金融进入信用支付领域

在支付端,消费者特别是年轻客户群体看重便捷性和低成本,因此目前的互联网支付、移动支付快速扩张,与传统银行支付分庭抗争。一方面是部分消费群体由于网络购物、移动购物习惯而选择第三方支付;另一方面是第三方支付不仅仅限于网络消费支付,还扩展到轻应用与线下商户使用;此外,计划进入中国市场的国外公司,例如日本乐天(Rakuten)、优步(Uber)通过选择目标客户群体目前较多使用的支付宝作为支付渠道,以此连接中国市场,也令第三方支付市场地位日渐稳固。例如,2013 年中国第三方互联网支付核心企业市场中,支付宝占据 48.7%的市场份额。消费者支付方

式的改变，移动金融或成为未来快速发展方向。

分析互联网金融对传统银行业的冲击，可以发现互联网金融实际上将标准化金融产品和服务提供给了被传统银行业忽略的客户，这些客户涵盖了储蓄和交易额度较小的零售金融客户、难以从正规金融获得贷款的小微企业和农户等。互联网金融实质上推动了普惠金融，并成为推动中国金融民主化的新动力。

自2011年5月起，央行已为250多家第三方支付企业颁发了业务许可证。互联网企业对于支付场景的渗透将对金融行业产生巨大挑战，主要冲击点在于传统银行业的非息收入，包括银行卡现有手续费收入分配、银行代理产品手续费收入和理财产品管理费用收入等（见表6.2）。但互联网支付主要集中于零售支付服务领域，在与国际接轨的层面、外币支付领域，以及银行业和金融机构行内支付、金融市场资金清算和票据支付等领域很难涉足（方芳、李聪，2014）。

表6.2 第三方支付对传统银行业手续费收入的影响

转变方式	业务类型	传统银行模式下手续费收入	第三方支付模式下手续费收入
POS机到第三方支付	普通支付	0.34%～1.12%手续费收入（发卡行+收单行）	0.2%～0.4%交易佣金
网银到第三方支付	普通支付	0.5%～1%线上商户交易佣金	0.2%～0.4%交易佣金
网银/柜台到第三方支付	转账汇款（包括信用卡还款）	0%～1%同行异地转账手续费，0.2%～1%跨行转账手续费	0.1%～0.4%交易佣金
	公共事业代扣代缴	1～3元/笔代扣代缴费	0.1%～0.3%交易佣金
	银行代理基金产品、银保产品	0.5%～1%基金代销费，2%～3%保险代销手续费	0.2%～0.4%交易佣金

资料来源：国泰君安证券研究

净息差依然是目前中国银行业的主要收益来源，但2013年年报数据显示，16家上市银行2013年末较2012年末平均净息差下降6.12%。除中行以外，其他上市银行的净息差均有所下降，其中民生银行和光大银行降幅较大分别为15.31%和14.96%。综合上述互联网金融对传统银行业在负债、资产、中间业务的冲击，其总体影响如表6.3所示。

表6.3 互联网金融对传统银行业的冲击和影响

业务端	介入产品或服务缺口	客户群体	对传统银行业的影响
负债端	收益敏感	重视资金回报，部分高风险偏好，互联网接受程度高的年轻客户群体	资本成本上升导致净息差压缩，利润增速减缓
资产端	效率敏感	小微企业信贷	
支付端	便捷敏感	支付诉求为便捷和低成本的消费群体	非息收入或受影响

中国银行业金融机构在2002年到2012年经历了黄金十年，但这一趋势已出现转变。

根据各上市银行公布的2013年财报来看，其中12家上市银行利润增速较上年下滑4.29%，银行业金融机构净利润增速下降5.47%。这一趋势在2014年继续呈现，2014年6月银行业季度净利润比增长降至14%左右，而这一数据在2011年12月为36%，2014年第三季度上市银行净利润增速更降至10%以下。当然互联网金融未必是唯一的原因，但不能否认的是，基于其在资产、负债、中间业务产生的冲击，银行业净利润持续增长的黄金十年（2002~2012年，银行业金融机构金融总资产从23亿元增长到131万亿元，利润从364亿元增长到1.24万亿元）已经结束。

第六章 互联网金融对银行业的影响及银行业变革 | 141

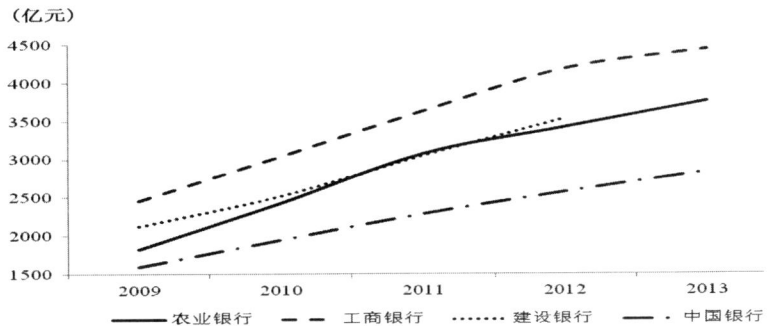

图 6.2 2009~2013 年四大银行利息净收入

数据来源：笔者根据中诚信数据整理得出

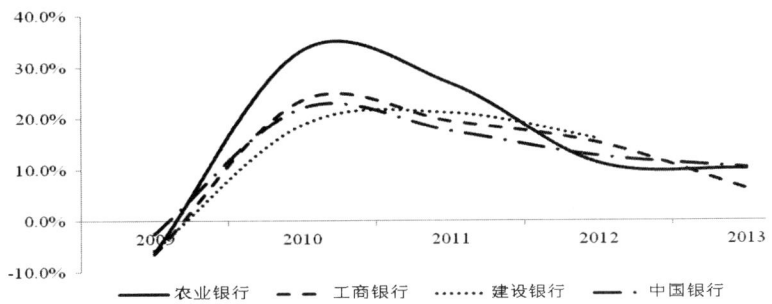

图 6.3 2009~2013 年四大银行利息净收入增速

数据来源：笔者根据中诚信数据整理得出

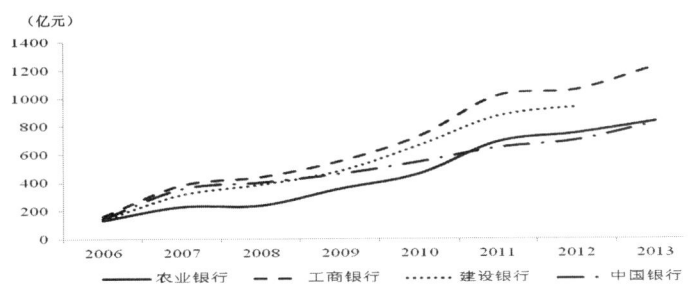

图 6.4 2006~2013 年四大银行佣金及手续费净收入

数据来源：笔者根据中诚信数据整理得出

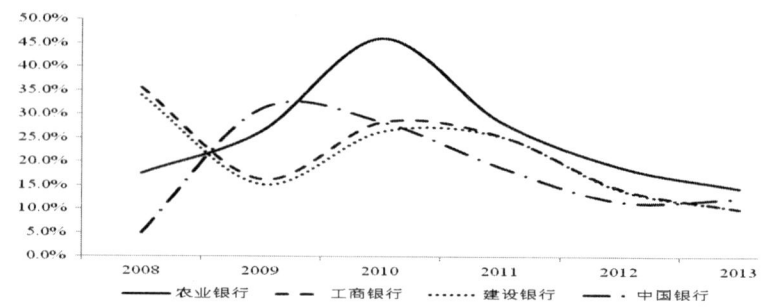

图 6.5 2008~2013 年四大银行净利润增速

数据来源：笔者根据中诚信数据整理得出

这一现象不仅发生在国内四大银行，从目前上市银行的数据中同样反映出这一问题，净利息收入占比虽然在近年来有所下降，但仍是其主要收益来源。

表 6.4 2007 年至 2014 年我国上市商业银行净利息收入占比（单位%）

	2007	2008	2009	2010	2011	2012	2013
中国银行	84.54	71.37	68.42	70.07	69.50	70.19	69.59
农业银行	87.85	91.79	81.72	83.38	81.33	81.02	81.32
工商银行	88.32	84.92	79.44	79.76	76.34	77.82	75.19
建设银行	87.84	84.08	79.30	77.75	76.70	76.66	76.59
交通银行	86.23	85.62	82.24	81.54	80.82	81.53	79.46
浦发银行	93.45	91.24	91.08	90.67	90.46	88.44	85.16
华夏银行	78.87	76.61	92.28	92.98	90.31	88.85	86.03
民生银行	89.25	86.76	76.65	83.76	78.70	74.83	71.65
招商银行	82.77	84.77	78.46	79.96	79.36	77.95	74.59
南京银行	101.56	78.10	87.29	87.11	87.34	84.44	86.81
兴业银行	94.52	88.14	85.87	87.52	84.74	82.39	78.55
北京银行	94.22	90.13	92.10	92.61	90.56	88.52	85.73
光大银行	88.66	90.43	80.80	85.62	85.61	83.89	77.88
中信银行	94.01	89.88	88.19	86.32	84.61	84.40	81.95
平安银行	88.88	86.80	85.91	87.83	85.60	83.11	77.96
宁波银行	91.89	84.93	85.11	86.52	85.78	89.11	88.23

截至2016年2月末,我国银行业金融机构总资产为200.72万亿元,比上年同期增长17.5%;总负债为184.98万亿元,比上年同期增长17.0%。其结构状况具体来看:大型商业银行总资产为75.46万亿元,在银行业金融机构占比37.6%,同比下降2.4个百分点;股份制商业银行总资产为37.64万亿元,在银行业金融机构占比18.8%,同比上升0.1个百分点;城市商业银行总资产为23.28万亿元,占比11.6%,同比上升0.9个百分点;农村金融机构总资产为27万亿元,在银行业金融机构占比13.5%,同比上升0.1个百分点;其他类金融机构总资产为37.34万亿元,在银行业金融机构占比18.6%,同比上升1.4个百分点[①]。

值得注意的是,不同类型的银行,如大型商业银行、股份制商业银行、城市商业银行和其他银行业金融机构在互联网金融发展进程中,所受到的影响以及反应存在差异,或将改变金融业现有的格局。

6.2 传统银行业变革

6.2.1 目前传统银行业的转变

虽然国内商业银行一直是属于高度信息化的行业,较之于其他金融机构较早地应用互联网技术,长期布局电子银行业务,但是互联网金融的兴起冲击和影响最大的也是商业银行。如今银行已经没有权利选择何时投资,如果到现在还没有大幅度投资到高科技的话,那么已经赶不上消费者的期待和消费模式的变化了。这主要是在商业银行长期处于金融市场的核心地位,而新兴的互联网金融模式也主要围绕其产品业务的空白区域或者客户群体展开。

从表6.5可以看出,对于商业银行而言,互联网金融对于各类业务的影响冲击存在差异,在影响其支付、存款以及信贷等传统业务的同时,也给出了商业银行推进传统业务升级和经营模式突破的方向。

---

① 数据来源:银行业金融机构总资产超 200 万亿元[EB/OL]. 中国经济网. (2016-03-26)[2016-04-15]. http://finance.ce.cn/rolling/201603/26/t20160326_9830649.shtml.

整体来看，商业银行互联网金融创新转型模式主要包括以下几种：

（1）复制战略：银行系网商平台

对于商业银行而言，互联网金融在线上与客户深度接触能力和沉淀的海量交易行为数据积累是其最为渴求的重要资源。初期阿里巴巴、京东等互联网金融机构介入支付业务并进而延伸至负债和资产业务板块的基础，就在于对网商平台的充分运用①。因此，包括

表6.5 主要互联网金融模式对商业银行的冲击及影响程度

互联网金融模式	冲击内容	影响程度
第三方支付	1.改变客户支付习惯，细化支付业务分类，突出支付体验的产品观念；2.冲击银行传统支付中介功能，影响中间业务增收；3.以信用支付方式切入融资业务，挖转银行潜在客户存贷款。	由于第三方支付主要采取与银行签约方式在用户与银行支付结算系统建立电子支付方式，因此冲击影响有限，主要是以低成本和便捷化对个人及小微企业的中间业务收入产生影响，影响最为深远的是支付弱化造成银行客户的隐性剥离，迫使银行从支付链条的前端逐渐走向幕后。
P2P网贷	1.弥补了银行融资服务空白区域，拓宽小微信贷渠道；2.民间借贷规范化，直接融资发展造成存款流失。	对银行拓展小微信贷蓝海影响有限，双方资金成本和客户服务对象存在差异。核心影响在于对银行存款业务的冲击，造成资金从一线城市向二三线城市流动。
大数据金融	平台企业或者供应链核心企业可以绕过银行而开展资金融通工作	银行信贷模式弊端被进一步突出，传统风险管理及业务审批模式转型压力增大。
众筹平台	资金供求双方自由匹配，对于存款业务以及投行项目有潜在的影响。	由于法律及政策因素影响，影响相对较小。
互联网金融门户	改变了用户选择金融产品的方式，降低了银行与客户之间的联系程度。	吸引银行与之展开合作，在一定程度上制约了银行的议价权。

资料来源：罗明雄、唐颖、刘勇. 互联网金融[M]. 中国财政经济出版社，2013.

---

① 除此之外，还有通过搜索引擎平台（360、百度等）以及咨询信息平台（携程、去哪儿等）介入传统金融市场的方式，但是以网商平台形式介入的操作更为成功，其技术性要求相对较低，也易于被商业银行所理解和熟悉。

工商银行、建设银行、交通银行、招商银行、成都银行、上海农商银行等中小银行纷纷开设网上商城，复制互联网金融机构的基础资源。由于大部分商业银行已经在自身的电子银行系统中投入了大量软硬件资源，因此建设网商平台主要是以原有的网上银行为基础。如工商银行就是在网上银行主页中增挂外部链接，利用原有的支付结算、信用卡业务上的传统优势，采取名商名品名优经营策略打造"融e购"电商平台，整合了用户与商户，链接支付与融资，统一物流、资金流与信息流，同步整合了综合积分服务和逸贷产品，其实质是以目前已经趋于成熟的网络购物模式推进其他产品业务的互联网销售，积累客户消费及交易信息，并在这一过程中积累大数据的分析和利用经验，从而逐步改造现有的产品研发、客户营销和风险管控模式，2015年全年交易额超过8000亿元。

但是从目前各家商业银行的网商平台推广情况来看，单纯的复制战略还面临着市场认可的问题。银行系网商平台除了在支付手段、分期便利上可以提供优惠措施外，与其他成熟电商平台差异性不大，银行采取引入大商户的方式来提升服务品质，但还是难以有效解决物流、支付、客服、运营等多个影响客户服务体验的重要环节，对于未来想要扩展的小微企业商户反而引入度不足，影响了交易信息的积累。目前商业银行通过网商平台可以推进B2B的交易，但是对于海量的B2C往往缺少介入抓手。另外，部分中小型商业银行迫于利润压力也难以复制互联网金融机构长期的沉没成本投入过程，实际上将网商平台转型为了金融超市，反而偏离了最初引入互联网金融概念的转型方向。

（2）内部升级战略：电子银行业务改造

在互联网金融企业冲击存贷款业务之前，商业银行电子银行业务已经有了长期的发展，大量电子自助设备、网上银行的建设已经较为完善，只是其设计和发展的理念多局限在对柜台业务的延伸，侧重于对客户的分流而不是客户群体的细分和需求挖掘，因此并没有形成开放式的客户获取格局和产品创新的进一步拓展。在互联网金融模式的影响下，商业银行开始重新审视电子银行业务的定位，并积极转化思路发挥原有的电子银行的基础软硬件优势。商业银行主要是在四个方面加快电子银行业务的升级：

一是逐步增强其电子渠道，2013年商业银行电子银行替代率达到79%，而其中，民生、中信、招商银行的电子银行交易笔数替代率在92%以上，高于国有银行，其原因在于股份制商业银行没有物理网点优势，所以更为注重电子银行的发展。这种转变利于接近客户的同时降低成本收入比率（cost/income ratio）。

传统银行业为应对互联网金融带来的冲击，一方面根据客户使用互联网渠道办理业务的习惯和偏好，利用互联网技术进行金融服务的升级，提升客户金融服务体验，并降低运营成本。表6.6中列出了中国工商银行、建设银行、招商银行和中信银行互联网与电子银行的建设现状。

为应对存款流失以及负债成本降低的考量，各家银行推出"类余额宝产品"（均为货币市场基金产品，见表6.7），在加快跟进步伐同时，并有所创新。例如中信银行的"薪金煲"，特点在于无须主动申请赎回即可在ATM取现或POS刷卡消费，并且单个账户单日赎回额度上限设置为50万元。

二是改造网上银行服务模式。主要是丰富产品内容，改变客户评级分类方式[①]，提供更多的个性化产品推介目录，利用产品积分、分期付款等优惠措施提高客户产品使用体验；在保持账户安全防护优势的同时，简化交易流程，降低网上银行相关服务的收费；结合自有或者外部网商平台、第三方支付渠道，打造应用场景，鼓励客户在各类社交渠道进行推介，从而增加获客功能。

三是推广线上供应链金融模式。供应链金融模式作为一种新型融资服务模式，适于商业银行服务大型集团客户或产业集群中的核心客户，一方面可以继续利用银行清算、融资和账户管理的基础优势，以专业化网络服务的方式实现客户争揽；另一方面，可以避开

---

①主要是从传统的存款或者身份评级分类，转为根据客户金融消费种类情况进行评级分类，提高客户群细分的科学性和针对性，实质是从关注客户对银行收益的贡献，转向关注客户潜在金融需求情况。

与互联网金融在客户服务对象和开放程度上的竞争,从而继续保持在大型客户信贷融资上的领先地位。

四是快速布局移动金融和社交平台。加大手机银行推出力度,打造掌上移动金融服务平台,同时对接大量社交软件、浏览器,提供产品宣传和支付便利。

表6.6 工行、建行、招行、中信四家银行互联网与电子银行现状

上市银行	个人网银	企业网银	电子银行	手机银行	特色业务
工商银行	2013年个人网银客户突破1.6亿户		2013年底电子银行客户数达3.9亿户,业务占比80.2%	2013年客户数量较上年末增长49.5%	善融商务
建设银行	个人网银客户增长25.78%	企业网银客户增长31.46%,交易额增长32.43%			
招商银行		2013年底,网上企业银行交易结算替代率达92.42%	2013年底,电子渠道综合柜面替代率92.5%	签约客户总数同比增长62.34%,累计交易金额(不含手机支付)同比增长165.42%,手机支付累计交易金额同比增长443.10%	推出无卡取款;手机钱包;薪酬金融综合服务方案;小企业家E家投融资平台;2013年7月推出首家"微信银行";12月推出Win8平板银行
中信银行			电子银行分流率达78.33%		

资料来源:笔者根据工行、建行、招行和中信银行2013年年报整理得出

表 6.7　银行推出类 MMF（货币市场基金）产品以应对存款流失

时间	银行	产品	对接货币基金
2014.4	中信银行	薪金煲	嘉实基金、信诚基金
2014.3	兴业银行	掌柜钱包	兴业全球基金
2014.2	中国银行	活期宝	中银基金
2014.2	民生银行	如意宝	民生加银、汇添富
2014.1	工商银行浙江分行	天天益	工银瑞信
2013.12	平安银行	平安盈	平安基金、南方基金
2013.7	交通银行	快溢通	交银施罗德

资料来源：笔者根据网络公开资料整理

（3）联合拓展战略：与互联网金融企业共赢

由于互联网金融企业在接触线上客户方面的领先优势难以短时间内打破，同时不同商业银行自主开发网商平台并保持盈利的能力存在差异，因此部分商业银行愿意与互联网金融企业在一些支付、产品推介等渠道方面展开合作。特别是考虑到一些第三方支付、P2P、互联网金融门户成立时间较短、资本规模相对较小、外部融资需求较强等特点，采取股东注资或者交叉入股等方式主动参与到此类企业的建设和经营管理中，并在合作中学习和改进自身的业务经营模式。同时，互联网金融企业可以借助银行资金及线下网点的助力，实现市场的快速扩张，从而实现双赢。

需要指出的是，目前银行系与互联网金融企业的联合推进还相对初步，主要是双方存有一定的戒心，特别是对于双方各自拥有的信息资源、信贷审批、风控机制等方面开放障碍较多，都担心一旦对方掌握了相关的资源会对自身的经营产生较强的替代作用，或者直接丧失谈判的主动权。

（4）综合推进战略："线上+线下"同步推进模式

互联网金融仅能够提供的是线上的服务改变，而大量金融服务仍然需要一定的线下支持，特别是对于商业银行而言，没有必要放弃自身的网点硬件优势而被动地与互联网金融企业展开竞争。传统的线下方式主要是通过客服中心、网点柜员、产品经理协同为客户提供全方位的金融服务,而这一模式并没有因为互联网金融的兴起而弱化。以工商银行 2013 年度进行的中高端客户调查为例,影响他们服务满意度的因素主要来自于客户经理的服务专业程度[①],因此线下服务能力仍然是银行实现高端化服务的重要一环。另外,线下模式其实还有一个潜在的优势:随着中国人口老龄化,老年人口手中财富占比将会大大提升,而这一批潜在的优质大客户还将依赖线下服务的竞争。虽然年轻群体构成了线上的主力,但是其个人财富仍处于偏低状态。目前银行大量线上理财的销售,其购买方中的中老年人口比例也较大,这些客户大多是在网点由客户经理在网上进行申购,因此考虑到未来客户群体结构的变化,线下服务模式反而要比线上模式更具有实际的可操作性。

线上模式中一个突出的转型方向是发展直销银行。商业银行放弃物理营销网点建设的概念,客户主要通过电脑、电子邮件、手机、电话等远程渠道获取银行产品和服务。目前已经有数十家商业银行主动开展直销银行的拓展,虽然初期主要是经营存款、转账汇款、网上交易支付、按揭贷款和理财投资等几大基本银行业务,产品的一些竞争力主要是来自银行收益的让渡,但是由于具有跨地域经营的便利,因此更加适合城商行、农商行以及村镇银行的需求。

线下模式中的一个具有潜在发展能力的转型方向是社区银行的布局。商业银行通过线下服务前移,对存款相对稳定的小微企业和社区居民进行针对性维护,改善客户服务体验,与客户建立起稳定、透明的产品推介渠道,并承担了对部分优质客户的贴身服务职能,成为银行私人财富管理的前沿阵地。在这一过程中,还可以搜集到社区客户非公开信用记录、消费习惯、社区关系、家庭和借款者的性格等包括一切与客户有关的、非正式公开的"软信息",从而建立起银行系独有的数据沉淀。

我们将传统银行的互联网深化行为总结,如表 6.8 所示。

[①] 2014 年 1 月,中国工商银行个人金融部副总经理张剑宇在第四届中国金融机构理财力 TOP10 总评榜典礼上的演讲。

表 6.8　传统银行的互联网深化

	传统网上银行业务衍生	电子商务、移动支付	P2P 等新型业务
中国工商银行	金融超市	B2C 网上银行、手机银行	
中国农业银行	农银理财 e 站、生活 e 家	E 商管家电子商务服务平台、掌尚 e 达	
中国建设银行	理财等在线销售，出行预定	善融商务、建行手机银行	网络联贷担保、网络大买家供应商融资、网络速贷通、e 点通、小企业客户在线融资
中国银行	理财产品销售	"中银易商"电子商务平台、味银行和"中银掌上行"移动客户端等	
交通银行	金融馆、生活馆	商品馆、企业馆、E 动交行	
中信银行	网络金融商城	分期购物商城、B2C 平台-E 中信	
浦发银行	金融超市	移动金融 1.0 和 2.0 系列，微信银行	
招商银行	i 理财、出行易	网上商城、招商银行手机钱包、联通招行手机钱包、中国移动联合移动支付方案	小企业 e 家,"e+稳健融资"
兴业银行	网上银行商城、网上缴费、订票服务		
平安银行	网络金融商城	电子商务，手机银行 2.0	陆金所、平安好车交易平台、一站式购买彩票平台
华夏银行	理财、基金在线销售，信用卡商城	手机 e 站、出行预定、ATM 预约取现	平台金融

资料来源：瑞银证券

6.2.2 数字化时代下传统银行业转型建议

传统银行业虽然在公信力、风险控制等方面具有相对优势，但由于外部环境变迁，客户对于金融功能的满足未必需要传统银行业提供，更进一步的，客户对于金融功能满足的需求形式也随着时间变迁而发生变化，因此，商业银行变革势在必行。其变革的中心依据在于金融功能比金融机构更加稳定，而任何金融体系的主要功能都是为了在一个不确定的环境中帮助不同地区或国家在不同的时间配置和使用经济资源（Merton，1995）。

（1）建立以金融消费者为中心的场景式服务模式

正是由于金融消费者行为的变迁，银行已经感受到两大威胁：一是消费者购买金融产品的地方和方式在改变，而且改变的速度呈现加快趋势；二是跨界从事金融业务的非金融机构蓬勃发展。由此，银行业固然有自己公信力、合规、风控等相对优势，但变革势在必行，最重要的原因在于随着时间和外部环境的变迁，金融机构形式可能会有多种，但客户需要的却是金融功能（function），因此，金融功能较之于金融机构更加稳定。金融机构金融功能的提供应通过梳理金融产品与服务在消费者生活中、生产中所处的脉络，来构建嵌入金融消费者生活场景的金融场景成为关键切入点，以此全面融入消费者的生活。

虽然商业银行已经进行了渠道建设和金融产品的创新，但是目前进行的称之为商业银行的互联网化将更准确，银行利用互联网、移动渠道对传统渠道的替代意愿非常强烈，但在产品创新方面还远远不够，在开放性上与互联网金融更是有很大差异。

首先，由于消费者购买金融产品的地方和方式在改变，银行与客户之间的联系应重新梳理与巩固，通过线上线下平滑连接金融服务链，将客户置于中心（如图6.6所示），从客户金融服务的可获得性、便利性为思考出发点，在其生活场景和生产场景中置入金融服务。金融民主化与金融自由化对金融业格局的影响已不同于往日，在这一过程中，金融功能的实现应围绕着客户展开，客户中心化的服务模式较之于传统银行的链式服务模式（通过基础设施、产品、平台、通信、渠道、介质和场景将金融服务传递到客户）更能吸引客户。了解客户的转变以及因这一转变而采取的银行转变，实际上是采取更灵活、更动态、更前瞻的适应型战略、创新型战略来应对新竞争。

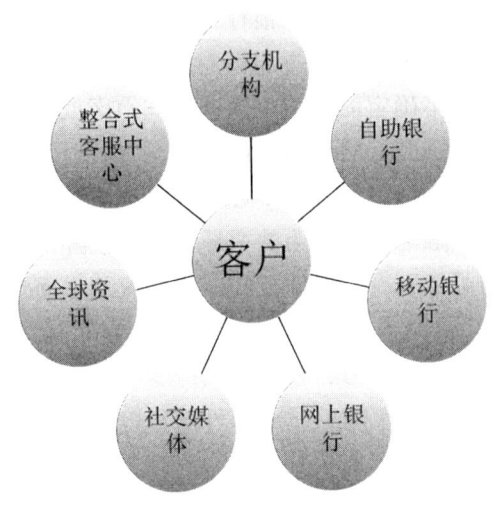

图 6.6　以客户为中心的商业银行渠道提供

其次，从与互联网金融竞争角度而言，我们可以将金融产品分为标准化和非标准化产品。前者更易于通过互联网、移动设备销售，金融消费者通过对于收益率、成本、流动性、效率、客户体验等更为看重；而后者则需要涉及专业知识领域，包括产品本身的复杂性、专业咨询、定制化的产品等，商业银行目前的优势更在于非标准化产品，在巩固这一优势的基础上，提升标准化产品消费者体验，或加强合作建立战略联盟，建设金融生态链条。

再次，传统银行业应充分发挥自身优势，譬如商业银行对交易的真实性和安全性的控制更好、风险控制达到巴塞尔资本管理协议Ⅲ、积累了大量客户数据等。但商业银行仍未最大化分析和运用客户积累的金融交易数据，应对客户数据进行整合分析客户的行为，并形成预测，对同一客户提供不同产品类型的对接、虚实渠道的对接,实现小微客户、财富管理客户、大众客户等价值客户的批量获客、客户挖潜以及深度经营。

金融民主化与金融自由化对金融业格局的影响不同于往日,在这一过程中,金融功能的实现应围绕着客户展开,客户中心化的服务较之于传统银行的链式服务更能吸引客户。这一点是传统银行业应向互联网金融学习的地方,客户需求不是一成不变的,而是随着社会、经济和技术的发展变化而变化。随着互联网的发展,24小时在线、信息互联互通也要求银行业金融机构调整适应。

因此,了解客户的转变以及因这一转变而采取的银行转变,实际上是采取更灵活、更动态、更前瞻的适应型战略、创新型战略来应对新竞争。由于消费者购买金融产品的地方和方式在改变,银行与客户之间的联系应重新梳理与巩固,通过线上线下平滑连接金融服务链,在客户生活场景和生产场景置入金融服务,这将突出个人消费金融和公司供应链金融在银行业务中的重要性。一是积极拓展财富管理业务,在吸引资金同时提高非息收入在营收中的比重,如TMU业务(Treasury Marketing Unit,财富管理市场)的开展。由此,非标准化金融产品是商业银行差异化竞争和建立自身特色的关键。二是提升资产品质,传统银行业的天然优势之前是集中在负债业务上,但在外部环境变迁下,特别是利率市场化的推进,资产端将是未来更能体现银行核心竞争力的方面。商业银行应发挥自身信息资源、资金和风险管理优势,强化个人消费金融和公司供应链金融的风控。

(2)提供全通道全连接服务

过去,商业银行的零售金融服务认为产品、利率、地点会决定一家银行是否有竞争力;但现在,商业银行能够提供全通道(total-channel)服务和全连接服务,才是客户选择留在该银行的主要因素。其动因在于互联网的普及和互联网经济的发展引致的通道迁移(channel migration),银行不应只关注哪种交易方式最适合哪种通道,而应从客户可能碰到的情景来考虑。

目前美国不同渠道银行的交易规模中,85%来自于互联网、电话中心、ATM和手机。不通过传统营业网点和柜台提供金融服务的直营银行，其在2002～2012年的年复合增长率为22%，而同期传统银行只实现了6%的年复合增长，电子渠道成为便利客户使用碎片化时间的重要渠道。就我国目前的情况而言，2014年6月网民规模达6.32亿人，互联网普及率为46.9%，其中手机网民5.27亿人，占比83.4%。互联网经济成为经济发展的重要推动力量，消费者已不仅仅满足于通过互联网、移动设备购买普通商品，标准化金融产品线上销售及需求促成互联网金融的发端。根据艾瑞咨询数据，中国生活理财移动App的数量已经从2013年6月的39款增长到2014年6月的61款，同比增长了56.4%，2014年6月，中国生活理财移动App的月度覆盖人数达到6818.2万人，月度使用次数15.5亿次，同比增长分别为124.3%和119.8%，远高于整体移动App同期64.9%和54.4%的增速。这一发展的核心驱动力来自于金融互联网化的需求，是金融体系互联网迁移的趋势所致。

（3）与互联网金融的深度融合与合作

理想的金融体系既能推动经济增长、有效配置资源，又能使民众分享经济增长带来的成果和财富效应。这一理想的金融体系未必是仅由传统金融机构构成，而重点是金融功能的很好发挥。而金融体系的效率是检验金融体系是否很好发挥金融功能的标准之一，因此，既然互联网金融促进了金融体系效率的提升，那么未来金融发展将是传统金融与互联网金融的深度融合和优势互补。这一合作，特别是基于互联网企业的平台大数据、信用体系和金融机构的资金优势，将发挥合力效应，实现银行、客户和互联网企业的三方共赢。从银行角度来看，下沉其信贷服务的一个重要影响因素是风险防控，拥有交易数据的互联网企业可以成为合作平台与渠道，扩大银行的优质客户群体；从客户角度来看，线下单据转化为线上数据，累积的数据成为企业信用的证明，信用作为授信基础，带来企业流动资金所需、固定投资所需。从互联网企业来看，通过更好的服务平台客户，而能更有效地强化与客户的关系，共生成长。这正是金融效率的提升和金融民主化的体现。

这一合作，特别是基于互联网企业的平台大数据、信用体系和金融机构的资金优势,将发挥合力效应。例如平安银行与东方电子支付合作,推出"货代运费贷",有效整合物流、银行、海关、税务等数据节点,实现贸易真实性和连续性核查,基于货代企业应收账款聚"池"融资,专门面向货代企业,无须额外增加抵押和担保。再例如,2014年7月,阿里巴巴与中国银行、招商银行、建设银行、平安银行、中国邮储银行、上海银行、兴业银行共7家银行宣布深度合作,为外贸中小企业启动基于网商信用的无抵押贷款计划,授信额度在100万元~1000万元之间。在授信中充分显示了信息不对称的逐渐弥合,除了阿里自身拥有的客户数据以外,还结合调用其他数据,例如外贸企业最近6个月的出口数据、海关物流数据等,多角度、多渠道收集企业的行业发展前景、企业经营动态、商业经验、资信情况、订单执行状况、应收应付账款情况、上下游企业交易、关联企业情况及水表、电表、水表、海关联网数据的查询,对这些信息进行交叉验证,提高信息的可信度和有效性。

互联网企业与传统银行的合作发挥双方优势将实现银行、客户和互联网企业的三方共赢。从银行角度来看,下沉其信贷服务的一个重要影响因素是风险防控,拥有交易数据的互联网企业可以成为合作平台与渠道,扩大银行的优质客户群体;从客户角度来看,线下单据转化为线上数据,累积的数据成为企业信用的证明,信用作为授信基础,带来企业流动资金所需、固定投资所需。从互联网企业来看,通过更好的服务平台客户,能更有效地强化与客户的关系,共生成长。这正是金融效率的提升和金融民主化的体现。

(4)对于创新保持开放与合作心态

银行在数字化时代下要想成为赢家,要对于创新保持开放心态,因为这是数字化革命的核心。其表象为大的机构积极参与外部科技解决方案、知识资本和资源,通过寻求外部创新者与组织内部的IP知识产权、资产和专家连接合作,产生新点子、改变组织文化,确定并吸引新技能并探索增长新领域。开放的API也允许第三方能够接入银行系统,松绑相关服务,并建立基于银行平台的新服务以便利大量创新。

例如，德国的 Fidor 银行建立了 FidorOS——一个开放应用计划的中间软件（API）——以连接到现存的核心银行平台，从而能够提供一系列现代服务，如借款给朋友、通过 Twitter 转账、安排 24 小时紧急贷款。银行也与外汇专业服务公司 Currency Cloud 合作，提供可以以 7 种货币表示的账户产品，并提供外汇兑换服务。

再例如，Simple（2014 年被西班牙对外银行（BBVA）收购的在线银行）的两名前高级员工，在美国建立了一家新商业银行 SEED，凭借定制化的界面允许小企业开发其自己的工具和服务。公司需要申请成为银行的会员，这样公司可以使用银行的 API 以建立自己的银行工具。高盛在在线合并工具 GitHub 发布其源代码，允许外部编码者优化它，从而提高了其竞争力。

在零售银行领域，法国银行 Credit Agricole 在 2012 年即发布了开放 API，使得开发者能在其服务上建立 App，目前，已开发了一系列的面向客户的 App，提供费用管理、社交支付和金融分析工具。不久，BBVA 发布了 Innova Challenge（创新挑战），基于银行的匿名客户数据来开发软件以建立新平台和 Apps。

目前或许采取创新的最大机会来自于区块链领域，区块链是比特币密码货币的分布式架构协议，如果金融服务产业使用，那么其长期影响还不确定；然而，我们可以确定的却是如果大家能从中受益，那么他们将与更广范围的组织外部的技术专家和开发者一起参与。

其次，建立合作关系，或可以称之为共同创新。过往历史中，合作案例广泛存在于零售银行领域和资本市场领域，但是最广为人知的却是发生在支付领域。1966 年 MasterCard（万事达卡）成立，以支持银行间卡支付；另一个典型例子是 SWIFT（环球同业银行金融电讯协会）1973 年建立的银行间支付网络，像是银行拥有的共享效用。2015 年澳大利亚银行在悉尼建立了 200 万澳币的非营利初创中心，以支持新金融科技公司。跨行业合作对于未来的价值创造至关重要。例如，mBank 在 2014 年与波兰的一家电信提供商 telco Orange Polska 合作建立面向电话和平板的银行服务，mBank 寻求通过在智能手机和 PIN（个人识别号）上使用全在线银行功能的 App，以提高移动金融服务。

BCG（波士顿咨询）指出银行为应对互联网金融应建立数字化洞察、渠道、营销、创新、风险管理、流程管理、技术平台、组织管理与文化建设八大能力（如图 6.7 所示），而在其中，又特别强调这一系列数字化战略都是以客户为中心展开的，这与以往的银行经营思维极为不同。

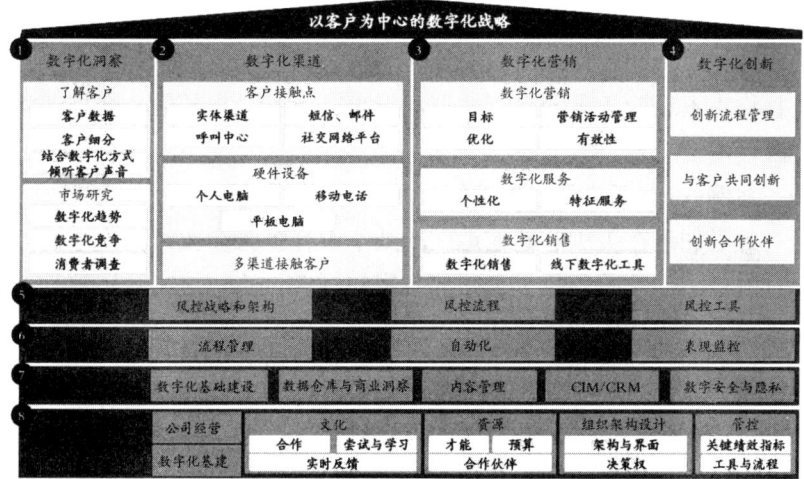

图 6.7　银行应对互联网金融需建立八大能力

资料来源：资料来源：波士顿咨询，互联网金融生态系统 2020[EB/OL]. （2014-12-12）[2014-12-12]. http://www.bcg.com.cn/export/sites/default/cn/ files/ publications/reports_pdf/BCG_The_Rise_of_Digital_Finance_in_China_Oct_2014 _CHN.pdf.

波士顿咨询（2016）指出金融机构在数字化转型过程中，还会经历以下三个阶段：

一是数字化机会主义。在这一阶段，企业应遵循"百花齐放"的原则。要想一次大变样和迅速制胜，企业应在亟须变革的重要环节内部署数字化专家，如规模较大、影响力较高的业务单元等。这些专家会在企业内部积极助推数字化技术的采纳与应用，为数字化转型的顺利实施打好基础。

二是数字化集中主义。当数字化举措在组织内部迅速普及升温时，应通过一个强大的数字化部门来对之加以掌控，对各项数字化举措进行集中管理，并通过规模化效应来提升数字化工具和流程的经济性。该部门应负责领导转型项目的进程，确保各方之间的高效合作，对项目执行进行管理，以及避免过度占用公司资源。

三是数字化行动主义。当数字化转型在各业务单元内生根发芽，成为一大核心战略后，公司架构也会随之呈现集中和分散的变化趋势。卓越中心将随之转向更加精益的行动主义模式，负责监管相关的政策、工具和流程，为数字化转型的执行提供支持。具体的项目执行将由本地业务单元自行协调和管理。此时，卓越中心会推动将资源返还给企业。

案例 6.1　西班牙对外银行（BBVA）的全面转型

为了加速在美国和其他地区的数字银行扩张步伐，西班牙对外银行收购了一家总部位于美国的数字银行 Simple；这家数字银行率先采用了突破性的业务模式，推出零透支费或月费、免费 ATM 网络，以及自动储蓄和预算工具等全新的特色服务。

尽管历史表现并不能决定未来的发展，而且西班牙对外银行目前所取得的成绩并不完全归功于数字化转型计划，但该行还是实现了令人瞩目的进展。西班牙对外银行的数字银行客户量在 2011 年至 2014 年期间增加了 68%，并于 2014 年中期达到 840 万，其中 360 万是移动设备的活跃用户。如今，该行的数字渠道使用率日益提升，同时还对其原有的分行网络进行了调整，设立了一系列规模不同的网点——规模较小的网点着眼于客户自助服务，而规模较大的网点则利用远程交叉销售支持系统为客户提供更高级的个性化咨询服务。2014 年，这些举措为该行西班牙地区的核心业务节约了 8%的成本，相当于 3.4 亿欧元。同期，该行的净利润增加了 26%，达到 26 亿欧元。[①]

[①] 全球金融机构数字化转型：组织和人才"瓶颈"待突破[EB/OL].(2016-01-07)[2016-03-22]. http://www.financialnews.com.cn/gj/hqcj/201601/t20160107_90382.html.

第七章 互联网金融对证券业的影响

7.1 证券行业互联网化

证券行业的传统业务包括了四大类：经纪业务、自营业务、投资银行业务（辅导企业上市和证券承销）以及资产管理业务（涵盖咨询服务等）。互联经济和共享经济的产生，改变了信息传播模式和速度。对于证券行业的影响主要体现在四个方面：

7.1.1 传统证券业转型财富管理平台

传统证券公司在互联网支持下，其发展表现出竞争升级、费率降低以及财富管理平台转型。首先，2012年3月，非现场开户限制放开。各大证券公司开启网上开户模式，同时还推出APP，接入移动互联端口。传统的证券公司由原来的线下网点逐步转型线上APP竞争，如网上开户、移动证券，有效降低运营成本、提高效率。突破地理范围限制，区域竞争升级为全国竞争，由此原先的行业竞争格局发生改变。其次，交易费率降低，以万二佣金为代表，经纪业务由传统渠道向信用中介和理财业务终端转型。再次，证券公司纷纷推出券商理财产品，例如券商理财提供了闭市后账户余额自动理财，次日开盘前资金自动回款，再例如券商对接基金管理公司，用户可直接购买基金产品，由此券商逐步转型财富管理平台，将货币型基金、国债逆回购、理财产品、指数型产品、基金投资、债券投资、股票投资等均囊括在内。

7.1.2 社交投资平台的出现

国内最主要的类型是以股吧和雪球为代表的股票社交平台。雪球最早是美股投资论坛，由于上线时间早，积累了大量专业投资者。

其用户数目前是 150 多万，日活跃量能达到 20 万人，用户量、用户之间的社交关系以及讨论产生的内容，具有明显的价值。目前的雪球功能涵盖了三个部分：一是个人投资组合管理工具；二是强调社交属性，晒实盘功能增加了用户的互动；三是推出了蛋卷基金，并开发各类国内、国外投资产品；四是推出了私募产品。但这类股票社交平台还未形成清晰的盈利模式。类似于此的社交投资平台还包括"她理财""随手记"等。

7.1.3 智能投顾

在财富管理行业，各大银行的门槛值均有设定，如美林集团为 100 万美元起，汇丰银行为 200 万美元起，花旗银行为 300 万美元起，如摩根大通、渣打银行、高盛集团均为 500 万美元起。而且财富管理行业是按照管理资产额度进行收费，因此越是资产额高，越为机构所青睐。但普通大众也有投资理财需求，因缺乏投资渠道且较高的资产管理费，无法获得这样的服务。Wealthfront 成立于 2011 年，没有最低投资门槛，其后迅速发展，截至 2014 年 6 月，25 人团队管理的资产规模超过 10 亿美元。再例如 Betterment，用户只需提交自己投资条件（风险、收益、金额等），系统则可以依靠专业分析师团队建立起来的投资算法自动给出投资组合。目前在国内也出现了面向普通投资者的"7 分钟理财"，以及智能投顾，如招商银行的"摩羯智投"、数字化资产配置解决方案提供商"璇玑智投"，推动金融服务的平等化。

7.1.4 去中介化

第一，众筹。美国的一批精英智囊认为：维持全球领导地位的核心是科技，科技必须依靠经济，经济的核心是金融。但是银行信贷资金总是选择风险最小的借款人，而并非是支持创新的。因此，美国在 30 年前已重点发展直接融资渠道，如当时美国电子证券交易机构 Nasdaq 的发展。而目前，P2P 和众筹的发展成为直接融资的新桥梁，尤其是那些初创企业、小微企业而言。众筹模式起到融通资金和资产配置的作用，借助于技术实现金融民主化。首先，众筹模式提高了企业或项目资本获得可能性。众筹模式将社交网站与企业融资融合在一起,是一国资本市场融资的替代,便利了信息从企业到潜在投资者的到达速率。对于初创企业和处于早期发展阶段的企业,其获取投资的方式在发达国家传统上包括天使融资和风险资本;在发展中国家则主要靠朋友或家族融资,但众筹融资为其提供了在社交网络发布融资需求从而吸引大量投资者的跨越优势。此外,众筹模式包括了多种子模式可以供企业选择,譬如,全球经济都在一个去杠杆的通道中,如果企业过分依赖债务筹资,容易导致过高的杠杆风险,影响实体经济稳健增长,股权众筹则能够较好地规避杠杆风险问题。其次,众筹模式丰富了个人和机构投资者的投资渠道。个人投资者和机构投资者通过众筹平台,可以发现大量潜在在线投资,并快速决定募资公司是否适合其资产组合战略、风险偏好或其它标准。与微型金融更具有"本地化"的特征相比较,众筹融资颠覆了传统渠道,网络并不受限于地理范围,它更是一种"边界减少方式"融资(boundary-less approach)。众筹模式还扩大了天使投资的地理范围,借助于天使投资和风险投资的进入,股权众筹原始投资者得以多渠道退出,提高了其投资流动性和灵活性。众筹模式还可进行产品市场前景测试。早期阶段的公司可以借助于众筹,以低成本低进入障碍的方式招募早期使用者来检验产品的市场活力。基于平台,对于商业概念、产品创新和目标市场的公开信息交流极大限度的提高了市场效率。消费者和投资者的大量反馈有助于修正计划商业模型,以适应市场需求。进一步的,众筹模式还可进行产品市场测试和需求度量。如果市场测试良好,公司可以通过众筹获得所需资本;从投资者视角看,市场需求的存在可以降低其投资风险。特别的,众筹的不同之处或者说是其对经济的意义在于,它并不是把融资企业的利润率作为项目的唯一指标,而是对更多基于慈善、基于创意的需求进行筹资,这从众筹项目分类和性质中即能发现。全球众筹企业分布中,社会公益占到19%,电影、音乐、表演、艺术等占到17%。

第二,区块链。2015年美国证券交易委员会(SEC)已经批准了在线零售巨头Overstock计划通过比特币区块链发行证券的计划。

这是首次来自权威监管部门的公开批准,也许这将会彻底改变今后证券发行和未来证券交易的方式。区块链技术可以帮助大幅度削减发行、追踪和交易加密证券的成本。它在金融市场中提供了一个完全透明、安全、可靠和快速的基础设施。这项比特币的底层技术也许还能够防止市场操纵行为,并且成为一种自动运行的系统从而完全取代传统交易所。

7.2 基金行业转型泛资产管理

网上基金即"理财+消费"模式,在我国以余额宝为重要开端。根据方正证券研究数据,2013 年,我国基金公司对机构直销规模达到 10908.9 亿元,其中对机构电子商务直销规模仅为 211.1 亿,电子商务水平为 1.9%;而对个人零售方面,直销规模达到 7305.5 亿元,电子商务直销规模为 5094 亿元,电子商务水平为 69.7%。剔除余额宝的因素后,基金对个人零售电子商务水平也高达 26.4%。 2013 年在所有购买基金的网民用户中,最常购买天弘基金的用户占全部用的 24.7%,华夏基金占比为 15.8%,广发基金占比为 8.7%,汇添富基金占比为 7%,其余基金均未超过 6%。基金资产净值已经不再是网民购买基金的主要因素,天弘、汇添富等在基金电子商务领域做得相对出色的公司,会得到更多网民的青睐,并对基金资产净值形成正向促进。[①]从中我们可以发现,由于互联网渠道的使用,天弘基金排名大幅度跃升,实际上反映出互联网渠道对于基金行业竞争结构的改变。

对一家金融机构而言,在金融投资者移动使用习惯下,如何建立特色化互联网综合金融产品平台,将是一个重要课题。我们认为其要点在于三个方面:获取客户、升级用户和对接用户。

获取客户必须首先要考虑如何为客户创造价值,突破的核心无非就是满足其"便利性"和"逐利性"要求。"便利性"要求操作界

---

① 艾瑞咨询. 2013年中国网民最常购买基金的基金公司Top10[EB/OL].(2014-05-18)
[2015-12-15].http://www.199it.com/archives/227245.html.

面简洁、流畅、安全。金融产品的专业化本身也是一种交易障碍,客户不得不搜集尽可能全面的相关信息,耗费大量的精力来分析和比较,除机构客户外,个人客户除专业人员外很难有效做到这一点,过于复杂的金融产品反而会造成一种"看不懂就不敢买"的交易困境。要解决这一问题,或通过将金融产品设计得易于理解,或提高客户认知水平和理性分析能力。"逐利性"要求能为客户带来价值增值。围绕金融产品推行"免费"模式并不可取,特别是考虑到如果金融机构上市后面临的利润提升压力和信息披露要求,很难接受长时间亏损的获客模式,也容易陷入与同业的价格竞争困境,从而招致监管部门的干预。这也意味着,金融机构要采取"免费"模式提升客户体验,必须从金融产品之外的领域发掘出客户的兴趣点。

升级用户的核心在于将具有服务价值或者营销潜力的客户留存,建立稳定的交易关系。升级用户可以采取三种方式:一种是对增值服务付费的客户,金融机构可以根据用户购买的增值服务分类,分类后由银行、证券、期货、基金等子公司或者其他合作机构介入服务,也可以直接由系统分类后对接可推介的产品体系;另一种是对系统模块抓取、筛选后的客户;第三种是合作选取客户。平台可以与已有的客户资源库、其他金融机构(如第三方支付、消费金融公司)展开合作,扩大客户相关信息的搜集范围,从而确立其资产规模及风险承受能力。

对接用户的环节是以用户为中心,根据客户的需求来打造综合化金融服务产品及组合,同时借助在获取客户、升级用户中获取的相关需求信息和产品反馈信息,整合和改造线下服务平台,最后将线上服务和线下研发、审批和管理结合起来。对接客户实质是需要将金融机构的客户管理、产品研发管理以及外部同业产品合作进行统一协调。

案例 7.1 Wealthfront[①]

Wealthfront 是如何运作的?

---

① 资料来源:http://zk.ono-bbb.com/cn/2015/3/4/6431.html。

（1）钱从哪来？

一般的理财平台只能用现金进行投资，Wealthfront 为客户提供了除了现金之外的另一种选择：股票。这就是单只股票分散投资服务（Single-Stock Diversification Service）。单只股票分散投资服务将单只股票逐步以无佣金、低税的方式卖出，并分散投资到多种类的 ETF 中。由于持有人的收益完全由这只股票的上升或下降决定，风险远远大于分散化投资，而且一次性卖出的税费更高，因此，Wealthfront 的单只股票分散投资服务能够降低风险、降低税费。目前 Wealthfront 只针对 Twitter 和 Facebook 股票开展这项业务，尚未拓展到其他股票。

（2）钱投到哪？

Wealthfront 选择 11 大类 ETF，分别为：美国股票、其他发达国家股票、新兴市场股票、分红股票、房地产、自然资源、美国政府债券、公司债券、新兴市场债券、市政债券、防通胀证券（Treasury Inflation-Protected Securities, TIPS）。（ETF，Exchange Traded Fund，称"交易型开放式指数证券投资基金"，简称"交易型开放式指数基金"，ETF 是一种跟踪"标的指数"变化、且在证券交易所上市交易的基金。）

（3）如何运营？

首先 Wealthfront 通过问卷评价出客户的风险承受能力和承受愿望，然后根据其风险承受能力，平台推荐给客户合适的投资组合。受到首席投资官 Burton 教授投资理念的影响，Wealthfront 采用被动型投资的投资策略。根据客户的不同风险承受能力，为其配置不同种类的 ETF。

例如，当客户的风险承受能力为 4 时，Wealthfront 的程序自动为客户配置出如下的投资组合：18%美国股票、12%其他发达国家股票、8%新兴市场股票、15%分红股票、6%房地产、31%公司债券、10%新兴市场债券。（被动投资策略是指以长期收益和有限管理为出发点来购买投资品种，一般选取特定的指数成分股作为投资的对象，不主动寻求超越市场的表现，而是试图复制指数的表现。与被动投资相对的主动投资策略是指投资者在一定的投资限制和范围内，通过积极的证券选择和时机选择努力寻求最大的投资收益率。）

在客户开户以后，顾客资金转入名为 Apex Clearing 的证券经纪公司进行第三方托管保证资金安全。托管期间，Wealthfront 代理客户购买投资组合，向 Apex Clearing 发出交易指令买卖 ETF。同时平台对于投资组合进行实时监测，定时调仓，收取管理费。

（4）升级服务

在原有理财计划的基础上，Wealthfront 进一步提升服务质量，推出合理避税的税收损失收割（Tax-loss Harvesting）、税收优化计划（Tax-Optimized US Index Portfolio）。投资的资产越多，享受的服务越高级。

Wealthfront 的投资智慧

（1）投资灵魂：被动投资

Wealthfront 的投资策略属于被动型投资，是因为 Wealthfront 首席投资官 Burton 教授的投资理念。作为著名经济学 Burton 教授是有效市场理论的推崇者，"有效市场理论告诫我们，无论投资者的策略有多么明智，从长期来看，也不可能获得超过一般水准的回报。"

（2）为什么选择 11 类资产？

一般情况下，金融机构会推荐 3 类投资产品（美国股票、其他发达国家股票和美国国债），而 Wealthfront 选择的投资种类高达 11 种。

首先，投资种类越多，投资组合的分散化越高，利于降低风险。其次，不同资产的作用不同。股票可以获得资本利得，债券则有定期利息收入。房地产、TIPS、自然资源可以抵御通货膨胀带来的贬值，市政债券、自然资源可以合理避税。债券的波动性较小，降低了风险。

（3）为什么选择 ETF？

Wealthfront 选择跟踪指数的被动型投资工具 ETF 作为投资对象。原因在于以各类资产指数为标的的 ETF 反映了此类资产的整体状况，获得与标的指数相近的收益，且费用低廉，有足够多的投资品种（1400多种）。这是被动投资的精髓所在：关注整体状况，而非个体表现。

案例 7.2　Motif——"Facebook+网络券商+个人金融平台"[①]

MotifInvesting是一个投资组合服务提供商，致力于投资组合和社交化选股投资，让用户不追随基金也能有主题投资组合，Motif就像Facebook+网络券商eTrade+个人金融平台的组合体。

MotifInvesting的投资组合被称为Motif。一个Motif包含一组具有相似主题或理念的多支证券（包括股票、证券等，最多达30只），例如云计算、移动互联网、3D打印。用户可以根据自己的投资理念，从平台上选择已有的Motif直接使用，也可修改（包括调整其中包含的股票/基金组成和比重）后使用，更可以创建自己的全新Motif。

该平台的新颖之处在于：第一，提供了强大的自助式投资组合设计工具，用户可非常方便、直观地修改、创建、评估Motif，只需要几分钟便可拥有个性化的投资组合；第二，引入社交机制，用户可以把自己的Motif分享给好友或者选定的圈子，大家共同对Motif进行讨论和优化。

Motif的特色在于它关注投资组合，而不是只注重个股讨论。投资者可以直接购买并持仓一整个已有的Motif，也可调整各只股票的投资比例，或是自建一个新的Motif。

MotifInvesting的实质是运用先进的技术手段和社交机制，帮助每个用户成为自己的基金经理。其收费策略也非常独特，无论用户在某个Motif上的总体投资额是多少（最低不能低于250美元），也无论该Motif由平台提供还是用户定制，用户每按照该Motif购买或出售一次股票/基金组合，平台都会收取9.95美元。如果只是交易其中的一支证券，则每次收取4.95美元。

Motif有趣的地方在于它的社交网络是类似Facebook式的双向网络，得发好友申请，才能看见朋友对不同股票或投资组合的讨论。投资者也可以分享自己创建的投资组合到特定的圈子。

[①] 资料来源：http://www.weiyangx.com/137901.html。

案例7.3 LearnVest——针对女性用户的在线个人理财平台[①]

在线理财市场不仅发展较快，且其市场细分逐渐开始，定位于不同人群的在线个人理财网站出现。如美国的LearnVest，其成立之初是为了帮助女性制订理财计划并为她们提供理财方面的知识，因为女性掌管了家庭中大部分财务大权，但缺乏专业的理财知识。目前平台开始接受男性用户，但网站设计依然保留当初为女性设计的独特感。LearnVest的盈利来自于提供服务收费和广告收费盈利。

平台不设立门槛，面向任何有理财需求的用户，没有物理网点，采用电脑技术追踪用户账户变动情况。面向用户的服务包括：免费财务管理软件、理财知识教育和收费的理财咨询三类。1.免费的财务管理软件（Money Center）用于记录用户的所有收支，前提是用户在平台链接自己所有的金融账户；用户的预算完成情况；未来目标的跟踪，例如存款目标、投资目标、信用卡还款目标、贷款还款目标等。2.在理财知识传授上，提供了理财训练、理财课程、理财攻略、理财知识中心和巡回演讲五种方式。最受欢迎的理财训练，可以供用户直接在网上参与，由浅入深，适合不同的用户群体。如"学会控制自己的支出""管理自己的养老金账户""成立一家自己的公司"等。3.理财咨询则提供三档不同收费的服务，用户可根据自己的需求进行选择。

[①] 资料来源：http://www.weiyangx.com/122662.html

第八章 互联网金融对保险业的影响

8.1 互联网保险及保险业的变化

保险业经营的流程包括产品开发、销售、承保、理赔、服务、后援、风控等。互联网金融对保险业的影响可以渗透在其中的各个环节。保险产品的互联网渠道开始实现传统业务操作电子化，目前主要有：查询、自动承保、自主保全、卡单激活、理赔报案等。

从国外研究来看，保险信息搜索成本的降低、竞争的加剧能够提高保险密度。Jeffrey Brown、Austan Goolsbee（2002）研究发现：互联网价格比较平台可以有效降低保险消费者的信息搜寻成本，进而降低保险价格，并提高保险市场竞争性。James Garven（2002）持有相同观点，并认为互联网通过让客户"买的起"而提高了客户的购买能力。Dumm、Hoyt（2003）发现客户使用网络渠道购买保险的主要考虑因素有渠道覆盖面、降低交易成本的能力和对渠道的信任程度。Yao（2004）针对新西兰保险业进行分析，发展互联网对保险业的影响主要在于提供充分保单信息。从国内研究来看，互联网保险拓宽居民投资渠道，是保障和改善民生的重要工具，促进了保险行业的改革。互联网保险提高了便捷性和满意度，大大降低了保险企业的人力成本和运营支出（李博、董亮，2013）。

目前国内保险公司的互联网销售渠道有三种不同建设方式：一是自建网络平台。目前国内的主要保险公司大都建立了自有网络销售平台，如中国平安万里通、一账通，中国人寿的国寿e家，新华保险，太平洋保险，太平人寿的网上商城，泰康保险的泰康在线。二是与专业第三方保险销售网站合作，由保险代理、经纪等提供保险服务，如中民保险、慧择网、优保网。三是与电商平台合作，使用淘宝、苏宁、京东、腾讯、网易的在线保险销售。互联网金融在保险业领域的发展主要体现为互联网保险行业保费规模、经营主体、保险产品、竞争格局等四个方面。

第一，互联网保费规模大幅提升。2014年互联网保险实现累积保费收入858.9亿元，同比增长195%，与同一时期全国电子商务交易21.3%的增速相比，明显胜出。而互联网保险规模在2011年仅17.7亿元，2012年39.6亿元，2013年291亿元，2011～2014年间保费增长4805%，年均增长265%，这一规模快速增长与互联网访问量激增相关。2014年保险公司官网访问量超过18亿人次，同比增长近40%。

第二，互联网保险经营主体趋向多元化。2014年经营互联网保险业务的保险公司有85家。冲击了传统的个人代理和经纪人代理模式，此外，电商平台加入到保险销售中，通过其客户交易、客户流量、大数据、用户体验等相对优势，促使更多的保险公司参与到互联网竞争中来。

第三，标准化、简单化保险产品多转移至网络渠道。根据2013年的数据，互联网保险产品中占比最高的是车险（52.4%），其次为理财险（27.9%）和意外险（14.8%）。线下产品转移到网上销售增加销售渠道，在初期互联网销售选择价格便宜、责任简单的保险。由于意外险价格便宜，无法实现渠道保费收入的规模要求，而理财险较强的投资理财特征更容易让用户理解和接受，理财险保障功能不强、核保要求不高，同时也带来了客户黏性和规模效应，成为互联网保险主力。而车险本身结构比较复杂，从投保性质分为车强险（国家规定强制购买）和商业险（车损险、第三者责任险、盗抢险等）。车强险的标准特性以及价格相对简单，更容易线上化。

2015年保监会规定万能险最低保障利率由保险公司自行决定，不再执行2.5%的标准；下调基本保险费初始费用和退保费用上限比例，实际上提高了万能险的收益率，从2015年的数据来看，互联网寿险金额明显超过了互联网财险，成为互联网保险主力（如表8.1所示）。

表 8.1 2013-2015 年我国互联网保险险种结构

年份	互联网财险（亿元）	互联网寿险（亿元）	互联网财险占互联网保险总额比例(%)	互联网寿险占互联网保险总额比例（%）
2013	238.7	64.2	79.57	20.43
2014	505.7	353.2	58.88	41.12
2015	619.0	1381.0	30.95	69.05

数据来源：胡亚兰．"互联网+"时代的保险金融发展研究[J]．银行家，2016（4）：84-87．

第四，保险公司市场格局发生变化。产险市场集中度明显，市场份额占前两名的公司市场总份额为79%，人身险保费收入前十名中有九名由中小寿险公司占据。

相应的，正是由于互联网保险的发展，对于原先的保险行业产生了方方面面的影响。

第一，嵌入情景的产品创新。基于互联网系统的嵌入消费场景的创新，通过供给创造需求，以此唤醒大众投保意识，从"知道要买"到"有的卖"，再到"买得起"，且购买之后的支付、理赔等环节衔接顺畅，体验优良。较有代表性的产品创新包括：退货险、微互助等，险种发展呈现出多样化趋势；较有代表性的服务创新如"车易赔"车险移动视频查勘系统。华泰财险的退货险在淘宝网上的嫁接应用，为其赢得了相当快速的保费规模增长，尤其是在每年的"双十一"期间。2013年"双十一"当天签到8亿多单，保费收入9 000万元，全年保费收入6.8亿元。2014年2月泰康人寿在微信上推出的社交型保险产品——微互助，是在测试阶段就迅速备受关注的短期防癌健康险，凭借1元"求关爱"互动方式，迅速走红。互联网同样可以应用于理赔服务流程，2014年，天安财险推出"车易赔"车险移动视频查勘系统，客户通过手机App即可对事故现场全程视频监控，同步完成查勘、定损、报价、核损、理算、核赔直至赔款支付的所有理赔环节，最短理赔时效为16分钟，有效提升了车险理赔便捷性。

第二，销售渠道结构改变。保险行业传统影响渠道包括直销、银保、电话等，在增长上面临空间的有限性、成本相对高企等问题。而互联网渠道拓宽了营销的宽度和困境，并有效降低了成本，进而由此带来规模持续增加的潜在客户群。

表 8.2　2006~2012 年我国寿险业代理人和银行、邮储渠道保费占比（%）

分渠道保费占比	2006	2007	2008	2009	2010	2011	2012
个人代理	54.8	52.6	42.0	43.8	41.1	44.6	48.6
银储代理	29.1	34.2	48.9	47.7	50.0	47.9	41.5
专业代理	0.7	0.7	0.6	0.7	0.6	0.6	0.7
保险经纪	0.2	0.3	0.2	0.2	0.3	0.2	0.4
其他兼业代理	0.4	0.3	0.4	0.9	1.0	1.0	1.5

资料来源：海通证券研究所、清华大学经济管理学院.2014年中国互联网保险投资报告[J].资本市场，2014（8）：48-59.

从表8.2中，我们可以发现，个人代理和银储代理的渠道增速乏力。一是代理人招募困难，缺少新增人员；二是脱退率上升，人员保有不足；三是社区门店渠道的开展与代理人定位重叠。Perry Luzwick（2001）指出：长远看，互联网营销方式下，保险代理人营销模式会逐步削弱。个人代理渠道增速乏力，其中一部分原因来自于社区门店渠道的开展，截止到2013年全国大约有156家社区门店，覆盖13个省、23个城市。社区门店投入成本高、盈利周期长，与代理人定位重叠，但发展前景目前并不明朗。而银保渠道的压缩是由于2010年银监会颁布的《关于进一步加强商业银行保险业务合规销售与风险管理的通知》、2014年保监会、银监会共同颁布的《关于进一步加强商业银行代理保险业务合规销售与风险管理的通知》，这两个通知进一步压缩了银保渠道。

与以上销售渠道形成鲜明对比的是，2011年到2015年，互联网渠道保费规模提高126倍，对全行业保费增长贡献率达到近34%。产险公司互联网保费收入505.7亿元，同比增长114%，寿险公司互联网保费收入353.2亿元，同比增长5.5倍。对于保险营销团队而言，互联网保险的出现将首先用于标准化、简单型的保险产品销售上，从而推动保险营销团队转向非标准化、更需要专业知识的产品的营销上去，保险经纪代理面临转型挑战。这将促使保险公司组织结构的创新。传统保险公司的组织结构通常为总分支结构，而互联网保险突破地域限制，无需设立分支机构，具有明显的成本优势。而且，组织结构更加扁平化，更利于互联网保险公司向"轻资产"模式转化。例如众安在线，作为首家专业互联网保险试点公司，2014年实现保费收入近8亿元，开业首年即实现盈利，而传统保险公司大致需要7~8年才能实现盈利。

第三，定价模式发生变化。车联网技术的应用，使得传统车险定价模式从按车型定价、按照使用行为（如行驶里程数）定价（pay as you drive）转向根据驾驶行为定价（pay how you drive）成为可能，并能协助投保人完善驾驶习惯（manage how you drive）（谢平、邹传伟、刘海二，2014）。以车联网为例，它是应用新技术改变传统定价模式的典型。通过GPS（Global Positioning System，全球定位系统）、RFID（Radio Frequency Identification，射频识别技术）、传感器、摄像头图像处理器等配置，车辆完成自身环境和状态信息采集，借由互联网，将信息传输汇集到中央处理器，再基于这些信息进行进一步的分析和处理，实现纳入驾驶员历史行为的（如驾驶时间、每日行驶里程、驾驶时速、刹车次数、有无安全驾驶等）、基于使用行为的定价模式（UBI，Uasge Based Insurance）。基于乐乘盒子（OBD）或智乘（TBOX），整合车主基本信息、车辆基础数据、车载硬件采集的车辆数据，建立驾驶员驾驶行为评估等数据模型，在为车主提供丰富车联网服务的同时，有效辅助保险公司依据多维度数据对每个车主进行独立界定（如图8.1所示）。

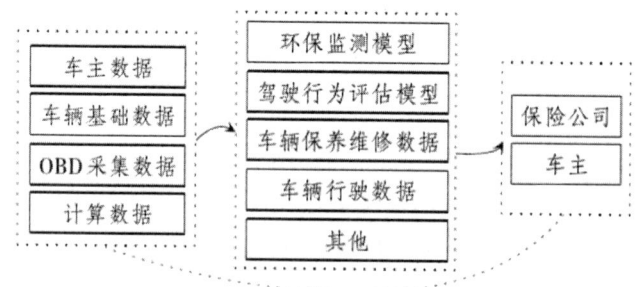

图8.1 车联网系统定价数据采集示意图

资料来源：安信证券研究

在健康险产品定价方面,将充分考虑个人基因、家族遗传、饮食运动习惯和职业等(王和,2014),智能可穿戴设备使得定价模式从静态定价转向动态定价。智能可穿戴设备实时监控佩戴者各项生理机能和运动状态,保险公司通过这些数据对不同生活习惯的客户进行差别定价。2015年8月,众安保险发布"步步保",其特色在于用户运动步数可以抵扣保费。督促客户健康生活,以减少疾病的发生和优化健康状况,降低客户可能发生的理赔事件。保险精算效率的提高,有助于接近自愿、自由、公平进行风险转移的完美模型(Arrow,1970)。此外,互联健康和P4医学(指预测性predictive、预防性preventive、个体化personalized、参与性participatory)已在现实中推进,它通过收集多个身体特性指标,构建个体模型,以形成识别和优化指标体系,用以量化健康和阐明疾病。健康数据、活动数据等新的数据来源可以帮助保险公司以更碎片化、具体的方式(granular way)评估风险、进行承保,而不一定要求投保人进行体检。

第四,理赔效率提高。华安保险在2014年开启"掌上理赔",改变传统理赔流程,从线下到线上,在节省客户时间同时,提升了客户的服务体验。

第五,保险公司组织结构创新。传统保险公司的组织结构通常为总分支结构,而互联网保险突破地域限制,无须设立分支机构,具有明显的成本优势。而且,组织结构更加扁平化,互联网保险公司向"轻资产"模式转化。

8.2 案例分析——平安集团的互联网金融战略[①]

中国平安是国内金融牌照最齐全、业务范围最广泛、控股关系最紧密的个人金融生活服务集团。中国平安致力于成为国际领先的个人金融生活服务提供商,坚持科技引领金融、金融服务生活的理

---

① 本案例根据平安集团2015年度第三季度财报整理。

念，推动核心金融业务和互联网金融业务共同发展，为客户创造"专业，让生活更简单"的品牌体验，获得持续的利润增长，向股东提供长期稳定的价值回报。核心金融业务方面，积极推进"一个客户、一个账户、多个产品、一站式服务"模式的不断深化；互联网金融业务方面，将金融服务融入客户"医、食、住、行、玩"各项生活场景，与核心金融业务的协同效应逐步显现。

平安集团旗下子公司包括平安寿险、平安产险、平安养老险、平安健康险、平安银行、平安证券、平安信托，平安大华基金等，涵盖金融业各个领域，已发展成为中国少数能为客户同时提供保险、银行及投资等全方位金融产品和服务的金融企业之一。

平安集团互联网金融业务保持高速增长，积极推动业务整合，协同效应逐步显现。在互联网金融业务方面，集团已布局了陆金所、万里通、车市、房市、支付、移动社交金融门户等业务，初步形成"一扇门、两个聚焦、三个平台、四个市场"的互联网金融战略体系，互联网金融业务高速增长。截至 2015 年 9 月 30 日，平安互联网用户规模近 1.97 亿，较年初增长 43.2%，前三季度月活跃用户量近 2700 万，同比增长 152.8%。互联网金融业务的用户总量达 1.45 亿，其中，持有传统金融产品用户数超过 4890 万，占比达 33.7%。同时，移动端用户增长迅猛，APP 总用户规模达 7257 万，较年初增长 268.2%。中国平安相信，互联网金融业务在取得良好发展的同时，也将为核心金融业务创造新的增长空间。

陆金所致力于用先进互联网技术和理念满足投融资需求，成为中国最佳的互联网金融平台。陆金所控股公司整合陆金所和平安普惠，截至 2015 年 9 月末，陆金所累计注册用户数 1429 万，较年初增长 179.2%；活跃投资人数达 204 万。陆金所 2015 年前三季度总交易量 9264 亿元，同比增长超过 9 倍，个人零售端交易量 3174 亿元，同比上涨逾 6 倍，其中 P2P 交易量 299 亿元，同比上涨逾 2 倍；机构端交易量 6090 亿元，同比增长近 11 倍，继续保持行业领先地位。另外零售端通过移动端进行的交易占比超过 60%，陆金所成为互联网用户线上便捷理财的利器。陆金所面向所有金融机构、企业及个人客户,通过整合线上和线下渠道,以互联网为媒介连接供需两端,致力于为大众的财富增值,提供更充分的资产流动性,通过金融资产交易平台满足各类客户的金融需求。陆金所正全面向开放的金融资产交易平台转型,致力于开拓跨群体、跨地域、跨行业、跨境的业务机会及包括保险在内的交易渠道。

2012年3月19日,平安集团下属上海陆家嘴国际金融资产交易市场股份有限公司(简称"陆金所")的首款网络借贷产品"稳盈-安e贷"上线,标志着平安集团正式推出人人贷业务。陆金所作为平安集团开办的网络借贷平台,相对于其他网络借贷平台,陆金所的放贷人群体已经接近银行理财产品、信托客户群体。陆金所的业务和拟开展的业务模式包括六种:个人直接融资、企业直接融资、小贷公司资产转让、应收账款转让、仓单抵押融资、创新股权产品融资;当前主要开展的是前两种。

平安付致力于提供以金融支付需求为主的支付清算服务,及以个人创新金融为核心的用户服务。"壹钱包"以个人创新金融为核心,聚焦于移动互联网和互联网金融,致力于为大众用户提供优质的互联网金融及消费支付服务,并相继推出了创新的生息电子账户、低门槛的互联网定期理财、以及社交化、可分享的健康保险等多个产品。未来"壹钱包"将进一步与创新互联网金融业务深度整合,通过理财、消费、信贷等功能形成资金闭环,为用户提供赚钱、借钱、省钱等一站式金融服务,给用户带来安全、便捷、有趣的互联网金融体验。万里通致力于成为中国最大的通用积分平台,基于移动互联网和大数据,为企业提供全新的忠诚度解决方案和精准营销服务,为消费者提供最佳的积分消费体验。2015年,平安付与万里通启动整合,壹钱包、插件、积分、彩票及游戏业务共同推动用户流量提升;同时,依托支付基础账户能力和集团综合金融,扩大金融客户及资产规模。2015 年前三季度,平安付与万里通整体交易规模达9,654 亿元;截至 2015 年 9 月底,壹钱包累计注册用户数为 3,242 万,万里通累计注册用户 8,775 万。万里通前三季度新增积分发放33 亿元,累计积分交易规模达到 113 亿元。

平安好车致力于成为中国最大的汽车电商交易平台，初步搭建起二手车信用保障、车辆数据档案、汽车金融超市三大服务体系。2015年上半年，平安好车将交易服务延展到B2C业务，平台竞价及成交金额超过60亿元，同比增长近200%；率先在全国范围内推出二手车保障计划，树立起二手车行业服务标准。

平安好房发起成立中国首个房地产众筹联盟，从用户居住需求切入，打通线上、线下资源，打造房地产行业"互联网+"模式，此举将促使平安好房未来成为国内房地产金融资产最重要的流通平台。同时，平安好房与平安大华基金合作，成立中国第一只地产众筹基金，为地产众筹创新提供资金支持。平安好房迅速抢占市场做大平台，并围绕新房、二手房业务开发了"好房宝""好房贷""e房钱""租房宝"等一系列产品，市场反应良好。2015年上半年通过平安好房平台的房产成交规模突破100亿元，并促成个人购房者获得贷款规模达6亿元。

平安健康互联网致力于搭建中国最大的健康管理服务平台，为客户提供连接线上、线下的健康医疗服务。2015年上半年，平安健康互联网加快医网、药网、信息网的布局，多层次医生网络初具规模；已搭建B2C和O2O供药平台。"平安好医生APP"自2014年10月上线公测以来，快速积累用户并实现高频互动。截至2015年6月末，"平安好医生APP"为超过750万用户提供健康管理服务，日咨询量峰值突破5万。

平安金融科技致力成为中国最大的开放式互联网金融服务平台，通过资产云和大数据分析，充分发挥互联网"透明、简单、快捷、平等"的特点，降低门槛，将奢侈的私人银行体验大众化。截至2015年9月30日，累计用户7100万，管理用户资产超过1.2万亿元。一账通为用户提供账户、财富、信用、生活管理四大类服务，整合116类金融和生活账户。同时，一账通平台上线多个账户整合和管理功能，包括房产估值、卡包托贵、财富扫描（资产负债）、智能提醒、一键挂失、信用卡快速还款等，强力提升账户管理功能，通过全品类的开放金融旗舰店为用户提供多种财富管理方式。

第九章 互联网金融风险

9.1 互联网金融的风险二重性

9.1.1 风险二重性

互联网金融的本质仍是金融交易（陈志武，2014），因此其风险具有二重性：一是与传统金融的共性风险，互联网金融同样面临信用、市场、流动性、操作性、声誉等一切常规金融风险问题（Yan G，2013；洪娟等，2014）。二是互联网金融的个性风险，如信息科技风险和长尾风险（谢平等，2014），用户敏感信息和个人财产安全存在隐患（黄海龙，2013），P2P的倒闭和资金链断裂给投资者带来最后贷款人风险，技术风险等（张明，2013），以及互联网金融法律法规滞后的法律风险（Yan G，2013；刘越等，2014）。进一步的，不同的互联网金融模式还具有其特定风险，如蒋先玲、徐晓兰（2014）对第三方支付发展及态势进行分析，认为第三方支付具有资金沉淀风险、信息安全风险、利用第三方支付开展金融犯罪的风险、单一故障风险、支付与投融资等金融业务交叉所产生的风险等。根据《2015上半年度金融行业互联网安全报告》，截至2014年11月，已有近165家互联网金融平台由于黑客攻击，造成系统瘫痪、数据被恶意篡改、用户信息大量泄漏、资金被洗劫一空等。

互联网金融除了具有上述的风险二重性之外，在风险程度和风险传染性上同样值得监管关注。一是由于互联网金融存在虚拟化、技术依赖、安全系统保障缺失等问题，其风险比传统金融更为复杂（洪娟等，2014），特别的，由于贷款人在互联网金融环境下对匿名网络环境下的贷款经验不足，其面临的资金交易风险比传统金融业更高（Klafft，2008）；二是互联网的远程及快速处理特点在提高金融效率的同时也加速了支付清算等风险的扩散（谢清河，2013）。此外，隐蔽的交易、虚拟账户的使用，都使得其引发的风险不易被观察，而风险外溢、交叉、传染将影响金融系统的安全性。

特别值得关注的是，过去的25年中，我国经济增长速度首次低于7%，增长速度由高速向中速转变，经济下行形势下，金融体系风险呈现内外风险共振、加速特征，2015年整体金融风险显著高于2014年（巴曙松等，2016）。在这一背景下，互联网金融风险尤其值得警惕。

9.1.2 互联网金融的具体风险

具体而言，互联网金融的主要风险包括：

（1）网络技术风险

互联网金融的发展离不开网络技术的创新发展，安全协议、数据处理、信息加密等网络技术为互联网金融的发展提供了有力的支持和保障。但是，由于网络技术也存在着漏洞，这就使得互联网金融面临着一定的技术风险，并主要来自各类黑客的侵犯和破坏。在全球经济竞争日益激烈和技术手段不断发展的条件下，金融网络逐渐成为各类黑客攻击的目标，他们能够利用系统漏洞和缺陷非法进入主机进行各种危害活动，包括窃取银行信息、恶意对计算机系统的功能进行修改破坏、诈骗和盗用资金等等。如 2000 年金融 CA 认证中心试发证书的消息公布不到 1 小时，认证中心就遭到黑客的攻击。

（2）信息安全问题

互联网金融依赖于信息技术、互联网和移动网络的基本架构，不可避免地存在着因网络的自由开放性而带来的信息安全隐患、个人信息的泄露。

（3）操作风险

由技术因素引发的操作风险，如信息系统设计、实施运行、后续维护。信息技术外包潜在问题是互联网金融公司需依赖于技术供应商，有可能不能有效控制、监督后者的行为，设备、软件、内外部系统之间的兼容性才能保障义务的连续进行和交易的不延迟，从而实现技术上的基本保障和效率。

具体而言，操作风险或由用户引发，或由内部人员引发。前者指由于用户在互联网端进行金融操作，不同于传统金融的现场操作，缺乏相应指导，一旦操作失误，就容易产生巨大的财产损失。例如在输入支付转账账号时操作有误或者输入错误的账号，就会使得客户白白蒙受损失。此外，在操作安全方面也存在着风险因素，由于客户并不熟悉网络技术，极易被不法商家引入骗局，泄露个人信息。同时也存在着账号被黑客盗取、电脑被病毒入侵等风险因素，一旦客户操作不慎，就会造成信息被盗，从而造成财产损失。后者指受网络平台内部人员水平高低不同、设备类型不同等因素影响，可能会导致网络平台人员操作失误，从而造成巨大损失。

（4）业务模式风险

对一些新开展的网络金融业务模式，由于其本身刚刚产生，对其相关风险点处理方式是否合理、能否经受经济长时间的检验，尚无深刻的认识。比如对于阿里小贷基于网络数据征信的方式，就有金融行业人士持保留态度。数据可以帮助金融机构了解客户，但任何数据都是历史数据，不能代替人的思维。尽管小微企业在阿里巴巴平台上留下交易数据，但互联网无法掌握贷款人的资金流向，只关注购销行为的风险较大。此外，一旦产生不良资产，对不良资产和纠纷的处理仍需要互联网之外人与人的沟通解决。

（5）网络经济犯罪

由于内部人员对系统熟悉，一些心有图谋的人员通过网络实施金融犯罪。资料显示，在破获的采用计算机技术手段进行金融犯罪的人员中，银行内部人员达到近80%。这需要互联网金融公司在系统建设、维护、管理、信息安全保障、应急事件发生时的预警机制、处理机制、技术团队培养的整体建设中都需要达到一定的要求才可以。

（6）长尾风险

从我国目前互联网金融发展的现状来看，其服务对象覆盖了大量未被传统金融覆盖的人群，具有长尾特征。当互联网金融出现风险问题时，其负外部性的影响人群较大，如"e租宝"事件，从而引致长尾风险。而目前我国立法和监管上，对于金融消费者权益保护不足，值得警惕。

除此之外，信用风险和支付结算风险也是互联网金融中的常见风险。

9.2 互联网金融各模式风险分析

互联网金融各个子模式具有不同的风险，其已经出现的风险及潜在问题如下分析所示：

9.2.1 网络银行

安全性、远程开户、客户信心和风险管理是网络银行目前面临的主要问题。我国网络银行（仅指完全没有营业网点和机构的纯网络银行）发展面临的第一个问题，即安全性问题。由于在网际网络上易暴露安全性问题，因此，银行必须具有合理的内部控制系统，以防止对任何形式电子存取的安全性的破坏，在网络银行系统中经常使用防火墙来保护系统。例如：不被信赖的行动装置、接入行内无线网络分行端无线上网服务区，成为网络攻击入口；员工行外远端连线至行内网络入口区，成为网络攻击入口；重要资料于网络传输时，被恶意窥探或篡改；客户所执行的 App，不是安全的原版本、应用系统安全相关设计不妥当，特别是委托外部开发或跨业合作连接的系统。2014 年上半年，日本的网络银行就曾出现 18.5 亿日元存款被非法取走的事件。

其面临的第二个问题，即远程开户问题，关键是如何进行客户身份识别，即认证。在网络环境中，如同在实体的世界一样，顾客、银行和商户需要确信他们将收到所预订的服务或所请求的商品，并且知道交易对方的身份。通常使用加密技术来保证资讯的安全。从审慎监管的角度而言，"面签"一直是开户底线。在央行 2015 年 1 月 7 日下发的《关于银行业金融机构远程开立人民币银行账户的指导意见》中，要求银行建立远程开立账户体系必须实施客户身份识别机制的自证。按照央行目前的要求，开户必须以实名制为基础，主要是防止金融诈骗、反洗钱等。虽然VTM设备（远程视频柜员机）和人脸识别技术已经可以实现远程开户的功能，但基于审慎原则，这一问题仍亟待推进解决。

其面临的第三个问题，即客户信心。风险与年龄是决定个人消费者是否习惯和接受网络银行的关键（Bauer & Hein，2006），便捷性与安全性是其权衡的焦点问题。此外，目前申设的两家纯网络银行，皆依赖民营资本，这是其与传统银行业金融机构不同的地方。在存款保险制度尚未建立的前提下，传统银行业的社会公信力更优、拥有大规模的存款和投入成本，同时达到较高监管标准，在极端事件发生时，可能得到政府支持，特别是那些"太大而不能倒"的系统重要金融机构。在交易中，客户还面临不可否认、隐私和可用性问题。不可否认性是指交易发送方和接收方参与了该笔交易的不可拒绝的证据，这是建立公钥加密体制的原因，也即用来鉴别电子的资讯，防止发送方或接收方对交易的拒绝或否认。隐私属于消费者问题，且其重要性正在不断地增加。随着电子商务和网际网络的不断发展，对个人资讯的收集和使用是否恰当这一问题将可能要给予更多的关注。在网络环境中，可用性是保持公众高度信任的另一要素，网络用户希望每天24小时、每周7天之中，随时都可以对系统进行存取，因此系统的高可用性是必需的。与传统银行相比之下，如何让客户对网络银行建立信任，如何在客户与网络银行之间建立信息对称的渠道，是需要重点解决的问题。

其面临的第四个问题，是风险管理问题。微众和网商银行皆定位于小存小贷，在贷款授信中，网络银行的优势在于信息收集与处理。但目前对于基于大数据的征信是否是准确征信尚有待验证，其信贷风控自然也成为被关注的焦点问题。

9.2.2 P2P

2015年国内P2P平台总数已经接近4000家，贷款规模超过了1万亿元，相当于当年商业银行新增贷款12万亿元的8%。从风险等级来看，P2P属于高风险类别，这从近年来P2P风险频发可窥一斑。其存在的风险主要包括平台和借款人信用风险、技术风险、操作风险、流动性风险、市场风险和法律风险，以及人数巨大的消费者利益侵犯与权益保护问题（商建刚等，2014）。从国内 P2P 目前发展看，平台问题是最大的风险隐患之处。

（1）信用风险

互联网金融的虚拟性使得身份确定、资金流向、信用评价等方面存在巨大的信息不对称性，甚至所谓的大数据分析可能导致严重的信息噪音（许荣等，2014），由此易引发信用风险。信用风险指由于借款人没有履行义务而导致潜在的财务损失，如放款人在 P2P 平台上购买的收益权凭证没有任何第三方的抵押、担保或者保险。如果对应的借款人贷款违约，由于追偿费用和其他成本，放款人很难拿回本金和得到预期利息，他们很可能无法收回最初的所有投资。如果放款人决定将其投资全部集中在单一收益权凭证上，整个回报就会完全依赖于单个贷款的表现。虽然 P2P 平台具有信用风险识别功能，但是，比较金融机构而言，其信用风险识别和管理能力要差。

（2）平台庞氏骗局

除了借款人信用风险之外，投资者还面临平台信用风险。新成立的 P2P 网贷平台会用秒标来募集投资，提高平台名声，其目的或在募资后弃平台跑路。自融现象属于虚构债权的一种方式，"网赢天下"通过负责人放贷融资，提供虚假的房产证明，吸引大量投资人，使得交易量占总数的 30%以上，这种行为了违反正常的交易活动。

2015 年 1 到 9 月，国内已有 677 家 P2P 平台"跑路"或提现困难，其中多数问题平台成立时间较短，注册资本金多在 1000 万元左右。2015 年是 P2P 平台爆发大量违约的一年。黄益平（2016）从公开信息渠道搜集到 3439 家平台信息，其中 1073 家已成问题平台，即出现过终止运营、提现困难、平台诈骗、平台失联、跑路、警方介入等六类问题中的任意一种或者多种问题。即在每三家平台中，就有一家是问题平台。通过对 3000 多家平台横截面数据分析发现，凡是平台上各种信息缺失严重、建立日期越往后、利率和产品种类比较单一、利率出现极端水平（低于 8%或者高于 20%）、主动提供 VIP 保本保息服务以及注册资本尤其是实缴资本比较少的平台，发生风险的概率就越大、预期寿命也越短。尤其值得关注的是,80%的问题平台生存期不超过一年,18%的平台只存活不到三个月,最严重甚至出现上午上线、下午跑路的现象,这说明相当一批平台从一开始就有明显的诈骗嫌疑。

(3) 技术风险

潜在的重大技术系统失败可能引发金融基础设施风险。技术风险,通常指黑客攻击,2015年10月13日,深圳两家P2P平台天天财富和达人贷遭同一黑客组织"黑鹰"的DDOS攻击,并被勒索。

郑联盛(2016)根据GAO(2011)和陈敏轩等(2013)的研究,将美国主要营利性P2P的风险状况进行了梳理,如表9.1所示。

表9.1 美国主要营利性P2P风险状况

风险	特征	表现
信用风险	由于借款人违约而导致的潜在财务损失	放款人在P2P平台上购买的收益权凭证没有第三方抵押、担保或保险
		如果对应的借款人贷款违约,由于追偿费用及其他交易成本,放款人很难足额索回本金和预期利息,很可能无法收回期初的所有投资
		如果放款人决定将其投资全部集中在单一收益权凭证上,其投资回报将完全依赖于单个贷款的信用表现
操作风险	由于平台内部程序、人员、系统等的不完善、失灵或外部事件冲击导致的潜在财务损失	P2P贷款平台一般难以核实借款人提供的全部信息,而信息不准确或没有正确反映借款人的信用水平
		P2P贷款平台运作时间短,掌握的贷款历史数据极为有限,平台的信用评级系统可能无法全面准确地预测贷款的真实信用水平,实际贷款违约情况和违约率可能与预期水平不相符合
		一旦借款人违约,放款人职能依靠P2P平台或其委托的第三方收款机构来索取款项,自身难以亲自追索权益
		借款人持有的收益权凭证一定意义上不是对应贷款的债权证明和利息收入票据,贷款人拥有的权利存在重大不确定性。如果P2P平台违约破产,收益权凭证的兑付可能受到限制、暂停甚至终止

续表

风险	特征	表现
流动性风险	由于无法及时变现资产而导致的潜在财务损失	收益权凭证对应于每个P2P平台，不同平台之间的收益权凭证无法流通，同一个平台亦限于放款人之间流通
市场风险	金融市场相关价格大规模变动造成的资产或负债的价值变化，从而导致的损失	金融市场的利息变动会导致借款人行为变化，比如利息降低，借款人将可能提现还贷，贷款人收益降低；利率大幅提高会导致贷款人所持有的收益权凭证的价值受损
法律风险	由于对相对法律的理解或遵守存在偏差而导致的风险	P2P贷款是一种新兴的贷款和投资模式，如果监管机构或者法院对收益权凭证及其税收政策存在不同的解释，贷款人可能会面临不同的税负以及其他的相关法律风险

9.2.3 第三方支付

第三方支付从风险等级来看，属于高风险类别。

（1）流动性风险。挪用客户备付金、赔付金准备不足、客户大量提现、进出资金在多个银行到账时间不一致可能导致资金流出快过流入。

（2）网络安全风险。移动终端设备对安全性应有更高要求。对个人来说，移动设备上可能储存了大量个人隐私信息；对企业来说，移动设备更涉及企业的核心资料及客户隐私。移动设备无时无刻不面临着安全风险，如设备丢失、作业系统漏洞（Android、IOS 操作系统皆有漏洞）、应用程式漏洞、恶意软件、网络攻击等等。

（3）移动支付的风险。移动支付的风险主要在于接入的多终端，移动设备的易借用、易丢失，以及便捷性与安全性的矛盾。接入的多终端，即一个账号的用户可以从多个 PC（个人计算机）、多个 Pad（平板电脑）、多个手机接入，密码信息在一个终端泄漏，可能导致对这个用户账号保护的失效，风险被放大。移动设备的易借用，指相对于 PC，移动设备更容易被他人包括家人借用或使用，有意无意之间密码被泄露或不当支付。移动设备的易丢失，指相对于 PC，移动设备更容易丢失，一个设备丢失导致密码泄露，有可能导致多终端全线崩溃。便捷性与安全性的矛盾，即在支付体验流程设计上，会更明显突出便捷性与安全性的矛盾，难以兼顾。

（4）欺诈，特别是与传统线下欺诈的结合。移动支付的普及和传统线下欺诈（电话欺诈、线下交易但网上支付），给移动支付的监控带来挑战。移动支付欺诈的类型和特征主要包括如下六种：第一，身份盗窃。通过黑客攻击、木马程式或钓鱼网站，窃取身份和账户信息，销售所窃取的信息或冒充合法持有人购买实物或服务、转账或提现；第二，社会工程学①。通过电话或社交沟通工具，试探性问题，获取信息；第三，利用便利性。将购买或盗取的卡或卡信息，在校验相对弱的地方，如加油站、下载网站或收费点去试小额支付，以判定卡的有效性；第四，友好连接欺诈。生成或帮助不当交易以骗取佣金；第五，友好欺诈。用户谎称是不正常交易，但其实交易的用户是账户的合法持有人；第六，内鬼。公司内一人或多人有组织的欺诈活动，互通信息图谋行窃。

（5）沉淀资金业务引发非银行机构认定问题。以 Paypal 为例，美国一些州政府监管机构认为资金沉淀代表——PayPal——开展了银行业务，因此不愿发放支付牌照。而对于 PayPal 来说，一旦被认定为从事银行业务，就需要缴纳准备金，并将面临更加严苛的监管条例。

（6）法律风险。支付机构的行为，实质上形成"自我清算"，绕开了央行制定的清算体系；第三方支付平台法律定位的不明晰也引起法律风险。

（7）信用风险。交易的顺利完成基于参与者良好的信用基础之上，参与者之间都会互相签订一系列的合约条款来约束各自在交易过程中的行为，而信用风险就是指参与者违背了其所签订过的协议，不按照约定来履行其相关义务，从而导致其他参与者遭受了经济损

---

① 一种通过对受害者心理弱点、本能反应、好奇心、信任、贪婪等心理陷阱进行诸如欺骗、伤害等危害手段取得自身利益的手法。

失。根据参与者的不同可以将信用风险划分为第三方支付机构信用风险、买家信用风险和卖家信用风险。第三方支付机构的数据库中包含了庞大的买卖双方的基本信息和交易信息,按照协议规定,第三方支付机构应将其妥善保管并严格保密,并为交易双方做担保。同时第三方支付平台中存放了大量的沉淀资金,若是内部擅自挪用资金给用户带来了经济损失,或者由于机构管理不善、违规操作等而导致了用户信息和交易数据的泄露,都将会影响其自身信用,进而影响其经营甚至导致破产等更严重的结果。买方的信用风险主要是其不按照约定支付款项或随意退换商品,虽然这未必使卖家遭受经济上的损失,但是会使卖家的名誉和运营受到影响,还会导致不良用户比率提高。同时买方的信用风险还涉及其身份是否真实、资金是否合法、交易是否为本人操作、信用卡套现等。卖方信用风险主要体现在卖方未能在买方支付款项以后按照协议准时将交易货物发送出去,或是卖方不承认货物存在质量问题。第一种情况虽未导致买家经济受到损害,但增加了买家对这笔交易所付出的时间和精力,第三方的运营成本也被迫提高;第二种情况则是导致买家遭受经济损失和第三方支付担保声誉降低的直接原因。卖方信用风险同样也涉及其身份是否真实、资金是否合法、交易是否为本人操作、信用卡套现等。

9.2.4 众筹

对于众筹模式而言,其面临的风险集中于商业失败引致的投资风险、欺诈和洗钱问题。

(1) 众筹各子模式风险存在差异

前文中我们提到众筹融资模式分为捐赠型和投资型两大类,具体又可分为五种模式。各子模式由于其运作机制、运作基础的不同,从而在风险上存在差异。

基于捐赠的众筹,捐赠人未获得担保权益,企业家难以筹集大量实质资本。捐赠人无风险。

基于回报的众筹,低风险,主要是履约和欺诈风险。没有真正的财务回报潜力。投资者潜在回报率很小,其没有获得证券,没有问责制。

基于股权投资的众筹，投资可能发生损失。破产情况下股权持有者求偿权居于贷款人之后。涉及众筹投资的证券法可能比较复杂。

基于债权投资的众筹，初创企业的高失败率使得其风险类似于股权投资，但潜在回报可能会非常高。现有现金流为正的企业可能考虑这一方式，因为较之与股票发行，他们可以提供一个更优结构化的退出机会。

基于特许权的众筹，投资可能失败。损失风险与股权投资大致相当，但是收益比股权投资要低。如果企业决定不再继续经营有问题的知识产权，那么它会停止支付特许权收益。这种模式较之于众筹投资的其他模式，对于投资者的吸引力不大，所以企业难以通过这种模式获得资金。

（2）商业失败、欺诈和洗钱风险成为众筹投资最大隐忧

众筹发展中面临的最大问题是募资企业由于较差的管理决策、资金缺乏或市场需求错误估计导致的商业失败，以及欺诈风险和洗钱隐患，如何防范与化解这些问题是促进众筹发挥支持实体经济作用的重要保障。

风险1：商业失败。对于商业失败风险，首先应创建针对企业起步、经营的教育培训计划和辅导机制，借此提高募资企业商业成功率；向初创企业提供众筹融资教育计划，使其了解该种融资方式的运作机制以拓宽其融资渠道，在此过程中，要引入证券交易商、经纪商、律师、会计师参加，将专业服务嵌入到其中，建立完整的服务体系。其次，考虑到众筹融资不对收益率进行保证，并且流动性相对缺乏，应建立投资者评估、投资条件、投资限制，同时加强投资者教育，如建议其分散化投资，防止过度集中投资带来的全部损失；允许公众对募资企业的调查以讨论公开募资的优势与风险；促进众筹二级市场的建立，以便于12个月持有期之后股权交易的供求满足。

风险2：欺诈。对于欺诈风险，应从源头进行防范，即对募资企业进行背景调查、强制审计和财务报表的披露、限制或监督社交

媒介融资信息的发布、要求所有的众筹融资在证监会注册的门户平台上进行；在融资方式上，则要求 All-or-nothing 融资方式（该方式要求在确定时间内筹集到 100%的资金，如若不然，就将资金都返回给资金提供者），而不是 Keep-what-you-raise financing 融资方式（该方式允许到募资活动结束时，筹集到的资金即募资公司实际可用资金），以防止募资企业通过欺诈融资后消失。同时，对投资者要进行欺诈发生的相关教育。

风险 3：洗钱，使用企业作为非法资金转移的掩护。可以设定特定期间内融资金额上限；在资金募集目标实现和资金转移之间设立一个"冷却期"（cooling off period），以便于投资者和监管者进行深入尽职调查。

互联网基金，例如余额宝，其风险程度居中，主要是面临流动性风险与"挤兑"问题。大数据金融风险程度较低，原因在于电商和供应链内部封闭运行，目前较为稳健，风险较低。在此不再展开分析。

9.2.5 互联网保险

（1）技术与安全问题成为最大隐患

就互联网保险而言，其主要潜在风险包括网络技术风险和信息安全风险。

第一，网络技术风险。互联网保险的发展离不开网络技术的创新发展，安全协议、数据处理、信息加密等网络技术为互联网保险的发展提供了有力的支持和保障。但是，由于网络技术也存在着漏洞，这就使得互联网保险面临着一定的技术风险，并主要来自各类黑客的侵犯和破坏。全球经济竞争日益激烈和技术手段不断发展背景下，金融网络逐渐成为各类黑客攻击的目标，他们利用系统漏洞和缺陷非法进入主机进行各种危害活动，如恶意破坏计算机系统的功能从而窃取信息、诈骗和盗用资金等。此外，计算机病毒通过网络传播，导致操作系统瘫痪，形成病毒威胁。

第二，信息安全问题。互联网保险依赖于信息技术、互联网和移动网络的基本架构，设备、软件、内外部系统之间的兼容性才能保障义务的连续进行和交易的不延迟,从而实现技术上的基本保障和效率。个人信息由于网络的自由开放性,存在泄露隐患。2015年,超过20家保险机构的互联网平台检测出信息漏洞,导致客户私人信息被泄露,造成安全隐患。

(2)产品同质化现象突出,亟待突破创新瓶颈

目前国内的互联网保险产品创新更多的表征为"新奇"产品,成为某一时间的大众讨论热点,更类似于一种公司营销手段,而非是互联网技术驱动的产品创新。而这正是目前部分国外保险公司通过互联网不断构筑自身竞争力的切入点。以美国的保险公司 Geico 为例,其基于数据信息,根据客户的背景、忠诚度等信息对其进行差别定价,从而实现利润提升。对于车险在线报案和理赔,通过对案件进行分类,允许其就近选择汽车修理地点、索赔记录等;手机应用方便客户查询最近的拖车、续期缴纳时间、金额的提醒等,提升了客户体验。再例如移动保险的使用,通过远程信息处理技术进行创新。以 Progressive Insurance Company 的 UBI 保险为例,其根据汽车里程确定保费;针对多次缴费但单次保费低的产品,借由手机或网络或短信确认方式进行承保,降低了成本。

我们在前文提到,互联网渠道的应用能够降低成本,但对于保险公司来讲,这并不能保证它们获得竞争优势,因为这会引起快速跟进者(fast-followers),它们会迅速复制,从而使得被复制者的竞争优势并不能得以长久建立。因此,我们建议从两个方面入手,来解决以上问题。

一是重视产品和服务创新,实现精准营销、差别定价。互联网生态下,保险业创新驱动主要来自于两个方面:一是新的客户需求;二是深层次风险的洞察,而这些应借助于创新技术应用来实现。今时今日,金融消费者对于需求快速响应有更高要求,保险公司通过与金融科技初创公司合作,发现投保需求趋势与风险,从而可以尽早建立优势。同时,金融消费者还期望提高客户互动效果,如机器人投资顾问的使用,以及智慧解决方案,更佳的客户体验将通过互联网络随时且实时分享。这一方面对于保险公司品牌建设具有重要

意义，另一方面还开拓了新的保险产品开发，如 P2P 风险计划。通过社交媒体创建团体，金融消费者可以通过这些团体彼此承保风险或与保险公司协商更好保险条款，即 P2P 风险计划。典型例子如德国的"朋友保险"、英国 jFloat 计划、美国 Peercover 计划等。因此，产品和服务的创新将更好的获取和维系客户，即实现精准营销。

二是以技术和数据支撑未来竞争优势的建立。金融科技技术和大数据驱动发展已成为金融行业的共识，保险业也不例外。人工智能（AI）、物联网、互联健康和区块链（block chain），或成为影响保险行业未来发展及竞争优势建立的重要技术应用。

就人工智能而言，一些保险公司已经使用其以提高内部运作，如在销售、客户识别、客户服务等方面，从而提高客户需求响应效率及自动处理程序。例如早期的智能投顾（robo-adviser）通过金融消费者的年龄、工资、投资目标和风险偏好等一系列参数，自动设计投资组合，较之于传统的面对面交流更为快捷和成本更低；而下一阶段的智能投顾将为客户需求提供更优智慧、基于全球的保护和金融产品设计。总体而言，人工智能对于保险业的影响最初仅仅是在提高客户互动效率、承保和理赔环节，但随着时间推移，人工智能将应用于识别、评估、承保、确认收益来源等，并弥补新生代工作人员在经验上的不足，从而给保险业带来深远影响。

物联网和互联健康对于保险业的最主要应用集中于风险分析和以此为基础的差别定价（即传感器驱动方法 sensor-driven approach），引入车联网、驾驶员协助系统（ADAS）根据驾驶行为定价（pay how you drive）以及通过互联健康（connected health）对健康险实现动态定价，引入无人机进行现场勘查和损失评估，都更有助于互联网保险公司在降低成本的基础上，提高收益，以及更为主动的管理风险，从基于保护的模式（protection-based model）转向主动预防模式（pro-active prevention model）。此外，基于行为的分析还有助于保险公司更深的理解投保人的行为趋势。根据英国保险业协会的数据，车载智能通信的订单预计每年增长 80%左右，到 2018 年全球订单数将超过一亿。

区块链技术本质是去中心化且寓于分布式结构的数据存储、传输和证明的方法，用数据区块（block）取代目前互联网对中心服务器的依赖，使得所有的数据变更或者交易项目都记录在一个云系统之上，理论上实现了数据传输中对数据的自我证明，长远来说，这超越了传统和常规意义上需要依赖中心的信息验证范式，降低了全球"信用"的建立成本，这种点对点验证将会产生一种"基础协议"，是分布式人工智能的一种新形式，将建立人脑智能和机器智能的全新接口和共享界面。区块链的应用及其广泛，如支持智能合同的实现、反欺诈、反洗钱、非公开信息的安全性保护等。

第十章 互联网金融监管

　　我国的互联网金融发展引发了金融监管改革以及金融消费者保护的讨论。2014年中央政府工作报告指出"促进互联网金融健康发展，完善互联网监管协调机制，密切监测跨境资本流动，守住不发生系统性和区域性金融风险的底线"。2015年11月3日，《中共中央关于制定国民经济和社会发展第十三个五年规划建议》发布，其中互联网金融首次被纳入国家五年规划，"规范发展互联网金融"的建议反映出政府对互联网金融创新与发展的鼓励，"规范发展"实际上指明既要发挥其积极作用，又要防范金融风险的发生。金融创新的动因，或由于信息技术在金融领域的应用（Hannon and McDowell，1984），从全球金融深化的历史角度来看，金融和技术从来都是牵手而行、如影随形（廖理，2015）；或由于各种监管因素引起，形成监管与创新在再监管、再创新的动态博弈过程（Finnerty，1992）。我国互联网金融的快速发展既有由于直接采用最新技术而带来的跨越优势（Leapfrogging Advantages），又有金融资源配置不合理、投融资渠道不畅引发的金融抑制脱离动机激发的金融创新。金融的创新并非一种无拘无束的创新观，而必须是法律自由下的一种创新观，且只有搁置于法律自由框架下，此种金融创新才具有法律与社会的意义（何剑锋，2016）。正是由于技术引入以及金融创新，在对金融监管提出更高要求的同时也是金融监管水平提高的主要推动力量。对于互联网金融的监管需要明确"为何监管""监管什么"及"如何监管"三个问题。

10.1 金融监管理论基础

10.1.1 为何监管

(1) 全球监管哲学的转变

在危机前,监管上奉行"轻触式监管",监管放松、监管空白和监管套利愈演愈烈,甚至出现"监管竞次"(race to the bottom),即各国监管机构竞相降低监管要求以追求本国金融机构的相对竞争优势。2008年全球金融危机导致全球监管哲学从"最少的监管就是最好的监管"转向"有效监管是金融体系有序稳健运行的必要条件"(钟震,2014)。监管理念代表着监管者的目的、要求和行动方向,体现了监管者对监管活动全面、深刻的认识和对监管活动中其他要素的系统构想和整体安排。而金融发展和监管似乎总是沿着"危机——监管——金融抑制——放松管制——过度创新——新危机"的路径,当然,无否否认的是,金融在这一过程中不断提高、不断创新,金融监管相应他提升监管水平。

根据泰勒的双峰理论(Twin Peaks),金融监管应着眼于审慎监管和行为监管。前者防范系统性风险,维护金融体系的安全稳健;后者纠正投机、欺诈和不公平交易行为,保护金融消费者利益(Michael Taylor,1995)。由此,"双峰模式"下的监管内涵可具体化为两类机构、两个目标。两类机构即负责以审慎监管维护整个金融稳定的机构和以行为监管保护消费者权益的机构;两个目标即金融稳定和消费者保护。Carmichal(2003)进一步指出,金融监管目标在于提升金融效率、保护金融消费者、维护金融稳定。危机之后,各国修改金融法规、出台新规章,加强行为监管和金融消费者权益保护,逐渐形成金融稳定的三支柱理论,即宏观审慎监管、微观审慎监管和金融消费者权益保护。

次贷危机后,针对危机暴露出来的金融监管问题,从监管体制上来看,各国为了防范系统性金融风险,在监管体制上进行重构,如英国制定并颁布了《2012年金融服务法》(Financial Services Act 2012),

废除了金融服务局（FSA）统领下的单一监管体制，从"三方监管"转变为"准双峰"模式。美国在多头监管框架中纳入"双峰模式"，在2010年出台了《多德——弗兰克法案》，成立消费者金融保护局。对原有的"伞"式的金融监管模式进行了改革，由市场稳定监管者（美联储）充当"伞+双峰"的"伞骨"，审慎金融监管局和商业行为监管局这两个机构充当"双峰"来执行目标监管职能，同时还保留其自身特点的监管机构（何剑锋，2016）。英美监管体制变革的共同点在于都成立了各自的宏观审慎监管机制。从金融消费者保护加强来看，国际消费者联盟、G20、金融稳定理事会、世界银行、国际货币基金组织等国际组织，相继发布了加强金融消费者保护的指引，如二十国集团的《金融消费者保护高级原则》、世界银行的《金融消费者保护的良好经验》等。此外，以美、英为代表的西方发达国家也出台了一系列的金融监管改革法案，对金融监管体系进行改革，其中重点之一就是加强金融消费者保护。

互联网金融在效率改进同时，对金融系统和货币体系稳定性带来挑战，应将金融体系现在和未来的可能变化纳入监管考量（Basel，2000；Allen、Hawkins，2001；BIS，2002），自由放任（Laissez-faire）的监管理念只适用于金融市场有效的理想情形（UK FSA，2009）。需要指出的是，互联网金融发展的新趋势，使得监管当局必须考虑，在原有的监管框架下，是否已经充分考虑了互联网金融风险。如果没有，那么是否存在监管空白？监管重叠？对于互联网金融的跨界、混业的特征，如何实现协同监管？

目前现代金融发展的趋势呈现出三大趋势：一是跨界、跨市场、混业的业务、机构、市场的形成；二是金融市场化程度提高伴生的风险；三是金融与经济的关系越来越密切，经济金融化程度越来越高，金融风险易引发经济危机。需要指出的是，互联网与金融的结合扩大了金融风险的复杂性、隐蔽性、传染性，加之现代金融"机构种类多、综合经营规模大、产品结构复杂、交易频率高、跨境流动快、风险传递快、影响范围广"，因此，我们需要反观我国目前的金融监管体系，重新审视其合理性。这不仅仅是学界、业界所关心的问题,同样也是中央所关注的焦点问题。《中共中央关于制定国民经济和社会发展第十三个五年规划的建议》提出,十三五期间要加强金融宏观审慎管理制度建设,改革并完善适应现代金融市场发展的金融监管框架,实现金融风险监管全覆盖。

(2) 国内学者对于互联网金融监管态度

国内学者普遍认为应对互联网金融进行监管。中国当前分业监管模式产生的九龙治水和监管真空现象,难以应对互联网金融混业状态下加速聚集的交叉性风险(张晓朴,2014)。中国现阶段互联网金融的监管体系由传统金融的分业归口监管、社会和媒体潜监管以及行业自律组织的监管构成,属于弱监管,监管主体和规则的缺位极易造成市场无序(符瑞武等,2013;姚文平,2014)。中国目前征信系统建设不足,难以对接互联网金融行业,信息不透明和信用信息缺乏导致信任危机和风险聚集(杨佼,2014)。

但对于互联网金融的监管的方式上,学术界形成了三种意见。第一种意见认为应从严、从紧监管(陈志武,2014)。第二种意见认为应宽松监管(詹真荣等,2011;罗静,2008),适度从松推动金融改革。第三种意见认为应适度监管。在金融自由化与金融监管之间找到均衡(乔海曙等,2014;冯娟娟,2013;张庆昉,2010);对消费者、投资者的保护持续化和监管过程技术化(刘红波等,2014);制定分类监管标准和规范市场主体交易(张晓朴,2014;詹真荣等,2011;罗友山,2002)。

10.1.2 目前我国金融监管框架

现阶段,我国对于金融体系的监管实行的是机构监管。2015年10月"一行三会"一局联合发布《金融业企业划型标准规定》,采用复合分类方法对金融业企业进行分类。首先,按《国民经济行业分类》将金融业企业分为货币金融服务、资本市场服务、保险业、其他金融业四大类。其次,将货币金融服务分为货币银行服务和非货币银行服务两类,将其他金融业分为金融信托与管理服务、控股公司服务和其他未包括的金融业三类。最后,按经济性质将货币银行服务类金融企业划为银行业存款类金融机构;将非货币银行服务类金融业企业分为银行业非存款类金融机构、贷款公司、小额贷款公司及典当行；将资本市场服务类金融业企业划为证券业金融机构；将保险业金融企业划为保险业金融机构；将其他金融业企业分为信托公司、金融控股公司和除贷款公司、小额贷款公司、典当行以外的其他金融机构。需要注意的是，上述金融机构分类只是统计需要做的分类，实际上上述列举的类型到底是否金融机构，在部分应用层面仍然需要从是否获得金融牌照上加以区分。

鉴于中国目前机构监管的特征，各金融机构的准入、业务审批等均受限于其监管上级，由具体的司、局、部（委下面的部）进行管理。目前中国的金融机构管理主要体现在以下三个方面：

第一，机构管理：包括市场准入、分支机构设立、人事任命核准与终止等。第二，业务监管：金融产品的各个方面（价格、面向对象、治理机制等）。业务监管核心就是以市场准入、业务审批为主的管理，近年来经营监测越来越成为央行、银监会的主要工作重心。第三，经营监测：以合规和风险防范为基础的各类基于指标的非现场监管与现场监管。

现阶段，中国互联网金融监管体系由与传统金融分业监管相似的归口监管、行业自律监管、社会和媒体潜监管构成，属于弱监管。

首先，经济结构的变化带来金融模式的变化，相应的，金融监管模式必然需要调整。金融生态系统的演变推动了混合金融中介（hybrid intermediaries）的出现与发展。银行未必是完成金融中介业务的唯一途径，至少它已不再是传统所定义的专注于吸收存款和发放贷款的银行。由于资产证券化、众筹、P2P 的发展，现时的金融中介业务经由多种不同类型企业的资源组合而实现，这些企业各自沿着已变得更为复杂的信用中介链提供相应的专业化服务（Pozsar，Adrian，Ashcraft，2010），而传统金融机构基于外在环境的变化，不断扩展其组织边界，向日益复杂的金融集团演变。这一过程对于我们理解现代金融业至关重要，它有助于针对金融中介制定有效的监管措施。譬如，行为监管的重视，审慎监管范围的重新界定。

其次，我国多样化的金融机构体系、复杂的产品结构体系、信息化的交易体系、更加开放的金融市场综合经营趋势明显，对现行分业监管体制带来重大挑战。张晓朴（2014）指出我国目前的分业监管模式难以应对互联网金融混业下的交叉性风险，刘淑萍（2014）认为互联网业务融合了银行、证券、保险等多个行业，产品创新模糊行业界限，综合性、混业化对"分业经营、分业监管"的监管模式提出严峻挑战，征信体系建设不足，易导致信任危机和风险聚集。在混业经营背景下，从分业监管到统筹监管的改革势在必行，而监管金融风险是央行的职责所在。央行作为最后贷款人为市场提供流动性，如果最后贷款人不具有监管权，将导致金融机构倾向于进行高风险金融活动，即"道德风险"发生和增加。进一步的，在金融消费者保护方面，我国是由"一行三会"实施审慎监管，各自设立金融消费者保护机构。这种纵向分割体制易导致监管目标的冲突。刘士余（2011）指出两者发生冲突时，监管者可能将金融机构短期利益置于金融消费者权益之上。孙天琦（2015）观察了过去的监管实践中监管机构对于审慎监管和行为监管，更容易忽视后者，弱化了对金融消费者的保护。

再次，法律法规不健全，亟待修订我国法律法规，适应互联网金融的发展。金融立法需要及时回应金融市场的新变化，包括科技进步带来的市场结构和交易方式的变化。对互联网金融存在的问题，需要通过法律制度层面的建设与完善，把P2P、股权众筹等新型业务形态在内的互联网金融纳入我国法治金融的轨道，进而能使得互联网金融在有序化、规范化、法治化的道路上取得长足发展。

基于上述分析，现行监管及其前瞻性并未超越互联网金融的发展，因此，对于互联网金融进行监管成为学界和业界的共识。

10.1.3 互联网金融监管潜在问题

据中国人民银行统计，目前我国互联网金融已全面涵盖了第三方支付、网络信贷、众筹融资等领域，其业务范围已从单纯的支付业务扩展至转账汇款、跨境结算、小额信贷、现金管理、资产管理、供应链金融、基金和保险代销、信用卡还款等传统银行业务。但我国互联网金融如此大规模的发展,目前却几乎仅靠行业自律来维持。

目前互联网金融发展中其负面表象包括:第一,监管漏洞。监管真空的出现,比如财富公司处于无人管的地步,互联网金融混业交叉业务,两个监管主体协调不当产生盲区。第二,监管重叠,例如银行涉及证券业务,包括基金托管、债券承销、资产证券化等,多部门的监管导致监管成本上升、监管效率下降。第三,监管套利。张晓朴(2014)指出监管套利是金融机构利用监管标准差异或模糊地带,选择按照相对宽松的标准展业,以降低监管成本,获取超额收益。以跨机构监管套利为例,曾刚(2015)指出银行监管相对较强,对券商和保险的监管相对较弱,跨界频繁下,银行就将监管严格的那个业务转到券商或保险或其他途径进行,出现许多通道业务。跨机构监管套利,导致风险累积,监管有效性下降。第四,监管成本高但监管效率不高。第五,消费者保护等问题未得到充分解决。

根据金融功能观,基于功能来组织监管要比基于机构来组织监管更稳定和更有效率,协同监管(即协调监管、统一监管)、功能监管(要从机构监管转向并重业务监管)、行为监管、消费者保护都是新金融监管框架下需要着重思考的问题。

10.1.4　近年来出台的针对互联网金融的监管

(1)总体指导意见

2015年7月央行等十部委联合发布《关于促进互联网金融健康发展的指导意见》,提出"依法监管、适度监管、分类监管、协同监管、创新监管"的原则。从监管架构来看,则按照不同互联网金融业务,分归到一行三会的原监管框架中,具体如表10.1所示。随后,银监会、证监会、保监会分别出台了个人网络借贷、股权筹资、互联网保险等监管细则。

表 10.1 基于金融功能划分的互联网金融模式

	监管机构			
	央行	银监会	证监会	保监会
互联网金融模式	互联网支付 互联网信托 互联网消费金融	网络小贷 P2P	股权众筹 互联网基金销售	互联网保险

（2）针对网络借贷

P2P网贷平台卷款跑路事件频发，一些机构以股权众筹名义进行非法集资，这些乱象不仅损害了普通投资者的利益，也违背了互联网金融的初衷。2015年末，国务院法制办公布《网络借贷信息中介机构业务活动管理暂行办法（征求意见稿）》（以下简称"《暂行办法》"）。其中明确指出P2P理财平台只是信息中介，不得非法集资、不得设立资金池、不得自融等。监管主要由银监会负责，工信部、公安部、网信办、地方金融办协同监管，监管对象适用于"在中国境内从事网络借贷信息中介业务活动"的公司。此次《暂行办法》第十条"禁止行为"通过负面清单的形式规定了P2P不能干什么，为P2P划定了12条红线，明确了P2P禁止自融，不得有资金池，不得承诺保本保息或者"自担"，实名注册，不得放贷，不得期限错配，不得混业经营，不得虚构夸大，不得股票配资，不得股权、实物众筹，尤其是"禁止行为"第八款："除法律法规和网络借贷有关监管规定允许外，不得与其他机构投资、代理销售、推介、经纪业务进行任何形式的混合、捆绑、代理。"这意味着P2P平台之后既不能代理销售其他机构的理财产品，也不能推介其他机构的理财产品，将P2P平台严格定位在网络借贷信息中介平台，这对之前通过P2P平台代理销售其他机构理财产品的做法进行了否定。同时还要求网贷行业风险自担，必须对出借人做风险评估与分级，不得代客户行使投资决策，按要求进行信息披露，资金需由银行存管。但这一《暂行办法》中对于如何落实定位信息中介的动机未有明确说明，对于跨区域问题，也未有解决措施。

（3）针对支付

第一，对于第三方支付。

2000年前后，国内电子商务交易以货到付款、银行汇款为主；淘宝、易趣等电子商务平台成立支付部门。2004年，各大银行的网上银行系统为电子商务提供支付服务；但电子商务平台与众多银行的网上银行系统对接的成本和技术难度巨大，电子商务平台需要更加便利的支付方式。2004年前后，支付宝、易宝、拉卡拉等第三方支付机构成立，为电子商务平台、公共事业单位、移动运营商、航空公司、电子游戏公司、线下超市等提供更具便利性的支付解决方案。此后，越来越多的第三方支付机构成立并为电子商务提供支付服务，或者作为收单银行的外包服务商提供线下银行卡收单专业化服务。

第三方支付解决了商业银行当时未能解决的支付信任及便利问题，满足了社会公众对小额、便民支付的需要，极大促进了电子商务和普惠金融的发展。同时，由于第三方机构发行的电子货币涉及众多消费者资金安全，2002年，中国人民银行开始关注电子商务平台的支付模式及西联汇款等支付服务，并持续跟踪支付业务发展情况和新兴业态。2003年，中国人民银行研究起草《支付清算组织管理办法》；2005年，中国人民银行发布《电子支付指引（第一号）》；2009年，中国人民银行研究起草《电子货币发行与清算管理办法》，并对第三方支付机构进行全面摸底并实施登记。

2010年6月，经进一步研究第三方支付业态，参考欧美关于电子货币及货币转移服务的监管政策，央行发布《非金融机构支付服务管理办法》，正式将第三方支付业务纳入支付监管体系。其中对支付账户的余额使用实施严格限额，对网关支付、快捷支付无太多限制。限制账户（功能限制、日限额、年限额），资金账户回归银行监管；鼓励通道，互联网支付应始终坚持服务电子商务发展和为社会提供小额、快捷、便民小微支付服务的宗旨。《非金融机构支付服务管理办法》，确立了对从事网络支付、预付卡发行与受理、银行卡收单业务的第三方支付机构实施牌照准入管理。此后，相关配套制度也陆续出台，如《非金融机构支付服务管理办法实施细则》（2010年）、《支付机构反洗钱和反恐怖融资管理办法》（2012年）、《中国人民银行关于建立支付机构监管报告制度的通知》（2012年）、《支付机构预付卡业务管理办法》（2012年）、《支付机构客户备付金存管办法》（2013年）、《银行卡收单业务管理办法》、（2013年）《中国人民银行关于加强银行卡业务管理的通知》（2014年）。

第三方支付机构设立条件上需要取得《支付业务许可证》，注册资本最低限额从三千万到一亿元人民币不等，业务范围包括网络支付、预付卡发行与受理、银行卡收单及央行确定的其他支付服务，从业资格要求有五名以上熟悉支付业务的高级管理人员，财务上要求支付机构接受客户备付金的应在商业银行开立备付金专用存款账户存放；风险管理上要求：支付机构接受的客户备付金不属于支付机构自有财产，禁止支付机构以任何形式挪用客户备付金；支付机构的实缴货币资本与客户备付金日均余额的比例，不得低于10%。

第二，对于网络支付。

2011年以来，网络支付市场变化迅速，新的业态和业务模式不断涌现，网络支付的内涵和发展趋势日渐明晰，要求监管政策具有适用性和前瞻性。2010年，启动《支付机构互联网支付业务管理办法》研究和起草工作；2012年1月，第一次向社会公开征求意见；2014年1月，结合支付服务的最新发展情况开展新一轮研究论证，从业务实质的角度出发，将《办法》规范范畴由"互联网支付"扩大到包括互联网、移动电话、固定电话、数字电视等在内的"网络支付"；2014年3月至2015年，组织第三方支付机构、商业银行、银行卡清算机构、行业协会、专家学者开展多次征求意见和座谈研讨，不断完善《办法》。

2015年末，央行发布《非银行支付机构网络支付业务管理办法》，并于2016年7月1日起实施。在《办法》中将支付账户定义为具有记录预付交易资金金额、发起支付指令、反映交易明细的虚拟账户、电子账户。但支付账户余额不同于银行存款，不受《存款保险条例》的保护。支付账户实行实名制，个人支付账户划分为三类，见表10.2。

表 10.2　个人支付账户的分类

	Ⅰ类支付账户	Ⅱ类支付账户	Ⅲ类支付账户
余额付款功能	消费、转账	消费、转账	消费、转账、投资理财
余额付款限制	自账户开立起累计1000元	年累计10万元	年累计20万元
身份核验方式	非面对面方式	非面对面、面对面皆可	非面对面、面对面皆可

注：上述功能和限额规定只针对支付账户余额付款交易。支付账户绑定银行卡快捷支付或网银支付，不受此约束。

关于身份信息验证渠道，目前，公安、社保、民政、住建、交通、工商、教育、财税等政府部门，以及商业银行、保险公司、证券公司、征信机构、移动运营商、铁路公司、航空公司、电力公司、自来水公司、燃气公司等单位，都运营着能够验证客户身份基本信息的数据库或系统。支付机构可以根据本机构客户的群体特征和实际情况，选择与其中部分单位开展合作，实现多个渠道交叉验证客户身份信息。

（4）针对众筹

2014年底，中国证券业协会公布《私募股权众筹融资管理办法（试行）（征求意见稿）》，对股权众筹融资的自律管理、投资者保护等做出规定。其中，股权众筹平台被界定为通过互联网平台（互联网网站或其他类似电子媒介）为股权众筹投融资双方提供信息发布、需求对接、协助资金划转等相关服务的中介机构。股权众筹平台应当在证券业协会备案登记，并申请成为证券业协会会员。其准入条件要求净资产不低于500万元人民币；有与开展私募股权众筹融资相适应的专业人员，具有3年以上金融或者信息技术行业从业经历的高级管理人员不少于2人。股权众筹平台应对投融资双方进行实名认证，对用户信息的真实性进行必要审核；对融资项目的合法性进行必要审核；采取措施防范欺诈行为，发现欺诈行为或其他损害投资者利益的情形，及时公告并终止相关众筹活动；对募集期资金设立专户管理，证券业协会另有规定的，从其规定；

对投融资双方的信息、融资记录及投资者适当性管理等信息及其他相关资料进行妥善保管,保管期限不得少于10年;保守商业秘密和客户隐私,非因法定原因不得泄露融资者和投资者相关信息。"禁止行为"中,股权众筹平台不得通过本机构互联网平台为自身或关联方融资;不得对众筹项目提供对外担保或进行股权代持;不得提供股权或其他形式的有价证券的转让服务;不得利用平台自身优势获取投资机会或误导投资者;不得从事证券承销、投资顾问、资产管理等证券经营机构业务,具有相关业务资格的证券经营机构除外;不得兼营个体网络借贷(即P2P网络借贷)或网络小额贷款业务。

(5)针对互联网保险

2005年到2013年间,涉及互联网保险的法规如表10.3所示。

表10.3 2005~2013年我国互联网保险相关法规和政策

时间	发文部门	名称	相关内容	作用
2005年10月	中国人民银行	电子支付指引(第一号)	关于电子支付的指导性要求	电子商务的法律法规建设为互联网保险的保费支付提供了法律依据
2006年3月	中国银监会	电子银行安全评估指引;电子银行业务管理办法	推动网上支付相关法律法规的健全和完善	
2006年6月	国务院	关于保险业改革发展的若干意见	要求充分利用现代信息技术,逐步提高保险产品科技含量,大力发展网络保险等新的服务方式,全面提升保险服务水平	政府支持和鼓励互联网保险发展
2006年9月	保监会	《中国保险业发展"十一五"规划纲要》《中国保险业"十一五"规划信息化重点专项规划》	网络保险在"十一五"期间的建设目标为"网络保险的基础建设基本完成,应用范围不断扩大"	对网络保险的发展进行明确指示

续表

时间	发文部门	名称	相关内容	作用
2011年4月	保监会	《互联网保险业务监管规定（征求意见稿）》	对互联网保险的市场准入条件、人员管理等做出具体规定	互联网保险是保险业新型渠道
2012年10月	保监会	关于坚定不移地推进保险营销员管理体制改革的意见	积极鼓励保险公司走多元化营销道路	
2013年3月	保监会	保险代理、经纪公司互联网保险业务监管办法（试行）	进一步规范保险网络销售机构的资质和管理办法	
2013年8月	保监会	关于专业网络保险公司开业验收有关问题的通知	在《保险公司开业验收指引》基础上，对专业网络保险公司的开业验收补充具体适用的条款	

资料来源：唐金成，韦红鲜. 中国互联网保险发展意见[J]. 南方金融, 2014（5）: 84-88.

2015年，保监会编制《中国保险业信用体系建设规划（2015~2020年）（征求意见稿）》，提出加快保险业信用信息系统和征信系统建设，将使保险监管的手段更加丰富多样。2015年7月，保监会印发《互联网保险业务监管暂行办法》，在经营主体、业务范围、开展条件、业务准则等进行明确要求及规范，差异化监管，保险账户安全回归保险公司把控；第三方网络平台可开展保险经营行为之外的网络技术支持辅导服务。

（6）针对金融消费者保护

2015年11月，国务院办公厅发布了《关于加强金融消费者权益保护的指导意见》，这是金融消费者权益保护领域的基础性文件。

10.1.5 如何监管

当前学界不少研究建议建立统一的金融监管机构（如金融监管

委员会），制订统一的金融监管法规，协调监管政策和监管标准，统一调动监管资源，对中国金融机构和金融市场进行统一监管（魏加宁等，2013；曹凤岐，2013）。现行金融监管体制难以全面有效监管互联网金融，要向功能性监管、行为监管、统和监管转变。

廖岷（2014）指出互联网金融监管应遵循线上线下一致原则、建立平衡审慎监管和行为监管两大支柱，构筑机构自身风险管理、市场纪律约束和监管机构防范系统性风险三道防线。张晓朴（2014）提出互联网金融监管的12个原则，适当的风险容忍度、动态比例监管、原则性监管与规则性监管结合、防止监管套利注重监管一致性、关注和防范系统性风险、全范围的数据监测与分析、严厉打击金融违法犯罪行为、加强信息披露强化市场约束、互联网金融企业与监管机构保持良好顺畅有建设性的沟通、加强消费者教育和消费者保护、强化行业自律、加强监管协调。谢平等（2014）指出互联网金融风险和外部性仍然适用，侵犯金融消费者权益的问题仍然存在。因此，审慎监管、行为监管、金融消费者保护等主要监管方式都适用，混业特征使得监管协调必不可少。互联网金融更应强调技术和安全层面的监管，如金融经营者服务器故障、宕机、系统设计缺陷、钓鱼网站、黑客攻击、病毒入侵、金融经营者或消费者的误操作。

针对P2P网络借贷平台，帅青红（2014）指出其诈骗频发以及各种风险的不确定性，都使其监管刻不容缓，通过自律，设立入行门槛、准入机制，建立严苛的处罚机制、风险内控等手段予以规范。王会娟、廖理（2014）从信用认证机制理论入手研究，发现信用认证中工作、收入、视频、车产和房产认证对借贷行为影响最大，此外，较之于单纯的线上信用认证方式，线上和线下相结合的信用认证方式更能提高借款成功率并降低借款成本。因此，应丰富和完善多层次认证指标，规范线下信用认证方式，加强政府对P2P网络借款平台信用认证机制的监管。并且中国P2P网络借贷平台与西方发达国家有本质区别，主要在于征信体系的不完整性。

大数据改变了风险评估的模式，现有基于财务数据的内部评级法将被赋予全新的含义（曹彤，2015）。因此，对于微众、网商这类纯网络银行需要考虑各种适用性，建立针对性的监管机制。同时，其民资背景也需要监管机构限制银行与大股东、经营者等利害关系人往来业务项目，或要求充分揭露、透明公开以防弊端，监理上务必从严。

汪振江，张驰（2014）指出互联网金融的信息不对称、非竞争性，金融机构之间的交织复杂性，参与者的良莠不齐等因素的存在，使其风险的负外部性增强。金融创新与金融监管的矛盾更为剧烈、凸显传统金融监管的滞后性。法制化金融监管的重点应转变为提升技术含量、分业监管上的加强合作、建立多层次的监管立法体系、加强行业自律、建设开放的征信系统，他们提出互联网金融监管应以消费者权益保护为重点，"二八定律"下被忽视的80%的小客户及开放的互联网环境下为数众多的潜在消费者群体。而传统金融监管以金融机构为监管重点，忽视了金融消费者权益的保护。

在金融监管体制改革方案上，有三种动议：第一，做实金融监管协调机制，在国务院层面成立金融稳定委员会以协调"一行三会"；第二，将"三会"监管权统一，成立综合监管机构，采取一行一局模式，即英国在金融危机前的BOE+FSA模式；第三，仿效危机后国际金融监管改革的经验和趋势，将"三会"并入央行，采取超级央行模式；或者将"三会"中的系统重要性金融机构纳入央行监管，央行同时承担金融稳定委员会职能，负责宏观审慎政策框架、金融基础设施统筹和金融信息数据的汇总和监控等职能（郑联盛，2016）。巴曙松等（2016）认为，第一种方案变动最小，但危机后全球市场的剧变和中国的深刻教训显示，没有金融监管框架的大动，小修小补无法建立应对系统性风险的宏观审慎框架，也无法改变目前割裂和真空并存的监管乱局。第二种方案恐怕是最坏的方案，本次金融危机中英国的教训已充分印证其失败的必然性。第三种方案虽利益牵涉更深，部门调整、人员变动更多，但改革更为彻底，与国际趋势更为接近。一旦完成，可以深刻改革以往监管框架的弊端，强化宏观审慎政策框架，提升防范和化解系统性金融风险的能力，更有效地维护金融稳定。

陈德霖（2016）指出，金融监管当局既要为参与金融科技的消费者提供充足保障，同时又保留合适弹性，不扼杀其发展空间。要实现这一平衡目标，其中有三个关键。第一，愿意了解和吸收科技创新。作为监管机构，是否对不同的金融科技服务的特质、潜力和风险，以及它们对金融体系的利弊，有充分掌握？以"区块链"或人工智能为例，如果广泛应用而涉及多个零售或机构客户层面的金融中介活动，对金融系统的好处及风险在哪里呢？第二，能否与业界各方保持良好沟通。在推动金融科技健康发展方面，密切、双向的沟通，十分重要。第三，是在制定和执行监管政策时，能否在发展和用户保障之间，取得平衡。

基于以上学者的观点，本书认为未来的金融监管框架要着重考虑如何进行协同监管？功能监管如何体现？如何对金融消费者进行保护。金融监管以金融体系的整体安全为考量，并要支持实体经济的发展，由此金融监管需要在金融创新和金融稳定之间寻求平衡点。基于金融功能视角，针对各种互联网金融形态的风险，讨论现行监管存在的可能问题及如何进行完善。监管目的、方式、重点和原则是系统性风险防范中需重点探讨的内容，而由于互联网金融的长尾特征，消费者保护和处理纠纷机制建立都需纳入考量。

10.1.6 对于监管的治理

监管治理的现代研究始于经济学家Levy、Spiller（1994），他们指出监管治理安排应结合制度背景。Stern、Holder（1999）的监管治理框架则包括：角色和目标清晰、自治权、责任性、参与性、透明度和可预见性。Kaufmann et al.（2010）则对全球治理指标项目做出概括，提炼出六大维度。

监管治理正式被引入金融领域是在2002年。研究从两个方面开展：一是金融监管治理的总体评价研究：Das、Quintyn（2002）首次界定了"金融监管治理"，并给出了良好金融监管治理评价的四大核心维度。Quintyn、Taylor（2003）则提出了金融监管治理评价的两维度标准：独立性标准；有效负责和尽职安排的九条标准。二是金融监管治理的分维度评价研究，Sundararajam et al.（2003）创设了金融监管透明度指数。Dincer、Eichengreen（2014）使用15个指标衡量监管透明度对多个国家的监管当局进行了检验。Quintyn et al.（2007）使用独立性和责任性指标评估了变革金融法制的32个国家。Seelig、Novoa（2009）发现大约75%的监管机构表示法律赋予了他们监管决策独立性。Quintyn et al.（2011）发现金融监管框架对经济恢复的影响与公共部门的监管质量交织在一起。

近年来，中国学者开始重视金融监管治理的相关研究。张晓朴和杜蕾娜（2005）介绍了国外"良好金融监管治理"框架，庄毓敏和纪崴（2008）认为金融监管组织结构应由多元监管向统一监管转化，马勇等（2009）指出金融监管应从一般资本监管转向针对总体信用的监管，江曙霞和郑亚伍（2012）研究了监管人员的激励问题，李安安（2012）研究了如何从法制角度建立银行监管机构问责制。

10.2 各国金融监管框架

2008年金融危机以来，美国、英国和欧盟不仅在监管措施上进行完善，更在监管体制上进行重构（尹哲、张晓艳，2014）。我们可从各国金融监管框架和模式的变化中发现现象和规律在完善我国互联网金融监管时有所借鉴。

10.2.1 英国——从"三方监管"到准双峰模式

英国在2008年金融危机前采取"三方监管体制"，由英格兰银行、金融服务局、财政部负责金融监管。《2000年金融服务和市场法案》规定了FSA的职权范围。危机后监管改革核心是由英格兰银行承担所有宏观和微观审慎监管职能，消除职责不清和监管漏洞。成立FPC（金融政策委员会）、PRA（审慎监管局）和CPA（金融行为管理局）。

英国在金融领域长期奉行自由主义政策，其金融监管框架经历了三个时期的变化。1973年之前，尽管有《英格兰银行法》（1946），但金融市场实行自由宽松的监管；然而1973年出现的中小银行和证券公司流动性危机,使其意识到加强金融监管的重要性。1979年的《银行法》正式赋予英格兰银行金融监管权,《存款人保护法》之后金融监管步入正轨,以自律监管为主的分业、多头监管格局建立。在这一监管格局下,英格兰银行对银行业进行监管,证券与投资管理局下设SFA(证券与期货管理局)、IMRO(投资管理监管组织)、PIA(私人投资监管局)三家行业自律组织协助监管证券业、基金业和养老金,保险业董事会负责监管保险业。

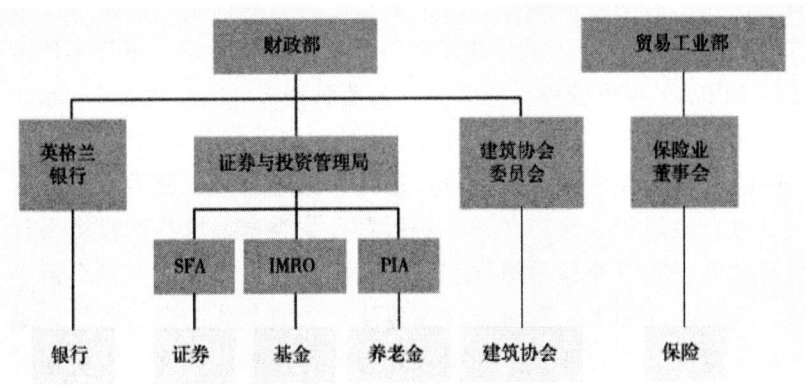

图 10.1 英国分业监管框架

资料来源:中国人民银行金融稳定分析小组.中国金融稳定报告2015[M],北京:中国金融出版社,2015.

1986年的金融大爆炸改革之后涌现出一批金融集团,分业监管对于混业经营的适应性不足,1998年《英格兰银行法》重新修订,对监管职责进行了调整,如存款类机构监管归证券与投资管理局。2000年《金融服务法》实施,之后成立了金融服务局(FSA),作为统一监管机构,审慎监管开始实施。英格兰银行、金融服务局、财政部负责金融监管。同时,为加强监管合作,财政部、英格兰银行、金融服务局签订谅解备忘录,财政部负责金融监管体系设置及立法,以及与欧美的谈判和协调。

《2000年金融服务和市场法案》规定了FSA的职权范围。2008年金融危机之后,新一届英国政府深刻反思原金融服务局的监管失败经历，认为应由不同的监管机构来实施审慎监管和行为监管。监管改革核心是全面调整监管机构设置，撤销原先财政部、英格兰银行和金融服务局"三方共治"的监管架构，转为准双峰模式。由英格兰银行承担所有宏观和微观审慎监管职能，消除职责不清和监管漏洞，成立FPC（金融政策委员会）、PRA（审慎监管局）和CPA（金融行为管理局）。英国英格兰银行下设金融政策委员会（FPC），负责宏观审慎监管，即监控系统性风险，保留对问题银行的处置权，监测分析威胁经济金融稳定的宏观问题，防止资产泡沫的产生；撤销FSA，其原先的监管职能由英格兰银行下设审慎监管局（PRA）与单独设立的金融行为监管局（FCA）继承，一起负责微观审慎监管。审慎监管局PRA从微观层面负责实施审慎监管，包括所有存款类金融机构、投资银行和保险公司；金融行为监管局专司金融消费者保护之责，对所有存款类金融机构、投资银行和保险公司的商业行为进行监管。财政部和财政大臣对整个监管框架负责。2013年，新《金融服务法》生效，新的金融监管框架下宏微观审慎监管并重，并引入行为监管，形成以强化中央银行职责、行为监管独立为标志的新的监管体制。

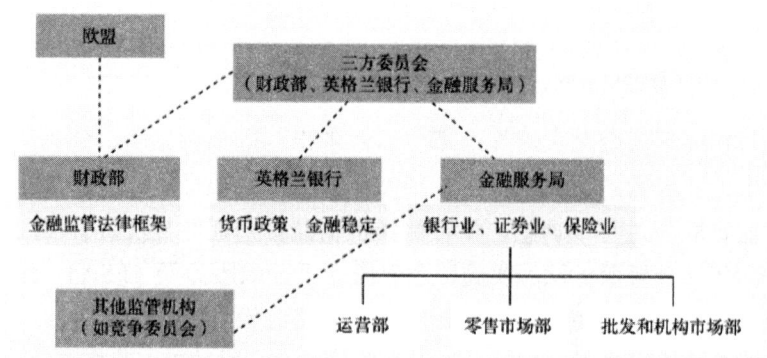

图10.2　英国2008年前的统一监管框架

注：虚线代表合作关系。

资料来源：中国人民银行金融稳定分析小组. 中国金融稳定报告2015[M]. 北京：中国金融出版社，2015.

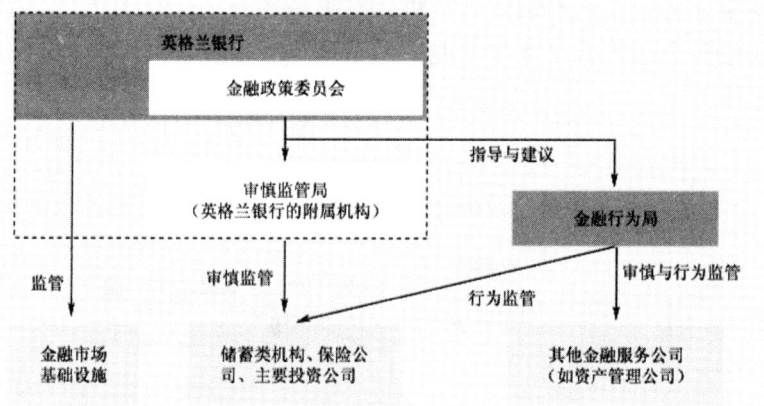

图 10.3　英国 2008 年后的新监管框架

资料来源：中国人民银行金融稳定分析小组. 中国金融稳定报告 2015[M]. 北京：中国金融出版社，2015.

10.2.2　美国——多头监管框架中纳入"双峰"功能

1933～2007 年，美国金融监管目的是避免大萧条的重演，1933 年美国国会通过《格拉斯斯蒂格尔法》，确立分业经营、分业监管模式。1956 年《银行控股公司法》明确由美联储监管全部银行控股公司，此外，联邦层面的银行业监管机构还包括货币监理署、联邦存款保险公司、储贷监理署和国家信用社管理局。证券业由 1934 年设立的证券交易委员会（SEC）监管，保险业各州单独监管。

但 20 世纪 70 年代以后，金融创新和非银行金融机构、非金融机构和资本市场对资金的竞争更为激烈，分业模式开始阻碍银行业发展，管制趋于放松。1999 年 11 月，《金融服务现代化法案》结束了银证保分业经营的局面，对银行业的监管延续"伞形监管模式"。美国银行业的监管体制是"双重多头监管模式"，联邦一级包括美联储、货币监理署、联邦存款保险公司、储蓄监管局、全国信用社管理局；地方一级是各州监管机构。监管机构职责遵循"谁发执照，谁承担主要监管责任；银行接受哪些政府服务，就承担相应被监管业务"。危机前美国在经济金融发展上采取了自由放任主义，金融自由化、复杂金融创新走向极致。危机后格里斯潘承认,自由市场理论的缺陷和金融机构自我调节能力的全面崩溃令他"万分震惊,难以置信"。

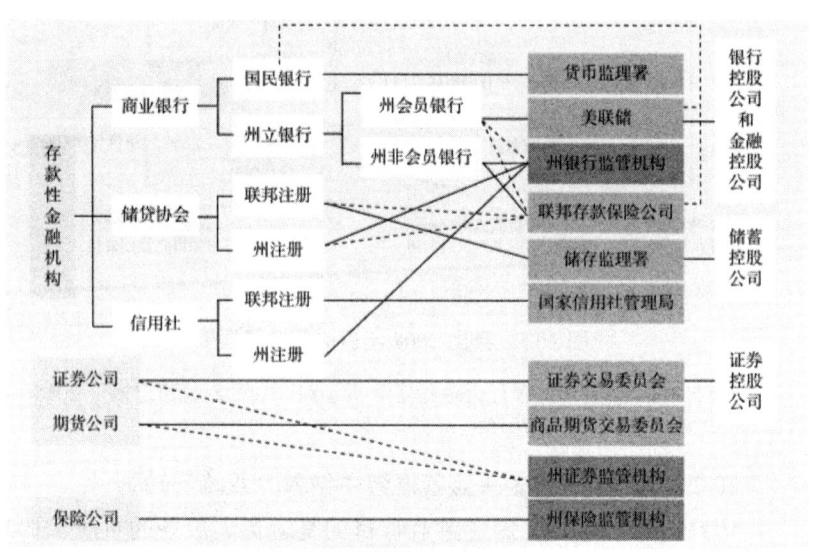

图 10.4　美国 2008 年前的监管框架

注:实线为主要监管机构,虚线为辅助监管机构。

资料来源:中国人民银行金融稳定分析小组. 中国金融稳定报告 2015[M]. 北京:中国金融出版社,2015.

金融危机后,美国进行了金融监管改革,部分植入"双峰"型的设计理念,整合现有监管机构,关注宏观系统性风险、非银行金融机构审慎监管,并兼顾金融消费者的权益保护。对于系统重要性金融机构监管仍旧是多头监管,但是分工相对明细。新成立金融稳定监管委员会(FSOC),负责检测系统性风险。美国联邦存款保险公司(FDIC)获得分拆破产的系统重要性金融机构的权利,目的是防止一家机构的破产危及整体经济和金融体系安全。美国消费者金融保护局(CFPB)于 2010 年 7 月 21 日成立,监管银行、信用合作社和其他金融机构,避免消费者受到不公正待遇、欺诈和滥用职权等行为的侵害。CFPB负责整合分散在不同监管者手中的保护消费者的职责，确保其能从金融机构获得准备信息，保护其免于欺诈和不公正待遇。CFPB设在美联储下，但不从属于美联储，具有高度独立性。2010年7月21日美国国会通过了《多德弗兰克华尔街改革和消费者保护法》，以提升监管有效性。

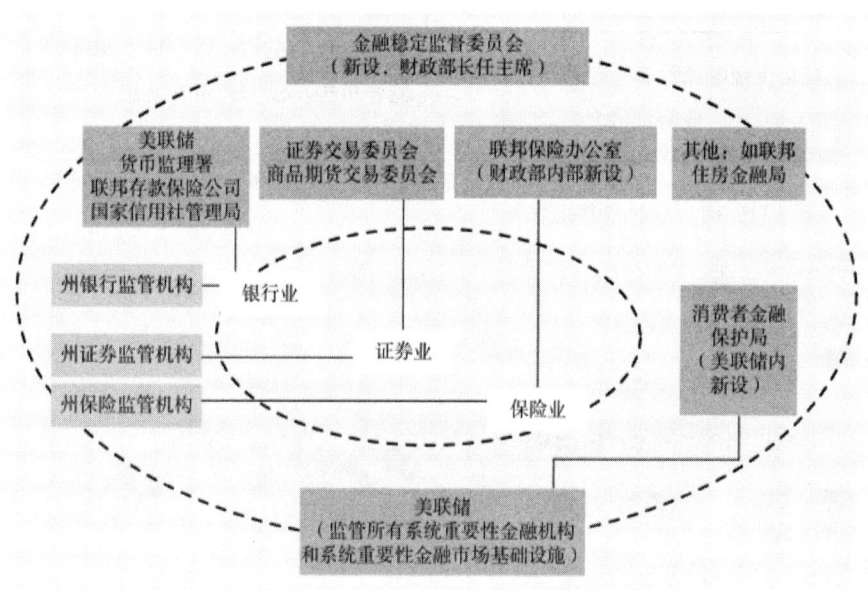

图 10.5 美国现行监管框架

资料来源：中国人民银行金融稳定分析小组. 中国金融稳定报告 2015[M]. 北京：中国金融出版社，2015.

10.2.3 欧盟

欧盟从2011年1月起，宣告成立并正式运转欧洲系统性风险委员会（ESRB）、欧洲银行业监管局（EBA）、欧洲证券和市场监管局（ESMA）和欧洲保险和养老金监管局（EIOPA）等四家欧盟监管机构，从宏观和微观层面强化对金融体系的监管。

表 10.4 欧洲金融监管新体系

微观审慎监管	宏观审慎监管
欧洲监管当局联席委员会	欧洲系统系风险委员会；
欧洲银行监管业监管局（EBA）	有投票权的机构：欧洲中央银行、
欧洲证券和市场监管局（ESMA）	欧盟成员国的央行、欧盟委员会、
欧洲保险和养老金监管局（EIOPA）	三个微观审慎监管局；
成员国金融监管者（包括银行和保险业监管协会）	无投票权的机构：欧盟成员国金融监管机构，欧盟经济和金融委员会主席

资料来源：尹哲，张晓艳. 次贷危机后美国、英国和欧盟金融监管体制改革研究[J]. 南方金融, 2014,（6）：35-38.

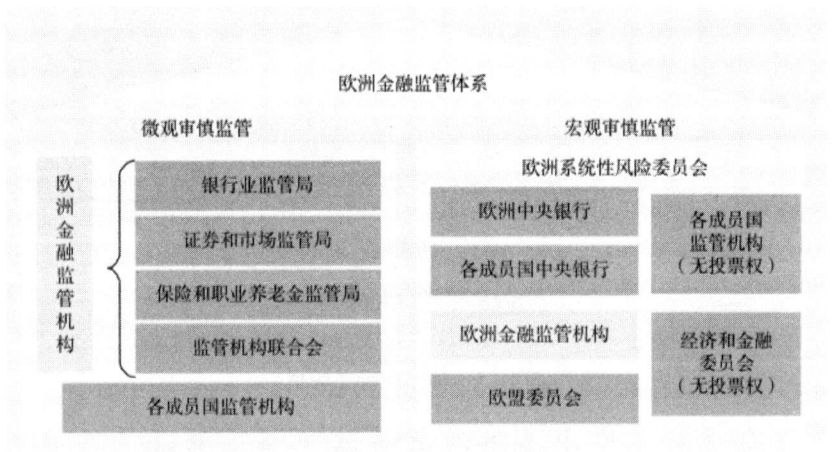

图 10.6 欧盟现行监管框架

资料来源：中国人民银行金融稳定分析小组. 中国金融稳定报告 2015[M]. 北京：中国金融出版社，2015.

10.2.4 德国

德国的金融监管体制经历了从分业监管到统一监管的过程。自1850年代，德国即实行全能银行制度，监管十分有限，1931年银行业危机爆发后，首部银行法于1934年制定，官方监管被引入。二战后，德国金融业参考美国模式实行分业经营，原先的三大全能银行——德意志银行、德累斯顿银行、德国商业银行——被分拆为30家小银行，但经济的恢复与发展，从客观上需要银行提供全方位的服务。1950年代末，三大银行重组并涉猎多种业务。1957年的《德意志联邦银行法》，赋予中央银行——德意志联邦银行货币政策和银行监管职责。1961年颁布的《联邦银行法》，在财政部下设联邦银行监管局。此后财政部分别设立联邦保险监管局和联邦证券交易监管局，分业监管制度逐步建立。

东西德统一后，原东德引入竞争机制和全能银行制度。为适应全能银行发展需要，2001年德国颁布《金融监管一体化法》，成立联邦金融监管局（BaFin），对银行、证券、保险业金融机构进行统一监管。同时，德意志联邦银行广泛参与金融监管，独立负责金融业信息统计，联邦金融监管局无权单独向金融机构征集数据信息。德意志联邦银行利用网点优势，参与金融机构日常监管，与联邦金融监管局共享信息。

2008年全球金融危机和欧洲主权债务危机中，德国亦被影响，金融监管体系决策权集中、内部监控不严、重复监管、协调成本过高等问题成为弊病。随后，德国完善监管机构设置：设立联邦金融市场稳定局（FMSA），负责管理"稳定金融市场特别基金"（SOFFIN），并监管新成立的两家不良资产管理公司，2016年联邦金融市场稳定局将专门从事金融机构重组事务。2013年的《金融稳定法》，将宏观审慎职责赋予金融稳定委员会（FSC），金融稳定委员会由财政部、德意志联邦银行、联邦金融监管局、联邦金融市场稳定局等组成，各司其职，其中，德意志联邦银行负责持续监测金融稳定风险，评估宏观审慎政策实施效果。

10.2.5 澳大利亚

20世纪80年代前，澳大利亚实行严格金融管制。之后，推行金融自由化改革，以提高金融服务效率和金融机构竞争力，如降低银行准入障碍，取消对银行经营的直接控制，取消外汇管制，开放金融市场。金融监管实行两层监管体系，一是在联邦层面，财政部下设储备银行（RBA）、证券委员会（ASC）、保险和养老金委员会（ISC）、竞争和消费者委员会（ACCC）。二是在州层面，澳大利亚金融机构委员会和各州监管机构建立了金融机构监管机制，对信用社和建筑协会进行监管。

20世纪80年代后，金融自由化负面影响显现，混业经营趋势下，机构监管模式下的监管真空、监管标准不统一成为最大弊端。因此，1997年3月，金融体系调查委员会提出金融监管体制改革方案，形成双峰模式，即机构监管和行为监管结合。审慎监管局（APRA）负责监管银行、房屋互助协会、信用合作社、保险公司和大型养老金（退休养老金），从防范风险角度对金融机构进行审慎监管，确保金融体系安全；证券和投资委员会（ASIC）负责金融体系市场健全和金融消费者保护，对金融机构市场行为进行合规监管。澳大利亚安全度过危机，荷兰也是类似情况。不过，在2008年金融危机后，澳大利亚启动金融体系调查，从四个方面完善双峰监管体系：一是建立监管问责机制，成立金融监管评估理事会（FRAB）对监管机构履职情况进行年度审查和评估；二是赋予证券和投资委员会对金融产品早期干预的权利和必要的市场准入职责；三是定期分析和评价金融监管对金融业竞争的影响；四是提高监管能力，为监管机构提供充足资金，以吸引专业人才。

10.2.6 日本

日本的金融监管在20世纪70年代前，采取的是政府主导的监管体系，大藏省对金融体系进行行政管理。20世纪70年代后，日本启动金融自由化改革，1996年开始大爆炸式的全面金融改革计划，但1997年亚洲金融危机促使日本聚焦金融监管组织结构的改革上。1997年新《日本银行法》通过，提升日本银行的独立性，同时削弱了大藏省的金融控制权。金融业的统一监管由金融服务厅（FSA）负责。2001年，以金融服务厅为核心、独立的中央银行和存款保险机构共同参与、地方财政局等行政部门辅导监管的统一监管体制基本形成。

2008年金融危机后,日本开始强化央行宏观审慎管理职能,2011年发布《日本银行强化宏观审慎管理的方案》作为指导原则。

基于前述各国金融监管框架的变迁可以发现,英国、美国和欧盟金融监管改革的共同点在于都成立了各自的宏观审慎监管机制,央行在微观审慎监管中的作用得到强化,使得宏微观审慎监管在一定程度上得到统一。需要指出的是,澳大利亚的双峰模式值得我国监管层关注,机构和行为监管得到统一,监管权较为集中,在监管协调成本上有很大节约,而且可以有效规避监管重叠和监管空白。

10.3 其他地区互联网金融监管借鉴

在欧美等国,互联网金融早已开始,只是被称为 E-finance,泛指金融机构,包括银行、证券公司、保险公司的互联网化,我们所熟知的众筹、P2P、互联网理财平台、智能投资顾问等在这些国家也早已出现,而在近两年中,FinTech(金融科技)的发展势头越来越强。因此,实际上,这些国家所积累的监管互联网金融的经验,仍值得我们借鉴。以下我们按照不同互联网金融子模式分别进行讨论。

10.3.1 对众筹的监管

对于众筹融资模式,美国、英国、法国等国家先后出台了相关法案、法规(如表 10.5 所示),其主要意图在于:保护小投资者基础上,为小企业融资创造便利。2013 年 3 月,欧盟委员会公布"欧洲经济长期融资绿皮书",提出要支持众筹融资等非传统融资方式。日本对众筹融资的监管主要适用《金融商品销售法》及《金融商品交易法》。美国先后出台了《初创企业推动法案》(JOBS 法案,Jumpstart Our Business Startups Act)和互联网股权众筹活动规范法规,对众筹融资进行监管。2012 年的 JOBS 法案,在众筹豁免、持股人数、集资门户等方面进行了创新和突破,其中的要点包括：发行者最大募资金额为 100 万美元；投资人年收入或个人资产净值低于 10 万美元，可投资金额为 2000 美元或年收入、净资产的 5%；投资人年收入或个人资产净值高于 10 万美元，可投资金额年收入、净资产的 10%。2015 年 10 月 30 日美国证监会（SEC）批准关于美国国内企业通过互联网进行股权众筹活动规范的法规，设定筹资期限、筹资上限、参投者个人收入或资产要求。这一法规的出台便利了企业 100 万美元以下的募资，同时，初创公司 200 万美元以下募资不必递交正式审计文件，免去了对其而言较高的募资成本。在参投者资产要求方面，若投资者年收入或个人资产净值不超过 10 万美元，则在 12 个月内的最高股权众筹投资额为 2000 美元；若投资者年收入或个人资产净值至少 10 万美元，则在 12 个月内的最高股权众筹投资额为 10 万美元。从这两个法规可以看出，对于互联网众筹，美国通过立法形式进行了规范，在保护小投资者的基础上，为小企业融资创造便利，值得我们借鉴。

表 10.5　各国众筹融资监管进展

国家	法规、法案	主要内容
美国	2012 年 4 月，JOBS 法案生效	对众筹豁免、持股人数、集资门户等方面进行规定
	2015 年 10 月，美国证监会（SEC）批准关于美国国内企业通过互联网进行股权众筹活动规范的法规	确定筹资期限、筹资上限、参投者个人收入或资产要求
英国	2014 年 4 月，正式实施《关于网络众筹和通过其他方式发行不易变现证券的监管规则》	将借贷众筹和股权众筹纳入监管范围，对股权众筹投资者进行范围限定，平台负有检查投资者适当性的义务

续表

国家	法规、法案	主要内容
德国	2015年，德国议会通过《小投资者保护法案》	小投资者通过股权众筹平台的投资金额不能超过1000欧元；高收入投资者的投资额度可以是其收入的2倍，上限1万欧元，流动资金至少需要超过10万欧元 公司通过股权众筹平台的融资金额不超过250万欧元的，不需要提供公司投资及投资风险的招股说明书
意大利	2013年7月，签署成长法案（Decreto Crescita Bis法案）	对于股权众筹进行合法化，对企业资格、投资者和平台设立要求，例如，募资企业仅创新性初创企业适用该规则，存续期超过48个月，或运营后第二年年产值超过500万欧元的公司不能通过众筹发售股份
法国	2014年10月，《参与性融资条例》	要求从事股权众筹的平台注册为"参与性投资顾问"（CIP）
澳大利亚	澳大利亚小规模融资板块（ASSOB）规定	股权众筹模式下，根据本国的小额发行豁免规则发行证券，无须向证券监管部门提交招股说明书

资料来源：http://www.sec.gov/news/pressrelease/2015-249.html. 张雅. 股权众筹法律制度国际比较与中国路径[J]. 西南金融, 2014（11）：47-50；辛欣. 境外股权众筹的发展与监管简述[J]. 清华金融评论, 2015（3）.

  在我国的众筹监管设计中，建议设计并允许股权融资简易注册的证券监管，以便利初创企业融资。但为防止欺诈，需对融资者进行背景调查、强制审计、披露财报信息，并要求采用"All-or-nothing融资方式"（指要求在确定时间内筹集到100%的资金，如若不然，就将资金都返回给资金提供者，这种方式区别于"Keep-what-you-raise financing方式"，后者指允许到募资活动结束时，筹集到的资金即募资公司实际可用资金，以此防止融资者通过欺诈融资后消失。同时为防止洗钱风险，建议设定特定期间内融资金额上限；在资金募集目标实现和资金转移之间设立一个"冷却期"（cooling off period），以给投资者和监管者进行深入尽职调查。进一步的，监管设计还需对投资者和众筹平台进行设定，以降低风险。

金融监管以金融体系的整体安全为考量，并要支持实体经济的发展，由此金融监管需要在金融创新和金融稳定之间寻求平衡点。

众筹的发展需要有前瞻性思考的监管体系、有效的技术支持、企业培育和愿意采用新投资工具的文化环境，换言之，经济监管、科技、企业培育和公众参与构筑了众筹发展的生态系统（如图10.7所示）。

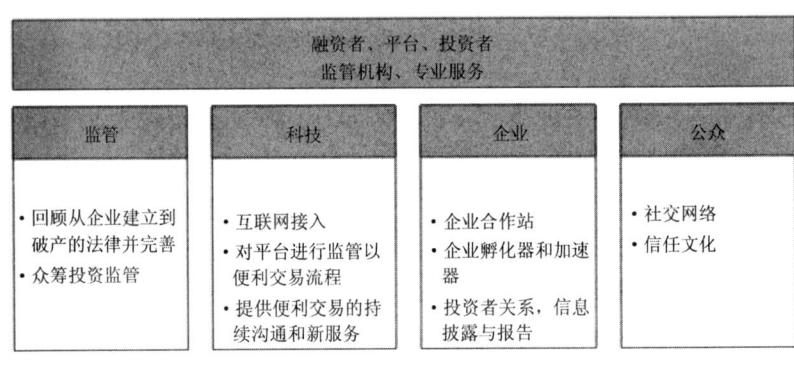

图 10.7　众筹发展的生态体系

首先，就监管而言，主要目标是信息透明、金融效率提升、并通过教育和培训形成审慎投资者保护。为此需要回顾并更新从企业建立到破产的法律法规并加以完善，鼓励投资于起步企业并吸引海外资金，但要在资本形成和投资者保护需求之间建立平衡。众筹监管规则的设立不应让企业觉得是负担，即监管需在金融创新和金融安全之间寻求平衡。经济下行期间，金融安全诉求超过便利性诉求。金融安全在两个层面为金融创新设定目标：一是在微观层面，基于长尾理论要保障个人资产账户安全；二是在宏观层面，要将金融资产的流动、归集置于监管范围，防范系统性风险。目前，国内在众筹方面的管理仅有2014年12月的《私募股权众筹融资管理办法（试行）（征求意见稿）》，并将股权众筹纳入证监会监管范围下，那么这一管理办法是否充足，其他的众筹模式监管由谁主导、依何进行尚无定论。对于众筹融资模式，美国、加拿大、英国、法国等国家先后出台了相关法案、法规，其主要意图在于：在保护小投资者基础上，为小企业融资创造便利，这值得我们借鉴。

其次，就科技支持而言，主要目标是形成社会媒体的高渗透率、可靠互联网或移动网络使用的普及，以及信息科技的安全。对于众筹投融资发生的平台，要求在证监会注册的平台上进行，以建立可控和降低风险。

再次，就募资企业而言，主要目标是进行培育并定期进行信息披露与报告。一方面，通过对企业初创和运营、财务管理、融资等开设相关教育课程，同时通过企业孵化器、育成加速器等，将企业众筹融资对接于私募股权、风险投资（PE/VC）或新三板，以平滑连接不同生命周期的融资模式转换与接续。另一方面，通过募资企业投资者关系管理，要求其定期披露信息与财务状况报告，由于初创企业和小微企业财务机制可能不健全，应要求会计、审计、法律等专业服务的进入，以缓解信息不对称问题。

10.3.2 对P2P的监管

各国对P2P的监管，一种模式是制定适度和有针对性的监管规则，另一种模式是要求P2P平台申领银行牌照，适用银行业的监管规则加以严格监管。

美国将P2P网络信贷纳入证券业监管，强调其市场准入和信息披露，比较严苛。联邦证券交易委员会（SEC）首先通过援引联邦最高法院在 SEC V. W. J. Howey Co.[①] 一案中确立的"投资合同（Investment Contract）测试"标准和 Reves V. Ernst &Young [②] 一案中确立的"家族相似测试（Family Resemblance Test）"标准，放贷人不直接向借款人发放贷款，由P2P平台向放贷人出售与贷款相对应的收益权凭证，从而将P2P网贷平台发行的票据（Note）纳入《1933年证

---

① 案件名称。
② 案件名称。

券法》中证券的范畴（Bradford，2012），从而要求P2P平台必须在SEC和各州证券监管部门进行双重注册。SEC要求，P2P平台必须注册成为证券经纪商，在注册文件中载明平台的运营模式、经营现状、潜在风险、管理团队的薪酬、公司财务等信息，并向SEC提交每天的贷款列表，持续披露贷款细节和风险揭示。由于SEC的监管过于严苛，阻碍了P2P行业的发展。2010年《多德——弗兰克华尔街改革与消费者保护法案》明确要求国家审计总署（Government Accountability Office，GAO）会同联邦银行业监督机构、SEC、消费者团体、外部专家及P2P贷款行业进行磋商，研究确定P2P贷款最佳的联邦监管框架，以为P2P监管适度松绑。[①]美国学界同样对SEC监管P2P存在争议。Silla（2010）认为，SEC的监管驱高成本，且不利于该行业的创新，而消费者金融保护局（The Bureau of Consumer Financial Protection，BCFP）才应成为该行业新的监管者。Jack（2011），Paul（2013）认为，对P2P网贷整个行业的监管是有必要的，然而过高的注册成本阻碍该行业的发展和公平竞争。美国审计总署（Government Accountability Office，GAO）的研究报告提出两个可能的监管框架：一种是由各类金融监管机构合作的持续监管模式；另一种是由单一机构如新成立消费者金融保护局BCFP监管的统一监管模式。持续信息披露机制是美国网络借贷平台监管的核心机制。作为网络借贷的监管主体，美国证券交易委员会坚持动态信息披露原则，并以此作为监管的核心机制。

相对于美国，英国P2P网贷监管较为宽松。2014年3月以前由OFT（Office Fair Trading，公平贸易办公室）发放贷款牌照并监管，此后纳入金融行为监管局（Financial Conduct Authority，FCA）监管范畴。但监管法规主要遵循《消费者信贷法》，要求平台应在贷款前评估借款人信用状况、确定风险等，重点是严格信息披露。业务模式、内控机制建设等方面则由P2P金融协会（Peer-to-Peer Finance Association，P2PFA）管理规范。协会要求成员按照严格标准执行，提高管理及消费者保护水平。

---

① 安邦坤，阮金阳.互联网金融：监管与法律准则[J].金融监管研究，2014（3）：57-70.

法国、德国对P2P的监管是依据银行法进行，要求以任何形式提供存款或贷款等银行类业务的任何机构，都必须拥有银行牌照。

日本则以"地下金融对策"监管P2P，在市场准入、贷款利率上限、防止过度借贷方面设置要求，对高利贷、无登记营业、违法发布放贷广告、劝诱活动等进行处罚。

基于上述分析，在P2P监管上，首先要明确市场准入特别是最低资本要求；并从安全角度出发，建立资金托管；对于贷款要求建立风险准备金；充分披露信息，以尽可能降低信息不对称引致风险；保护金融消费者的权益，建立争议处置体系。

10.3.3 对第三方支付的监管

各国对第三方支付的监管通常要求支付机构获得支付业务许可证，监管重点在于反洗钱、沉淀资金托管和重要信息披露上。

美国对第三方支付实行功能性监管，重点是打击金融犯罪、反洗钱、信息报告等，尤其关注消费者权益保护、支付系统安全和效率、数据安全和隐私等。在立法层面，能作为其监管依据的规则已较为全面，如《多德弗兰克法案》《电子资金划拨法案》《诚实信贷法案》《统一商法典》《金融服务现代化法案》《爱国者法案》《货币服务法案》，所以目前并无专门针对第三方支付的法律法规，仅将第三方支付视为传统支付服务的延伸。在监管体制上，实施两级监管，联邦和州均监管非金融机构支付，其中联邦层面由联邦存款保险公司（FDIC）负责监管，联邦储备委员会、消费者金融保护局、货币监理署、财政部金融犯罪执法网络等都有介入监管的权限；而各州监管部门可在不违背本州立法基础上，对第三方网络支付平台做出规定。例如美国联邦立法层面和州立法层面针对银行账户和非银行类支付机构账户设置了不同的监管标准。联邦立法层面和州立法层面分别结合其对非银行类支付机构功能的理解，对支付账户进行差异化的监管。比如，美国联邦将非银行类支付机构定义为货币服务商，仅具有支付功能，不具有储蓄功能。而在州立法层面，大部分州将其定义为"非银行金融机构"，主要从事支付结算服务，不能吸储和放贷；少部分州则从其业务的实质出发，认为非银行类支付机构正在从事"非法"的银行业务，需要遵照对"银行"的监管要求进行监管。业界行业协会也是监管体系的重要组成部分。联邦层面在平台沉淀资金管理方面，明确将平台沉淀资金定义为负债，必须存放于美国联邦存款保险公司（FDIC）在商业银行开立的无息账户中，产生的利息用于支付保险费（巴曙松、杨彪，2012）。

表10.6 美国移动支付监管主体及监管职责

监管主体		监管职责
美国联邦储备委员会	储备银行操作和支付系统部（RBOPS）	与其他部门和联邦机构合作
	银行业监督管理部（BS&R）	关注可能改变要求或指导方针的潜在技术发展，事务涉及移动技术在支付系统上的漏洞、安全和互联
	消费者和社区事务部（DCCA）	考虑移动技术对消费者金融和消费者金融行为的潜在影响
美国联邦其他机构	消费者金融保护局（CFPB）	对于与移动金融服务相关的联邦消费者法律，CFPB有制定和解释的权限。CFPB下属的信用卡和支付市场部定期与行业人员沟通，收集情报了解支付市场，识别潜在的监管或政策空白。通过这种方式，消费者金融保护局会评估是否有必要推出新的法律法规
	财政部金融犯罪执法网络（FinCEN）	基于支付业务对移动支付实施管辖权
	通货监理署（OCC）下支付风险政策组（PRP）	为支付系统提供监管准则，并致力于全面完善支付系统。PRP同样关注移动支付市场的发展，分析评估针对移动技术边界不断扩展下扩大现有监管准则的必要性，并与其他金融监管机构合作以达到对移动支付业务特定监管准则的共识
	联邦贸易委员会（FTC）	防止欺诈或对消费者不公平的商业行为

续表

监管主体		监管职责
各州监管机构		共同对移动支付业务实施有效监管
行业协会、行业自律组织	如移动支付行业工作组（MPIW）、电子交易协会（ETA）、智能支付协会（SPA）等	研究移动支付发展生态，评估监管空白

资料来源：方胜、徐尖. 美国移动支付监管现状评析：兼论对中国的启示[J]. 武汉金融，2016（2）：47-49.

欧盟则对第三方支付实行机构监管。如在法国，由央行和法国金融审慎监管局（ACPR）共同进行监管（温信祥、叶晓璐，2014），依据《欧盟电子货币指引Ⅱ》相关规定进行监管，第三方支付机构需满足实缴股本、高管资质、公司治理、内控等要求。立法层面，欧盟明确要求电子支付服务商必须是银行，如是非银行金融机构，只有取得与银行机构有关的牌照后方可开展第三方支付服务，并明确将第三方支付平台界定为金融类企业。在沉淀资金管理方面，欧盟明确要求第三方支付平台将沉淀资金存放于其在中央银行开设的专门账户中，不得挪作他用。在交易安全方面，《支付服务指令》里欧盟明确了发生未授权交易时的责任归属，消费者在发现未经其本人授权而进行的交易时立即通知支付平台，若是支付平台不能停止未授权交易，则由支付平台承担责任。在知情权方面，为了消费者的知情权能够得到保障，欧盟对不同的交易所应披露的信息设定了不同的内容，并对支付平台需提供给消费者的信息和条件做出了全面的要求。在隐私权方面，在遇到需协助相关机构进行调查、阻止支付欺诈、拦截未授权交易等特殊情况时，在符合《数据保护指令》相关条件的前提下支付平台被允许使用或加工个人数据。德国对第三方支付的监管依据《支付服务监管法》，由联邦金融管理局颁发电子货币机构牌照,要求不能发放贷款、沉淀资金需第三方托管或担保、遵守反洗钱规定。英国由金融行为管理局对第三方支付进行审慎监管。

日本根据《资金清算法则》,第三方支付需金融厅许可后方能开展支付业务,单笔支付资金上限为100万日元。按此法则,若是第三方支付平台由于经营不善或其他原因而导致破产,要尽其所能减少用户资金遭受损失的可能性。为了实现这个目标,资金转移商(也就是第三方支付平台)需采取以下措施:资金转移商必须在央行存放一笔与最近一周的客户最大风险敞口等额的资金,这项资本的数额应高于或等于1000万日元;在基准日后的两个月以内,资金转移商要把与用户资金余额一半相等的数额的资本作为发行保证金,这笔资金不仅要委托给其主营业场所属管理范围内的法务局来保管,还要将此情况向相关监管部门汇报。假如资金转移商遇到了经营困难或者即将破产,顾客可以在事先提交的这笔发行保证金范围内索要赔偿。

巴曙松(2015)建议综合考虑中国当前支付账户监管存在的问题以及成熟市场的监管经验,中国有必要在现有支付账户监管框架下,进一步从功能和行为特征视角细化支付账户的分类标准,提升支付账户监管的灵活性,建立完善的、动态的新型支付账户监管体系。具体操作上,中国可以借鉴欧美以提供服务的机构为一级分类标准,以账户功能应用为二级分类标准的支付账户分类方式。一方面,现存的分类标准已经不能够满足支付账户的发展现状,对于非银行类支付机构账户监管的不完善使得该类机构有可能出现监管套利,从而可能加大支付账户的风险暴露。另一方面,随着支付技术日新月异的发展,非银行类支付机构账户可能涉足的功能应用边界将会进一步拓展,以提供服务的机构进行分类只是一种相对静态的分类方式,并没有考虑各类账户所涉足业务的动态发展,只有从基础功能应用层面进行监管才能防止监管套利的发生。在支付结构日益多元化的进程中,支付账户监管的价值目标应以效率为本位,并兼顾安全。在现行的支付账户分类标准中,增设以账户功能应用为基础的分类标准将是中国支付账户监管的必然选择，也是未来支付账户体系健康发展的重要保障，只有这样才能避免新兴支付行业对传统支付中介组织可能出现的"过度"冲击，甚至出现支付行业在特定发展阶段因过于关注创新而忽视风险，最终导致潜在风险的累积以及经营环境"恶化"的不良后果[①]。

10.3.4 对于互联网保险和基金的监管

美国绝大多数的保险公司都开设了互联网保险业务，部分险种网上交易额占据大约50%的市场份额。美国对于互联网保险的监管方法采用的是修订和完善原有保险业监管法规，使其同样适用于互联网保险。同时行业协会发挥自律作用，例如全美保险监管协会在1998年发布的"Marketing Insurance Over the Internet"（网络营销保险），对互联网保险合同形式、执业认证、隐私保密、电子签名等进行了详细规定。2000年的《电子签名法案》为电子交易可靠性提高了法律保护。日本金融厅对互联网保险的监管，采取与传统保险监管相同的标准和措施，遵循"一致性原则"，同时《新保险法》还要求保险企业强制性信息披露，提高信息透明度，进一步降低互联网保险的风险。

英国是互联网保险最为发达的国家之一。其监管基于一致性原则进行，由保险监管部门（金融行为局）实施统一行业标准，认可电子保单法律效力，强化监管合作，监控可能出现的新风险。同时，采取适度审慎准入原则，维护金融消费者的权益。法国在维护金融消费者权益方面则是允许网络保险客户可以在14天内无偿退保。

2015年，中国保监会印发了《互联网保险业务监管暂行办法》，对风险管控、经营条件、经营区域、信息披露、监督管理等方面都提出了明确要求，但是鉴于我国金融混业趋势，应加强联合监管以及国际间的监管合作与协调。

---

① 资料来源：巴曙松. 支付账户如何实行分类监管？[EB/OL]. http://bashusong.baijia.baidu.com/article/331602.

部分国家对于互联网的基金销售参照传统渠道的基金销售进行监管，但主要强调两点：一是产品代销机构向客户推荐产品时，必须充分了解其需求和投资情况，保证客户需求与风险预期相匹配。二是对理财顾问的执业方式做出规定，避免理财顾问所在机构与其客户存在潜在利益冲突，以保护投资者的权益。

根据上述分析，美国和英国均采取了"政府监管+市场约束"的方式。

10.3.5 对于互联网货币的监管

由于互联网货币法律地位不确定，交易平台比较脆弱，价格波动大，各国多对以比特币为代表的互联网货币的合法性持审慎态度。

表 10.7 世界主要国家对于比特币的监管及态度

合法性	国家	认定	监管措施	税务规定
合法	英国	财产	英国金融行为监管局FCA表示首先会考虑比特币在金融创新领域的应用，而监管不会有固定的时间框架。	英国税务机关为了对比特币交易征税，拟修改税法。
	德国	记账单位	德国联邦金融监管局（BaFin）规定开办比特币公司至少要满足六项严格条件，包括要拥有73万欧元注册资本金、管理层具备相应从业资格、出具详尽商业计划书、符合资本充足率标准、引入反洗钱机制、并定期按需向BaFin进行汇报。	用作私人用途时，比特币是合法的私有财产，持有者可免税，但用于商业用途则要交税。如某人在一年之内通过买卖比特币获利，要缴纳25%的资本利得税，如果持有比特币一年以后再进行交易，则不用交税。

续表

合法性	国家	认定	监管措施	税务规定
合法	法国	财产	法国财政部表示，计划执行对金融机构的新规定，要求比特币分销商和其他平台在用户开设账户之前验证他们的身份。	对比特币销售获得的利润征收资本利得税
	加拿大	数字货币	2014年实施世界上第一个比特币法律C-31法案。	该法案规定，比特币企业需要保存可疑的交易记录、验证程序，可疑交易报告并在PCMLTFA（Proceeds of Crime (Money Laundering) and Terrorist Financing Act，犯罪所得（洗钱）与恐怖主义融资法）的要求下注册为货币服务业务。
	美国	金融工具或是财产	美国国内税收署规定如果将比特币等虚拟货币视为财产对待，财产交易相关的基本税收原则也适用于虚拟货币交易。	如果比特币被当作工资或服务费支付，接收方需要缴纳个人所得税。如果比特币被视为同股票、债券一样的资本用来投资与交易，收入得失将被按照资本所得税方式处理。比特币制造者的交易收入，则遵循个体经营的税率，收入按交易当天比特币的市值结算。

续表

合法性	国家	认定	监管措施	税务规定
合法	日本	财产	正在制定比特币交易规则，加强对比特币的监管，计划并准备将比特币置于"税法""反洗钱法""消费者保护法"等法管理之下，拟改变比特币游走法律缝隙之间的局面。	拟对比特币交易收益征税。拟对使用比特币购物同样征收消费税。
	澳大利亚	财产	税务当局发布了一份关于比特币的税收准则。	个人使用1万澳元以下的比特币不用缴税，企业使用比特币可能会涉及缴纳货劳税、资本利得税和附加福利税。
	新加坡	财产	新加坡金融管理局计划监管包括比特币交易所运营商在内的虚拟货币中介机构，以防范可能存在的洗钱和恐怖分子筹资风险。	为包括比特币在内的虚拟货币的交易制定了税收政策。
态度中立	韩国、爱尔兰、肯尼亚、荷兰、新西兰、葡萄牙、土耳其、西班牙、尼加拉瓜、马耳他、以色列、冰岛、希腊、爱沙尼亚、丹麦、塞浦路斯、巴西等大多数国家			
禁止或限制	俄罗斯、泰国、印度尼西亚、玻利维亚			

资料来源：朱思佳，崔建华. 美国比特币监管制度及启示[J]. 合作经济与科技，2016（1）：42-44.

从数字货币这一更广泛的范畴来看，目前世界主要国家均将数字货币市场纳入监管，主要分为三种模式：第一，以欧洲、日本为代表的"货币发行业"监管模式,将数字货币的发行视为单独行业,侧重于对数字货币发行机构进行审慎监管。相关政策包括欧盟的《电子货币指引》和《支付服务指引》、英国的《电子货币管理条例》、日本的《预付式证票规制法》等。欧洲央行认为发行数字货币在某种程度上等价于吸收存款,并且是基于信用经营,具备较强金融业的特征。欧盟委员会认为由银行业金融机构发行数字货币会阻碍创新,故而需要设立专门的数字货币发行机构,单独颁发专门的牌照,对其执行比银行业金融机构更为宽松的监管。第二,以中国香港、台湾地区为代表的"类银行业"监管模式,将数字货币视为储蓄性的银行业务,允许且只允许商业银行或存款公司发行数字货币。相关政策包括香港的《多用途预付卡发行申请指引》、台湾的《银行发行现金预付卡许可及管理办法》等。香港规定只有持全牌照的商业银行和经过特别批准的存款公司才能发行多用途预付费储值卡,例如八达通卡的发卡公司就被香港货币当局当作一家特殊的存款机构进行监管。台湾同样禁止商业银行以外的机构发行多用途预付费储值卡。第三,以美国为代表的"货币服务业"监管模式,将数字货币视为是非储蓄性的货币服务业务,同时允许金融机构和非金融机构参与,侧重对产品和服务的监管。相关政策包括《统一货币服务法》《电子货币划拨法》等。美国各州根据《统一货币服务法》相继出台了适用本州的非金融机构从事货币服务的相关法律。金融机构类发卡者则受到联邦一级的监管,并且必须向联邦存款保险公司(FDIC)为其所发卡的金额购买保险[1]。

10.3.6 对征信业的管理

以市场主导型为代表的美国征信业为例,在19世纪60年代到80年代,美国相继出台17部有关信用管理的法律框架,其中以《公平信用报告法》(Fair Credit Act Reporting Act,FCRA)为核心法律基础。整个法律框架从信用报告、平等授信、债务催收、信贷和租赁

---

[1] 资料来源:焦瑾璞.数字货币的三种主要监管模式[EБ/OL],2016年1月20日,http://www.thfr.com.cn/post.php?id=66865.

规定等方面对消费者信用进行保护，FCRA及其革新法又特别对个人信用信息的采集和共享、使用进行了明确规定。

由于征信业涉及被征信者的数据信息，在未来其发展和监管应着力于以下两个方面问题的解决：

一是数据标准化建设。数据共享的前提是建立并推广个人信息数据采集标准。美国消费者数据行业协会（CDIA）制定统一数据采集标准与报告格式Metro2，用于贷款数据收集与报告，确保原始数据的真实性、一致性，避免信息资源的浪费和使用效率的提高。

二是公共数据资源的社会化增值开发。数据缺乏与数据浪费并存的现象，应基于政府公共数据开发予以解决。一方面征信机构由于缺乏数据，无法进行深入征信产品研发；另一方面政府数据有待于进一步开发。如能将此二者适当结合，将提高征信业效率和数据质量。

10.3.7 美国和中国香港地区监管经验总结

从对互联网金融的整体监管而言，美国的监管主要基于四个方面进行：

一是监管法律。在对互联网金融的监管法律上，相关法案包括1978年保障消费者信贷合法权益的《债务公平催收法案》；1999年的《金融服务现代化法案》形成金融混业经营新局面；2010年的《多德弗兰克华尔街变革和消费者保障法案》，其目的在于改进金融体系的透明度和问责制，提升金融稳定性，保障纳税人和金融消费者的权益；2012年的《企业振兴法案》，通过放宽金融外部监管以鼓励美国中小企业融资，扶持企业成长、创造更多就业机会，其中对于众筹的兴起起到了关键作用。

二是建立"纵横连和"的监管体系。从体系设置上，既有联邦层面的监督管理机构，又有州一层面的监督管理机构；在机构设置上，则有金融稳定监督委员会、美联储、货币监理署、联邦存款保险公司、国家新用户管理局、证券交易委员会、商品期货交易委员会、联邦保险供公司、消费者金融保护局等机构。

三是保护金融消费者权益。第一，对消费者一视同仁，同等对待。第二，尊重金融消费者的隐私。第三，对消费者的金融知识的教育以及风险意识的培养予以高度的重视。

四是充分发挥行业自律协会作用。为了使被监管者能够更好地主动配合监管工作，高度重视行业自律协会，发挥其功效。监管当局地位比较特殊，对于其所公布的相关政策文件甚至是一些非正式的文件或表态，市场都会予以高度的重视并对其进行解读，在接触的过程中可能存在偏差或歪曲，从而导致产生不必要的损失。而美国的监管当局巧妙地利用行业自律协会，将其作为一个重要的中介组织，通过该组织加强监管者与被监管者之间的沟通和交流，从而消除两方主体之间存在的信息不对称，使监管者能够及时听取被监管者的声音和诉求，另一方面也使被监管者能够正确理解监管者的行为，构建平衡的行业生态环境（赵璐，2015）。

中国香港地区金管局目前已设立"金融科技促进办公室"（Fintech Facilitation Office）来应对金融科技监管。一是制定银行应对网络风险能力的评估框架和模型，建立为网络安全从业人员提供专业认可的机制，致力于建立基于安全、不易受到攻击的网络系统，并提高金融机构应对处理相关风险的能力；二是建立行业联络与外展平台，促进金融科技开发人员、创始者、使用者、投资者的交流互动渠道；三是担当金融科技公司与监管者之间的桥梁，加强双方之间的沟通。采用的监管原则是"风险为本"和"科技中立"，以金融活动或交易的本质和衍生的风险作为基础，制定和执行监管框架和规范，务求使市场参与者能在有利创新和公平竞争的环境下营运，不会因为金融科技的快速发展，而放弃对投资者或使用者的保障[①]。

新加坡金融管理局在2016年宣布为FinTech企业打造"Regulatory Sandbox（监管沙盒）"，即只要任何在沙盒中注册的金融科技公司，允许在事先报备的情况下，从事和目前法律法规有所冲突的业务，并且即使以后被官方终止相关业务，也不会追究相关

---

① 资料来源：陈德霖. 以金融科技为香港金融服务业品牌增值[EB/OL]. (2016-09-06) [2016-09-20]. http://www.hkma.gov.hk/gb_chi/key-information/insight/20160906.shtml.

法律责任。通过这种"沙盒"机制，能够让政府在可控范围内，让创业者放心尝试各种相关的创新业务。

除了新加坡政府之外，英国政府也针对FinTech行业在尝试类似的"沙盒"制度，欧盟成员爱沙尼亚共和国做得更多更大胆，拥有上千种数字服务，很早就开始与BitNation（比特国）进行合作，将区块链技术应用于居民的身份验证[①]。

10.4 对金融消费者的保护

李世宏（2012）指出，金融消费者保护的理论来源于两个方面：一是微观维度，从消费者主权理论出发，消费者作为独立的个体享有和其他自然人一样的财产权、知情权、受教育的基本权利。由于金融市场严重的信息不对称，需要政府作为公权力介入，对处于弱势的金融消费者进行保护，保障金融消费者的合法权益不被侵害，维护社会的公平正义。二是从宏观维度，从消费者保护和市场竞争、市场产出和金融稳定出发，认为金融消费者保护有利于促进竞争，有利于维护公众对市场的信心，提升金融效率，提高金融可获得性。

10.4.1 为什么要保护金融消费者

第一，信息不对称导致金融服务和产品的提供者天生具有欺诈和不公平交易动机。传统的市场失灵原因，例如外部性、信息不对称等在消费金融市场同样适用。消费者对金融产品做出理性决策，需要占有与金融产品大量的相关信息。但由于金融产品的专业性、技术性和复杂性，在大多数情况下，消费者自己无法有效生成和遴选此类信息。金融产品和服务的供应商在此方面占有信息强势地位。在商业利益驱动下，供应商往往利用其信息的强势地位进行欺诈和不公平交易，损害处于信息弱势地位的金融消费者利益。由此需要通过立法和监督等强制措施，要求金融产品和服务供应商必须履行

---

① 资料来源：罗佳斌. 金融科技的到来[N]. 信报，2016-6-30.

说明、告知等法定义务,从而消除基于信息不对称对消费者所造成的侵害。

第二,金融消费者的行为偏见和认知局限需要金融教育和引导。行为金融学理论认为,经济学的标准模型,即假设理性消费者和有效市场在实际中都是不存在的。实际上,消费者受制于某种行为偏见(Benartzi & Thaler,2001;Campbell,2006),总是倾向于选择一些简单条款的产品。消费者的行为偏见导致他们面对众多选择时并不服从效用最大化原则,可能会选择一些不适合自身需要的产品或服务。因此,需要发展基于行为模型基础上的金融市场监管,而不是仅仅假设家庭和个人都能理性做出决定。为了弥补消费者在行为和选择上的偏差,进行充分的消费者教育很重要。Compbell(2006)认为,金融教育在构建金融消费者保护监管中是非常重要的补充措施。Elliehausen(2010)认为在信用市场的有效监管中运用行为研究的结论是非常有用的。

第三,金融行业特别是零售市场的迅猛发展客观上需要金融消费者保护。David Porteous(2009)指出,在2001~2005年间,巴西、俄罗斯、印度和中国的消费信贷增加了40%,2007~2009年间全球增加了1.5亿零售市场消费者,且金融产品越来越复杂。如果消费者保护没有跟上,或者消费者选择错误的产品,容易导致过度负债的产生,恶化家庭和金融机构的资产负债表。特别是第一次负债或者低收入家庭的消费者,缺乏足够的金融知识识别金融产品,出现选择上的偏差,一旦这样的偏差成为集体选择失误,将形成系统性风险。危机前,普遍共识是低收入国家的金融消费者的金融意识和金融知识普遍缺乏。有调查显示,发展中国家的穷人甚至不能理解什么是利率(Porteous,2009;FSD-Kenya,2009)。即使在发达国家,部分消费者的金融意识也非常低,Lusardi和Tufano(2015)对美国家庭做了一个调查,发现借款人的金融意识非常低,特别是妇女、老人和少数民族,而且受到越少金融教育的消费者越倾向于选择高成本的交易方式。Van et al.(2009)研究了澳大利亚的家庭,得出同样的结论,认为低收入的消费者不仅容易是贷款人滥用权利的牺牲者，而且没有意识到保护自己作为金融消费者的权益。中国72%的成年人不能正确理解风险分散、通货膨胀和复利等重要金融概念。根据中国家庭金融调查数据，家庭的金融市场参与率为11.5%，股票市场参与率为8.8%，其中，城市家庭为14.3%，农村家庭为2.3%；基金市场的参与率为4.2%，其中城市家庭为7.6%，农村家庭为1.3%（甘犁等，2012）。

第四，金融消费者保护能够促进竞争。有效市场假说认为市场本身功能是完善的，消费者的理性需求和生产者的供给达到均衡，市场竞争充分，消费者效用最大化，供给方达到最大生产者边界。但行为金融学认为，消费者由于个体认知偏差叠加导致群体认知偏差，进而导致市场信号扭曲，市场产出低效。Barr，Michael，Sendhia Mullainathan和Eldar Shafir（2008）建立模型，分析了金融消费者的行为选择和市场竞争的关系，认为在消费者认知偏差基础上的行为选择所形成的市场竞争不会实现资源最大化使用的均衡，需要政府进行强有力的监管，通过金融教育，引导金融消费者行为。

第五，金融消费者保护有利于促进市场稳定、提高普惠金融。消费者投诉信息数据可以显现特定金融产品是否存在系统性问题，监管当局可以据此做出公共决策，有利于提高决策的科学性，防范系统性风险。同时，消费者保护有利于提高公众对市场的信心，促进市场稳定。金融消费者保护能够提高金融普惠制水平。在发展中国家，不足20%的家庭拥有银行账户（Sue Rutledge，2010）。据世界银行测算，每1000个成年人的存款账户数量变动0.3～0.6个百分点，将引起GDP变动1个百分点。发展贫苦地区、贫困人口的金融可获得性，消费者只有知道自身权益得到保护才愿意进入这个市场。

10.4.2 如何保护金融消费者

（1）通过监管体制保护互联网金融消费者的合法利益

根据泰勒的双峰理论（Twin Peaks），金融监管应着眼于两个方面：一是审慎监管，防范系统性风险；二是行为监管，保护金融消费者权益（Taylor，1995）。但在监管实践中，可能导致监管目标冲突，当两者发生冲突时，监管者可能更多考虑的是维护金融机构的名誉。这种监管目标的冲突,必然使得审慎监管者将金融机构的短期利益置于金融消费者权益之上(刘士余,2011)。从我国的监管体制来看,"一行三会"在实施审慎监管同时,还各自设立了金融消费者保护机构,分业监管的实质与互联网金融的混业经营相矛盾,纵向分割监管体制易导致监管目标冲突,金融体系稳定目标优于金融消费者保护,从而造成对后者的保护不足。此外,在监管实践中,由于互联网金融交易的虚拟性,互联网金融消费者与互联网金融机构间实质上的不平等,金融消费者囿于其资力、投资经验等因素的限制,其权益往往得不到保护。

因此,在构建互联网金融监管体系时,应在现有金融监管体系基础上对互联网金融实行统一的功能性监管,或建立统一的金融监管机构,制订统一的金融监管法规,协调监管政策和监管标准,统一调动监管资源,对中国金融机构和金融市场进行统一监管。同时,在各级消费者协会内部设立专门的金融消费者保护工作协会,加强对消费者的保护教育,并辅之以中立、独立、公正的第三方替代性金融纠纷解决机构(ADR),以切实保护互联网金融消费者的利益。

从国际经验看,在金融业跨业经营格局下,设立统一的金融消费者保护机构已是大势所趋。美国 2010 年《多德——弗兰克华尔街改革与消费者保护法案》即在美联储之下创设了相对独立的消费者金融保护局(Bureau of Consumer Financial Protection),集中行使原来由 7 家不同监管机构行使的金融消费者保护职权,以以数据推动分析并强化技术创新应用。英国 2012 年的《金融服务法》也设立了金融行为监管局(Financial Conduct Authority,FCA),取代过去的金融服务局(FSA),专施金融消费者保护之责。

未来,随着我国金融业综合化经营的发展和金融监管体系的完善,一行三会四个金融消费者保护机构的框架也需要进一步完善,设立统一的金融消费者保护局是可行途径之一。

(2)通过立法保护互联网金融消费者的合法利益

金融危机引发了国际上对金融消费者权益保护的立法改革。2011年世界银行拟定了《金融消费者保护的良好经验建议（草稿）》，提出功能完善的金融消费者保护机制应包括消费者自我保护能力的提升。为增强全民的金融知识水平，应当制定一个广泛的金融教育计划，并由政府主管部门负责实施。各国金融监管中，消费者保护从来都是最重要的监管目标之一。表10.8中列出了目前消费者保护立法的国家分布情况，表10.9中列出了国际机构和主要发达国家关于金融消费者保护的监管立法。世界银行对114个国家的调查显示，目前大多数国家由审慎监管当局负责金融消费权益保护，最为常见的模式是多家分业监管机构负责各自行业的金融消费权益保护工作。约四分之一的国家由金融监管当局与一般性消费者保护机构共同承担金融消费权益保护职能。

表10.8 消费者保护立法的国家分布表

类别	I	II	III	IV	V
	有消费者保护法但未明确金融行业的消费者保护	有消费者保护法且明确涉及金融行业的消费者保护	在金融监管的立法下涉及金融消费者保护的条款	金融消费者保护条款在前三类立法中均有体现	金融消费者保护条款体现在II和III中
国家数量	77	67	77	36	45

资料来源：李世宏. 金融消费者保护最新进展、国别比较及启示[R]. 2012.5. 中国银行业监督管理委员会工作论文.

表10.9 国际机构和主要发达国家关于金融消费者保护的立法

国际机构和国家	法律、监管规定和指南
国际清算银行（BIS）	巴塞尔委员会：《有效监管核心原则》，1997制定，2006修订
	弱小银行的监管指南，2002
世界银行（WB）	国际汇兑服务的总体原则，2007
联合国（UN）	消费者保护指南，1999

续表

国际机构和国家	法律、监管规定和指南
经济合作与发展组织（OECD）	个人隐私和个人跨境资金流动信息的保护指南，1980
	监管质量和绩效的指导原则，2005
	核心卡特尔调查（Hard core cartel investigation）中竞争性机构之间正式的信息交流的良好实践，2005
	委员会关于兼并评估的建议，2005
	委员会关于被监管机构组织架构分设的建议，2001
	委员会关于反核心卡特尔有效行动的建议，1998
	委员会关于成员国加强合作防止非竞争措施影响国际贸易的建议，1995
亚太经合组织（APEC）	APEC隐私保护框架，2005
	APEC存款保险的政策对话：主要的政策结论，2004
欧盟（EU）	消费信贷指令，1987/102/EEC
	消费者的信用协议指令，2008/48/EC
	金融产品定价指标的消费者保护指令，1998/6/EC
	消费者合同不公平条款指令，1993/13、EEC
	国内市场关于对消费者不公平对待的商业行为指令，2005/29、EC
	误导和比较性广告（Comparative advertising，指与竞争对手产品进行比较的广告）指令，2006/114/EEC
	消费金融服务的远程销售指令
	国内市场的支付服务指令，2007/64/EC
	存款保证项目指令，1994/19/EC
	远程销售合同的消费者保护指令，1997/7/EC
	个人数据处理和自由流动的保护指令，1995/46/EC
	关于非法院机构涉及消费者纠纷处理的原则的建议，2001/310/E
	关于零售银行监管法案的部门质询，2007
	关于执行委员会个人数据流入第三方国家的标准合同条款的工作报告，2001/497/EC
	关于建立欧盟的协议，1957
金融行动工作组（FATF-Fiancial Action Task Force）	反洗钱的40项建议，2003
	反恐融资的9项特别建议，2004

续表

国际机构和国家	法律、监管规定和指南
美国	多德——弗兰克华尔街改革和消费者保护法案，2010
	2009信用卡可靠性、责任和信息披露法案，2009
	诚实贷款法，1968
	诚实储蓄法，1991
	21世纪支票清算法，2003
	公平的贷款清收法，1977
	E条例-电子资金转移，1966
	联邦贸易委员会法，1914
	公平信用机会法，1974
英国	金融服务和市场法，2000
	消费信贷法，1974

资料来源：李世宏. 金融消费者保护最新进展、国别比较及启示[R]. 2012.5. 中国银行业监督管理委员会工作论文.

以美国为例，其在P2P发展中对消费者保护的相关法律涉及了近十项法案：Truth Lending Act（诚实贷款法）中规定贷款人就贷款的条件和信贷交易提供统一、可理解的信息披露；监管贷款宣传，给予借款人及时获知信息披露和信贷处理方式等权利。Equal Credit Opportunity Act（公平信用机会法）规定尽职贷款人基于种族、肤色、宗教信用、国籍、性别、婚姻状况、年龄等因素歧视信贷申请人。Service Member Civil Relief Act（服务人员民事救济法）给予在军队服务的借款人一个利率上限，允许现役军人和有任务的预备役军人暂停或推迟某些民事义务。Fair Credit Reporting Act（公平信用报告法）要求贷款人必须出于经许可的用途才能获得消费者的信用报告，要求个人向信用部门提供正确的信息；贷款人拒绝信贷申请人的话，必须根据信贷报告中的公开信息披露进行；贷方被要求发展和落实一套防盗窃信息程序。Federal Trade Commission Act

（联邦贸易委员会法）禁止不公平或者欺诈性的条款和做法。Gram-Leach-Bliley Financial Modernization Act（金融服务现代化法案）限制金融机构将消费者非公开个人信息透露给非关联第三方，要求金融机构知会客户其信息共享机制，并且告知客户如果客户不希望他们的信息被无关联第三方机构获知，他们有权选择退出。Electric Fund Transfer Act（电子资金转移法案）给予消费者在使用电子转账从银行账户中汇入或者汇出资金的权利。Electronic Electronic Signature in Global and National Commerce Act（全球和国家商业电子签名法案）允许使用电子记录或电子签名来创设有法律约束力或执行力的协议，要求在消费者交易使用电子记录或电子签名的商业行为必须预先征得消费者同意。Bank Secrecy Act（银行保密法）要求金融机构执行反洗钱程序，使用消费者身份确认程序，筛选个人财产被冻结或其公司被禁止进行交易的个人名单。Fair Debt Collection Practice Act（公平贷款清收法）对涉及消费者债务的第三方债务收款机构提供了指引和做出了限制，禁止在催收过程中使用威胁、骚扰和侮辱性行为[①]。

互联网金融的创新，发展的好能够跨越垄断、破解政策歧视，可以加快普惠金融的推进，但如果发展不好，对于金融消费者来说，最大的问题是其权益能否得到保障，是否会带来信用危机，进而影响宏微观金融稳定。完善的金融消费者保护体系应包括立法、保护机构和纠纷投诉处理机制。目前，我国金融消费者权益保护方面适用的法律是2013年的《消费者权益保护法》，但其中对于金融消费者保护的界定不清晰，对于为何保护、如何保护不明确，保护的原则、职责、操作规定尚不清晰，缺乏针对性的法律保护条例。各个金融管制立法虽然涉及消费者保护，例如《证券法》《商业银行法》有保护消费者权益的条款，但并不系统。由于互联网金融消费群体人数众多，存在风险隐忧，在监管新措出台的同时，应从法律上明确对金融消费者的保护。2015年11月，国务院办公厅发布《关于加强金

---

① 资料来源：陈敏轩、李钧. 美国P2P行业的发展和新监管挑战[J]. 金融发展评论，2013（3）：1-34.

融消费者权益保护工作的指导意见》，指出金融管理部门要推动及时修订相关法规，研究探索特别立法。显然，在互联网金融快速发展的今天，已迫切需要完善我国金融消费者权益保护机制。

在金融消费者保护机构方面，人民银行、银监会、保监会、证监会陆续搭建组织架构，成立金融消费权益保护局。但由于部分金融产品涉及跨业业务，那么此种情况下，各机构之间如何协调、职责如何划分缺乏明确指引，或增加金融消费者的维权难度。在纠纷投诉处理上，建议专设机构并制定《处理投诉程序》以遵循，对于投诉处理的情况应纳入人行征信系统中，集中被投诉的，应纳入监管部门的监管重点，根据金融实际发展，动态调整监管方式、规则、内容等，实现智慧监管。

有效的金融消费者保护的框架设计应包括以下十个方面[①]：一是清晰的具有约束服务提供者和使用者关系的法律规定，保证消费者得到公平对待和申请救助的权利。二是恰当的监管架构和强制权力。三是平等和公平对待消费者。四是信息披露和透明度。五是有效的纠纷解决机制。消费者纠纷解决和救助机制是可获得的、可以负担的、独立的、公平的、可靠的、及时和有效的。六是金融教育和金融意识的培养。七是金融服务提供者和监管机构负责任的商业行为。金融机构应该本着"了解你的客户"（Know Your Customer）原则，评估消费者的金融能力，推荐适合消费者的金融产品。在缔约合同时履行告知、协助、保密义务，真实全面披露交易内容、风险水平等必要信息。不强制销售、劝诱消费者购买不适合的产品，培育负责任的企业文化。金融机构的员工需要受过良好的相关培训。八是保护消费者存款和其他资产不受欺诈和误用。九是保护消费者的相关信息和隐私。十是促进竞争，使消费者有更多的选择，提高消费者整体福利水平。

---

① 资料来源：李世宏. 金融消费者保护最新进展、国别比较及启示[R]. 2012.5. 中国银行业监督管理委员会工作论文.

10.5 相关建议

基于前述我国金融监管现行框架、对互联网金融监管的法规，以及结合其他国家金融监管模式变迁和对互联网金融监管的实践，我们总结出如下主要观点，并建议应明确监管最终实现的具体目标，在目标达成过程中要借助于功能监管、协作监管、金融消费者保护。新的监管体系的建立应基于泰勒的双峰理论展开。虽然双峰监管模式在金融危机中难以使金融体系不受影响，但该模式依旧强势，仍然得到不同利益主体的支持（IMF，2011；Algemene Rekenkamer，2009）。当前国内学界不少研究建议建立统一的金融监管机构，秦晓（2016）提出了"央行+行为监管局"或"央行+审慎监管局+行为监管局"的方案；何剑锋（2016）提出建议设立"央行、财政部为主体的金融审慎监管局"+"证监会、银监会、保监会等机构构成的金融行为监管局"的方案；廖岷（2014）提出建立平衡审慎监管和行为监管两大支柱，这些都反映出"双峰理论"的观点。在这一监管模式下，机构和行为监管得到统一，监管权较为集中，在监管协调成本上有很大节约，且可以有效规避监管重叠和监管空白。特别是互联网金融具长尾特征，而现行金融监管框架下金融消费者权益未被较好保护，可基于双峰监管模式解决这一问题。

10.5.1 监管的必要性——监管环境过于宽松，易滋生系统性风险

监管环境如果过于宽松，则易于滋生新系统性风险。不管是从历史来看，还是从世界范围来看，金融业一直在遵循着"金融危机——加强监管——金融创新——放松管制——新一轮危机"的循环。在金融自由化和金融创新下，风险识别、监控不足、信息披露不足、信用链条过长都会导致风险的产生和蔓延，如若再借助于杠杆性，则系统性风险极易产生。

10.5.2 宏观审慎监管的重要性——微观审慎监管难以确保整体金融体系安全

审慎原则是金融监管的核心价值，但传统的针对单个金融机构

的微观审慎监管与宏观调控体系已不足以实现金融稳定的目标，宏观审慎政策成为重要政策方向（G20，2010；FSB，2011）。危机后，在世界范围内出现了成立统一金融监管机构的趋势。监管理论基础由危机前的主流金融监管理念新古典经济学向更多借助于行为金融学转变。谢平、邹传伟（2010）认为新古典经济学的假设和结论不完全符合事实。如个性行为可能是非理性的、个体理性不意味着集体理性、金融创新可能存在重大缺陷、金融消费中可能存在欺诈和非理性行为。因此，自由放任的金融监管理念应被修正，并借助行为金融学的研究。常规的宏观经济政策与审慎监管工具之间具有内在的密切联系，需要两者之间的协调配合以维护金融稳定。

10.5.3　金融监管权力分散将影响问题的发现和及时应对能力

有效监管有赖于真实、完整数据信息的集中管理和掌握，权力分散的金融监管，各行业数据信息呈现分割、分散化状态，一方面信息共享不充分，另一方面数据信息收集需要协调合作，引发协调成本以及协调是否顺畅的问题。这些将影响中央银行准确、及时、全面获取金融行业整体状况的能力。因此，监管权力的部分集中以及部门协调成为监管改革趋势。理想的状态是形成功能监管。互联网金融发展根源在于其实现了金融功能，那么，遵循金融功能脉络的金融监管研究，更能体现一致性原则，更稳定更有效率。因此，对我国互联网金融监管按照经营业务的性质来划分监管对象的金融监管模式即功能监管。

目前世界主要国家和经济体的监管或为统一监管模式，或为分业监管模式。无论是在哪一种模式下，不同监管领域之间的协调都极为重要。在统一监管模式下，协调发生在同一机构内部不同部门部门之间；在分业监管模式下，协调发生在不同机构之间。而金融混业趋势下，转向统一监管模式及进行金融监管协调的研究变得越来越重要，其目的在于避免制度不完备、信息不对称和行动不协调造成的监管漏洞、监管冲突、监管空白，防范监管套利。

国外的金融监管协调机制虽然各自所采用的监管模式不同，但都大体通过正式的制度安排逐步加强监管协调，形成了完善的协调合作的框架。钟震、董小君（2013）研究发现，为了降低监管成本、实现监管有效性，澳大利亚和荷兰均有自己的监管合作沟通机制，用以充当协调各监管机构监管政策的平台。建议中国各监管部门参照澳大利亚金融监管理事会的模式，成立金融监管联合委员会或联席会，定期召开会议，就金融监管议题进行研究和沟通。一方面，该机制有利于交流重大的金融监管信息和关注金融体系的变化趋势，尤其是科技发展、金融创新、全球化对金融体系产生的影响。另一方面，该机制有利于整合监管资源、避免各自职责重叠，从而有效促进中国金融监管的改革[①]。这些经验都对中国建立与监管框架相适应的协调机制提供了有益的借鉴。

10.5.4 注重行为监管，保护金融消费者权益

如前所述，危机后，以澳大利亚为代表的双峰模式得到更多认同。金融监管不仅施行机构监管，也更加注重行为监管。行为监管目的在于保护金融消费者权益，英国设立独立的金融行为局，将金融消费者保护与审慎监管职能分离，美国在美联储内部新设消费者金融保护局。分设优势在于，对金融机构和金融消费者的权益保护更加透明，审慎监管关注风险监测和管理，行为监管重视行为披露、信息披露，二者相互促进，互为补充。

互联网金融的创新，发展的好能够跨越垄断、破解政策歧视，可以加快普惠金融的推进，但如果发展不好，对于金融消费者来说，最大的问题是其权益能否受到保障，是否会带来信用危机，进而影响宏微观金融稳定。完善的金融消费者保护体系应包括立法、保护机构和纠纷投诉处理机制。目前，我国金融消费者权益保护方面适用的法律是《消费者权益保护法》，但其中对于金融消费者保护的界定不清晰，对于为何保护、如何保护不明确，保护的原则、职责、操作规定尚不清晰，缺乏针对性的法律保护条例。由于互联网金融消费群体人数众多，存在风险隐忧，在监管新措出台的同时，应从法律上明确对金融消费者的保护。在金融消费者保护机构方面，人

---

① 资料来源：钟震，董小君. 双峰型监管模式的现状、思路和挑战——基于系统重要性金融机构监管视角[J]. 宏观经济研究，2013（2）：17-23.

民银行、银监会、保监会、证监会陆续搭建组织架构，成立金融消费权益保护局。但由于部分金融产品涉及跨业业务，那么此种情况下，各机构之间如何协调、职责如何划分缺乏明确指引，或增加金融消费者的维权难度。在纠纷投诉处理上，建议专设机构并制定《处理投诉程序》以遵循，对于投诉处理的情况应纳入人行征信系统中，集中被投诉的，应纳入监管部门的监管重点，根据金融实际发展，动态调整监管方式、规则、内容等，实现智慧监管。

安全与效率是金融市场发展中无法回避的矛盾所在。经济下行期间，金融安全诉求超过便利性诉求。在微观层面，金融安全应为金融创新设定目标，即要保障个人资产账户安全。金融监管需要在金融安全、经济安全与金融效率、经济效率之间需求平衡（balance）与共生，以建立有序、安全的新秩序。

参考文献

1. 艾瑞咨询. 中国生活理财 App 行业研究报告 2014 年[EB/OL]. (2015-11-27)[2015-12-15].http://wreport.iresearch.cn/uploadfiles/reports/635842351910330243.pdf.
2. 安宝洋. 互联网金融下科技型小微企业的融资创新[J]. 财经科学，2014（10）：1-8.
3. 巴曙松. 加强对影子银行系统的监管[J]. 中国金融，2009（14）：24-25.
4. 巴曙松."影子银行"部分实现金融改革目标[J]. 经济，2012（1）：19-19.
5. 巴曙松. 应从金融机构演进角度客观评估影子银行[J]. 经济纵横，2013（4）：27-30.
6. 巴曙松，杨彪. 第三方支付国际监管研究及借鉴[J]. 财政研究，2012（4）：72-75.
7. 巴曙松. 支付账户分类监管的政策建议[J]. 经济，2015（4）：9-9.
8. 巴曙松，沈长征. 从金融结构角度探讨金融监管体制改革[J]. 当代财经，2016（9）：43-51.
9. 波士顿咨询. 金融机构数字化转型中的组织和人才突围[EB/OL].（2016-01-06）[2016-10-20]. https://wenku.baidu.com/view/a019427a001ca300a6c30c22590102020740f26f.html.
10. 曹凤岐. 中国金融监管三大问题需改革[J]. 农村金融研究，2013（9）：79-79.
11. 曹彤. 互联网金融的首要挑战是基础设施建设[EB/OL]. 金融40人论坛. 2015-1-14. http://www.cf40.org.cn/plus/view.php?aid=9379.

12. 陈德霖. 银行业如何重建昔日的道德操守[J]. 中国银行业, 2016（12）：8-10.

13. 陈敏轩, 李钧. 美国 P2P 行业的发展和新监管挑战[J]. 金融发展评论, 2013（3）：1-34.

14. 陈秀梅. 论我国互联网金融市场信用风险管理体系的构建[J]. 宏观经济研究, 2014（10）：122-126.

15. 陈一稀、魏博文. 电商系网络银行的金融生态问题探析[J]. 上海金融, 2014（4）：47-54.

16. 陈志武. 互联网金融到底有多新[J]. 新金融, 2014（9）：9-13.

17. 褚蓬瑜, 郭田勇. 互联网金融与商业银行演进研究[J]. 宏观经济研究, 2014（5）：19-28.

18. 戴国强, 方鹏飞. 利率市场化与银行风险——基于影子银行与互联网金融视角的研究[J]. 金融论坛, 2014（8）：13-19.

19. 方芳、李聪. 基于金融功能视角下的互联网金融的思考[J]. 广东社会科学, 2014（5）：29-33.

20. 冯娟娟. 我国互联网金融监管问题研究[J]. 时代金融, 2013（10）：20-21.

21. 符瑞武, 卢米, 颜蕾. 对完善我国区域金融风险管理体系的思考[J]. 合作经济与科技, 2013（21）：72-73.

22. 甘犁. 中国家庭金融调查报告[M]. 成都：西南财经大学出版社, 2015.

23. 高汉. 互联网金融的发展及其法制监管[J]. 中州学刊, 2014（2）：57-61.

24. 高盛.虚拟现实 2015[EB/OL].（2015-01-13）[2016-03-01]. 1https://wenku.baidu.com/view/7db4efae767f5acfa0c7cd86.html.

25. 宫晓林 a. 互联网金融模式及对传统银行业的影响[J]. 南方金融, 2013（5）：86-88.

26. 宫晓林 b. 互联网下的新金融形式[J]. 中国金融, 2013（24）：56-57.

27. 龚映清, 互联网金融对证券行业的影响与对策[J]. 证券市场导报,2013(11):4-13.

28. 管仁荣,张文松,杨朋君. 互联网金融对商业银行运行效率影响与对策研究[J]. 云南师范大学学报(哲学社会科学版),2014(6):56-64.

29. 何广文. 中国农村金融组织体系创新路径探讨[J]. 金融与经济,2007(8):11-16.

30. 何广文,杨虎锋. 小额贷款公司制度目标及其实现路径探讨[J]. 农村金融研究,2012(6):10-14.

31. 何剑锋. 论我国互联网金融监管的法律路径[J]. 暨南学报(哲学社会科学版),2016,38(1):58-65.

32. 洪娟、曹彬、李鑫. 互联网金融风险的特殊性及其监管策略研究[J]. 中央财经大学学报,2014(9):42-46.

33. 华强森、成政珉. 中国银行业必须直面网络竞争[N]. 金融时报,2014-11-26. http://www.ftchinese.com/story/001059320.

34. 黄桂田、何石军. 结构扭曲与中国货币之谜:基于转型经济金融抑制的视角[J]. 金融研究,2011(7):1-13.

35. 黄海龙. 基于以电商平台为核心的互联网金融研究[J]. 上海金融,2013(8):18-23.

36. 黄益平. 以金融革命促发展方式转变[J]. 新世纪周刊,2010(50):62-63.

37. 黄益平. 中国金融业对外开放的倒退[J]. 新世纪周刊,2015(8):11-11.

38. 黄益平、常健、杨灵修. 中国的影子银行会成为另一个次债?[J]. 国际经济评论,2012(2):42-51.

39. 黄益平:互联网金融监管要"三思"而后行[J]. 中国总会计师,2016(1):16-16.

40. 蒋先玲、徐晓兰. 第三方支付态势与监管:自互联网金融观察[J]. 改革,2014(6):113-121.

41. 江曙霞,郑亚伍. 金融监管治理的激励机制研究[J]. 厦门大学学报(哲学社会科学版),2012(3):50-56.

42. 金迪. "超额"货币都去哪儿了：对我国货币收入流通速度长期下降的一个解释[J]. 财贸经济，2014（6）：P36-49.

43. 李安安. 银行危机处置程序中的问责制研究——以银行监管治理为视角[J]. 武汉大学学报（哲学社会科学版），2012（6）：37-41.

44. 李博，董亮. 互联网金融的模式与发展[J]. 中国金融，2013（10）：19-21.

45. 李红坤、刘富强、翟大恒. 国内外互联网保险发展比较及其对我国的启示[J]. 吉林金融研究，2014（10）：77-83.

46. 李建军，田光宁. 影子银行体系监管改革的顶层设计问题探析[J]. 宏观经济研究，2011（8）：24-28.

47. 李萍，于显吉，李艳. 论中国农村微型金融的比较优势与发展困境[J]. 商业经济研究，2011（25）：67-68.

48. 李世宏. 金融消费者保护最新进展、国别比较及启示[R]. 2012.5. 中国银行业监督管理委员会工作论文.

49. 李鑫，徐唯粲. 对当前我国互联网金融若干问题的辨析[J]. 财经科学，2014（9）：1-9.

50. 李有星，陈飞，金幼芳. 互联网金融监管的探析[J]. 浙江大学学报（人文社会科学版），2014（4）：87-97.

51. 梁璋，沈凡. 国有商业银行如何应对互联网金融模式带来的挑战[J]. 新金融，2013（7）：47-51.

52. 廖理. Ally Bank、ING Direct、BOFI 三家直营银行的创立发展和启示[DB/OL]. 清华金融评论. 2015-1-5. http://www.thfr.com.cn/post.php?id=10910.

53. 廖理，李梦然，王正位. 聪明的投资者：非完全市场化利率与风险识别——来自 P2P 网络借贷的证据[J]. 经济研究，2014（7）：125-137.

54. 廖岷. 对中国互联网金融发展与监管的思考[J]. 新金融评论，2014（2）：1-17.

55. 林采宜. 互联网金融只是信息时代的一种金融模式[EB/OL]. 金融40人论坛. 2012-8-12. http://www.cf40.org.cn/plus/

view.php?aid=5901.

56. 林雪. 互联网金融与商业银行业务的融合与发展研究[J]. 金融论坛，2014（10）：21-28.

57. 林毅夫，孙希芳. 银行业结构与经济增长[J]. 经济研究，2008（9）：31-45.

58. 刘澜飚，沈鑫，郭步超. 互联网金融发展及其对传统金融模式的影响探讨[J]. 经济学动态，2013（8）：73-83.

59. 刘林、朱孟楠. 货币供给、广义货币流通速度与物价水平：基于非线性 LSTVAR 模型对我国数据的实证研究[J]. 国际金融研究，2013（10）：20-32.

60. 刘红波，樊自甫，万晓榆. 政府监管机构与互联网企业的动态博弈分析[J]. 现代商贸工业，2014（2）：10-12.

61. 刘宪权. 论互联网金融刑法规制的"两面性"[J]. 法学家，2014，1（5）：77-91.

62. 刘士余. 美国金融监管改革概论[M]. 北京：中国金融出版社，2011.

63. 刘淑萍. 关于我国互联网金融监管的思考[J]. 金融发展评论，2014（7）：17-22.

64. 刘鹰. 21 世纪的小企业——微金融生态体系[EB/OL]. (2014-12-11)[2015-05-05]. http://www.aliresearch.com/? http://www.aliresearch.com/?m-cms-q-view-id-77311.html.

65. 刘越、徐超、于品显. 互联网金融：缘起、风险及其监管[J]. 社会科学研究，2014（3）：28-33.

66. 罗静. 国外互联网监管方式的比较[J]. 世界经济与政治论坛，2008（6）：117-121.

67. 罗友山. 关于金融监管的博弈分析[J]. 经济评论，2002（1）：91-93.

68. 马勇，杨栋，陈雨露. 信贷扩张、监管错配与金融危机：跨国实证[J]. 经济研究，2009（12）：93-105.

69. 麦肯锡. 大数据：下一个创新、竞争和生产力的前沿

[EB/OL].（2011-01-01）[2012-03-01]. https://wenku.baidu.com/ view/ 6c9b66edb8f67c1cfad6b873.html.

70. 麦肯锡.麦肯锡全球银行业报告（2016）[EB/OL]. (2016-11-12) [2016-11-30].http://www.mckinsey.com.cn/wp-content/uploads/2016/11/ globalreport.pdf.

71. 苗文龙、刘海二，互联网众筹融资及其激励约束与风险管理——基于金融市场分层的视角[J]. 金融监管研究，2014（7）：1-22.

72. 苗永旺. 网络银行的创新发展对金融市场的影响研究[J]. 浙江金融，2014（9）：32-36.

73. 蒲成毅. 数字现金对货币供应与货币流通速度的影响[J]. 金融研究，2002（5）：P81-89.

74. 乔海曙，吕慧敏. 中国互联网金融理论研究最新进展[J]. 金融论坛，2014（7）：24-29.

75. 秦晓. 重构金融监管体系：理念、功能和模式选择[EB/OL].(2016-07-16)[2016-07-16]http://www.cf40.org.cn/plus/view.php?aid=11119.

76. 屈庆，陈黎，余文龙. 互联网金融发展对金融市场及债券市场影响分析[J]. 债券，2013（10）：29-35.

77. 上海保监局"上海保险业依托互联网发展与监管研究"课题组. 国外互联网保险发展的理论与实践[J]. 上海保险，2015（2）：57-60.

78. 商建刚，阮品嘉. 论 P2P 互联网借贷平台的定位[J]. 商品与质量：科教与法，2014（5）：1.

79. 帅青红. P2P 网络借贷监管的博弈分析[J]. 四川大学学报：哲学社会科学版，2014（4）：133-138.

80. 世界银行. 2015 世界发展报告：思维、社会与行为[M]. 北京：清华大学出版社，2015.

81. 孙天琦. 金融业行为风险、行为监管与金融消费者保护[J]. 金融监管研究，2015（3）64-77.

82. 唐金成、韦红鲜. 中国互联网保险发展研究[J]. 南方金融，

2014（5）：84-88.

83. 田立中. 我国货币流通速度的影响因素分析[J]. 求索，2007（4）：24-26

84. 汪振江，张驰. 互联网金融创新与法律监管[J]. 兰州大学学报：社会科学版，2014（5）：112-121.

85. 王达，美国互联网金融的发展及中美互联网金融的比较——基于网络经济学视角的研究与思考[J]. 国际金融研究，2014（12）：47-57.

86. 王和. 大数据时代保险变革研究[M]. 北京：中国金融出版社，2014：18.

87. 王会娟，廖理. 中国 P2P 网络借贷平台信用认证机制研究——来自"人人贷"的经验证据[J]. 中国工业经济，2014（4）：136-147.

88. 王国刚，张扬. 互联网金融之辨析[J]. 财贸经济，2015，36（1）：5-16.

89. 王建铆. 金融压制体制必须改革[J]. 银行家，2011（7）：133-133.

90. 王曦. 经济转型中的货币需求与货币流通速度[J]. 经济研究，2001（10）：20-28.

91. 王啸. 注册制"落地"要处理好资本市场五个基本国情[J]. 清华金融评论，2016（2）：81-87.

92. 魏加宁. 金融创新、金融监管与金融改革之间的关系[J]. 银行家，2013（7）：124-124.

93. 魏鹏. 中国互联网金融的风险与监管研究[J]. 金融论坛，2014（7）：3-9.

94. 温信祥，叶晓璐. 法国互联网金融及启示[J]. 中国金融，2014（4）75-77.

95. 吴晓求. 互联网金融:成长的逻辑[J]. 财贸经济，2015，36（2）：5-15.

96. 肖本华. 包容性增长视角下的普惠制金融研究[J]. 上海金融学院学报，2011（6）：17-22.

97. 谢平、邹传伟、刘海二. 互联网金融监管的必要性与核心原则[J]. 国际金融研究，2014（8）：3-9.

98. 谢平、邹传伟. 互联网金融模式研究[J]. 金融研究，2012（12）：11-22.

99. 谢平、邹传伟. 金融危机后有关金融监管改革的理论综述[J]，金融研究，2010（2）：1-17.

100. 谢平，石午光. 数字加密货币研究：一个文献综述[J]. 金融研究，2015（1）1-15.

101. 谢清河. 我国互联网金融发展问题研究[J]. 经济研究参考，2013（49）：29-36.

102. 徐徐. 互联网保险的效应、困局与突破[J]. 中国保险，2015（3）：20-24.

103. 许荣，刘洋，文武健，等. 互联网金融的潜在风险研究[J]. 金融监管研究，2014（3）40-56.

104. 徐忠，邹传伟. 硬信息和软信息框架下银行内部贷款审批权分配和激励机制设计——对中小企业融资问题的启示[J]. 金融研究，2010（8）：1-15.

105. 希勒. 金融与好的社会[M]. 北京：中信出版社，2012.

106. 肖大勇，胡晓鹏. 互联网金融体系的信用创造机制与货币政策启示[J]. 福建论坛（人文社会科学版），2014（1）：50-55.

107. 杨佼. 央行"窗口指导"背后：个贷占房贷七成关乎房企"血脉"[J]. 四川水泥，2014（6）：1-1.

108. 杨凯生. 关于互联网金融的几点看法[J]. 中国金融电脑，2013（12）：10-15.

109. 杨肃昌，徐建卫. 中国货币流通速度研究：一个文献综述[J]. 经济问题探索，2015（2）：167-174.

110. 杨一夫. 爆发与新金融[EB/OL]. 2014-12-14. http://www.aliresearch.com/?m-cms-q-view-id-77318.html.

111. 杨东 a. 互联网金融风险规制路径[J]. 中国法学，2015（3）：80-97.

112. 杨东 b. 互联网金融的法律规制——基于信息工具的视角[J]. 中国社会科学, 2015（4）：107-126.

113. 姚文平. 互联网金融：即将到来的新金融时代[M]. 北京：中信出版社, 2014.

114. 叶颖刚、秦建文. 我国互联网保险发展中存在的问题及对应研究——基于风险管理视角[J]. 海南金融, 2015（7）：47-52.

115. 易祖泉、李洪. 浅析互联网保险的特殊风险及监管[J]. 上海保险, 2014（9）：17-20.

116. 殷剑峰. 金融大变革[M]. 北京：社会科学文献出版社, 2014.

117. 尹哲, 张晓艳. 次贷危机后美国、英国和欧盟金融监管体制改革研究[J]. 南方金融, 2014（6）：35-38.

118. 于宾、朱哲. 1980年以来西方货币流通速度研究文献综述[J]. 兰州大学学报, 2013（1）：114-120.

119. 于春敏, 周艳军. 互联网金融时代反洗钱防御体系的构建[J]. 财经科学, 2014（11）：22-30.

120. 于魁. 中小企业融资与小额贷款公司发展探析[J]. 青海金融, 2010（10）：43-44.

121. 曾刚. 外部环境与中国银行业转型[J]. 中国金融, 2012（17）：68-70.

122. 曾刚. "影子银行"：换个马甲卷土重来?[J]. 当代金融家, 2015（2）：58-59.

123. 詹真荣, 刘阳. 世界典型国家互联网监管实践及其启示[J]. 中共杭州市委党校学报, 2011（2）：46-51.

124. 张杰、刘元春、翟福昕、芦哲. 银行歧视、商业信用与企业发展[J]. 世界经济, 2013（9）：94-126.

125. 张明. 警惕互联网金融行业的潜在风险[J]. 经济导刊, 2013（5）：10-12.

126. 张彤玉、冯菲. 我国部门货币流通速度分析[J]. 上海金融, 2009（5）：31-36

127. 张文. 经济货币化进程与内生性货币供给：关于中国高 M2/GDP 比率的货币分析[J]. 金融研究, 2008（2）：13-32.

128. 张晓朴. 互联网金融将推动金融理论发展创新[EB/OL]. 金融 40 人论坛. 2014 年 11 月 1 日, http://www.cf40.org.cn/plus/view.php?aid=9082.

129. 张晓朴, 杜蕾娜. 金融监管治理的定义、要素和评估[J]. 中国金融, 2005（4）：45-46.

130. 张晓朴, 朱太辉. 互联网金融推动理论创新[J]. 新世纪周刊, 2014（43）：38-40.

131. 张玉明, 王洪生. 复杂适应系统视角下的互联网金融特征及运作机制研究[J]. 山东大学学报（哲学社会科学版）, 2014（5）：23-32.

132. 张庆昉. 对银行领域金融消费者权益保护的调查与思考[J]. 金融经济, 2010（20）：3-4.

133. 张正平. 微型金融机构双重目标的冲突与治理：研究进展述评[J]. 经济评论, 2011（5）：139-150.

134. 赵留彦, 赵岩, 陈瑛. 金融交易与货币流通速度的波动[J]. 国际金融研究, 2013（4）：30-40.

135. 赵璐. 美国互联网金融监管经验研究[J]. 时代金融, 2015（26）.

136. 赵旭升. 互联网金融商业模式演进及商业银行的应对策略[J]. 金融论坛, 2014（10）：11-20.

137. 郑联盛. 中国互联网金融:模式、影响、本质与风险[J]. 国际经济评论, 2014（5）.

138. 郑联盛, 由新伟. P2P 与投资者保护[J]. 中国金融, 2016（19）：66-67.

139. 郑耀东. 中外货币流通速度范畴述评[J]. 经济学动态, 1996（12）：63-66.

140. 庄毓敏, 纪崴. 金融监管组织结构优化:模型分析与政策建议[J]. 财贸经济, 2008（6）：33-36.

141. 周光友，施怡波. 互联网金融发展、电子货币替代与预防性货币需求[J]. 金融研究，2015（5）：67-82.

142. 周永林. 区块链金融：若隐若现的新金融蓝图[J]. 金融电子化，2016（1）：27-29.

143. 中国互联网络信息中心 CNNIC. 中国互联网络发展现状统计报告[EB/OL]. (2014-07-21)[2014-7-28].http://www.cnnic. cn/hlwfzyj/hlwxzbg/hlwtjbg/201407/P020140721507223212132.pdf.

144. 中国人民银行金融稳定分析小组. 中国金融稳定报告2014[M]. 北京：中国金融出版社，2014.

145. 钟震，董小君. 双峰型监管模式的现状、思路和挑战——基于系统重要性金融机构监管视角[J]. 宏观经济研究，2013（2）：7-23.

146. Acharya V. V., Cooley T. F., Richardson M. P., et al. Regulating Wall Street: The Dodd-Frank Act and the New Architecture of Global Finance [M]. John Wiley & Sons, 2010.

147. Ahlers G. K. C., Cumming D., Günther C., et al. Signaling in Equity Crowdfunding[J]. Entrepreneurship Theory and Practice, 2015, 39(4):955-980.

148. Agrawal A., Catalini C. and Goldfarb A. The Geography of Crowdfunding[C]. SSRN Electronic Journal. SSRN. Doi 10.2139/ssrn.1692661, 2010.

149. Allen H., Hawkins J., Sato S. Electronic Trading and its Implications for Financial Systems[J]. Bis Papers Chapters, 2001, 07:30-52.

150. Alfred Hannig, Stefan Jansen. Financial Inclusion and Financial Stability: Current Policy Issues[EB/OL]. ADBI Working Paper Series No. 259, December, 2010.(2010-12-31)[2015-12-15]. http://www.eaber.org/sites/default/files/documents/ADBI_Hannig_2010.pdf.

151. Allen F., Mcandrews J., Strahan P. E-Finance: An Introduction[J]. Journal of Financial Services Research, 2002, 22(1-2):5-27.

152. Allen N. Berger, Gregory F. Udell. Relationship Lending and Lines of Credit in Small Firm Finance [J]. The Journal of Business, 1995. Vol. 68(3): 351-381.

153. Altman E. I., Sabato G., Wilson N. The Value of Non-financial Information in Small and Medium-sized Enterprise Risk Management[J]. Journal of Credit Risk, 2010, 6(2):95-127.

154. Anderson C. Calculating Latent Demand in the Long Tail[C]// ACM SIGKDD International Conference on Knowledge Discovery and Data Mining. ACM, 2007:1-1.

155. Arrow K. J. Insurance, Risk and Resource Allocation[J]. Essays in the Theory of Risk Bearing, 1971: 134-143.

156. Auerswald, Philip E. and Lyon, Benjamin and Sullivan, Nicholas and Hasler, Adam, Making Trust Affordable: Profile #2 Using Cell Phones to Extend the Reach of Financial Services (August 1, 2010).http://dx.doi.org/10.2139/ssrn.2396853.

157. Bachmann A., Becker A., Buerckner D., Hilker M., Kock F., Lehmann M., and P. Tiburtius. Online Peer-to-Peer Lending: A Literature Review[J]. Journal of Internet Banking and Commerce,2011,16(2):1-18.

158. Bakksimon K., Borgioli S., Giron C., et al. Shadow Banking in the Euro Area: an Overview[EB/OL].European Central Bank Occasional Paper Series NO 133, April 2012. (2012-04-01)[2014-06-06]. https://www.genevaassociation.org/media/79623/ga2012-if10-bakk-sim on-et-al.pdf.

159. Bandiera L. Monetary Policy, Monetary Areas, and Financial Development with Electronic Money[J]. Social Science Electronic Publishing, 2004. https://deutsche-wirtschafts-nachrichten.de/ wp-content/uploads/2013/11/IWF-e-money.pdf.

160. Banerjee S., Golhar D. Y. Electronic data interchange: Characteristics of users and nonusers[M]. Elsevier Science Publishers B. V. 1994.

161. Barr M. S., Mullainathan S., Shafir E. Behaviorally Informed Financial Services Regulation[EB/OL]. (2008-01-01)[2008-01-01]. http://scholar.harvard.edu/files/sendhil/files/behaviorally_informed_financial_services_regulation.pdf?m=1387200341.

162. Basel. Sound Practices for Managing Liquidity in Banking Organizations[EB/OL]. Committee on Banking Supervision (BCBS). 2000.(2000-12-31)[2014-10-15].http://www.bis.org/publ/bcbs69.pdf.

163. Bauer K., Hein S. E. The effect of heterogeneous risk on the early adoption of Internet banking technologies[J]. Journal of Banking & Finance, 2006, 30(6): 1713-1725.

164. Beck T., Demirgüç-Kunt A. Access to finance: An unfinished agenda[J]. The World Bank Economic Review, 2008, 22(3): 383-396.

165. Belleflamme P., Lambert T. and Schwienbacher A.. Crowdfun-ding:Tapping the Right Crowd[C]. SSRN eLibrary. SSRN. Doi:10.2139/ssrn.1836873, 2012.

166. Benartzi S., Thaler R. H. Naive Diversification Strategies in Defined Contribution Saving Plans[J]. American Economic Review, 2001, 91(1):79-98.

167. Berger A. N. The "Big Picture" about Relationship-based Finance[J]. Proceedings, 1999, 7(3):390-400.

168. Berger A. N., Udell G. F. Relationship Lending and Lines of Credit in Small Firm Finance[J]. Journal of Business, 1995, 68(3):351-381.(see 68)

169. Berger A. N., Udell G. F. The Economics of Small Business Finance: The Roles of Private Equity and Debt Markets in the Financial Growth Cycle[C]// Conference on the Economics of Small Business Finance. 1998:613-673.

170. Berger A. N., Udell G. F. Small Business Credit Availability and Relationship Lending: The Importance Of Bank Organizational Structure [J]. The Economic Journal, 2002, 112(477):32–53.

171. Berger A. N., Udell G. F. A More Complete Conceptual Framework for SME Finance [J]. Journal of Banking & Finance, 2006, 30(11):2945-2966.

172. Berger S. and Gleisner F., Emergence of Financial Intermediaries on Electronic Markets: The Case of Online P2P Lending[J].Business Research, 2009, 2(1):39-65.

173. Bill Gates, Melinda Gates, B. Our Big Bet for the Future [EB/OL]. (2015-12-01)[2015-12-12].https://al2015. gatesnotesazure. com/assets/ media/documents/2015_Gates_Annual_Letter_EN.pdf.

174. BIS. Gertrude Tumpel Gugerell. Financial Regulation and Systemic Stability[EB/OL]. (2002-12-01)[2002-12-12]. http://www. bis. org/review/r020923f.pdf.

175. Boot A. W. A., Dezõelan S., Milbourn T. T. Regulatory Distortions in a Competitive Financial Services Industry[J]. Journal of Financial Services Research, 1999, 16(2):249-259.

176. Boot A. W. A., Thakor A. V. Security Design[J]. The Journal of Finance, 1993, 48(4):1349-1378.

177. Bordo, M. D., Jonung.L.The Long-run behavior of the income velocity of money in five advanced countries,1870-1985: an institutional approach[J]. Economic Inquiry, 1981(1):99-116.

178. Bradford T., Keeton W. R. New Person-to-Person Payment Methods: Have Checks Met Their Match?[J]. Economic Review, 2012(3):41-77.

179. Brett King. Bank 3.0: Why Banking Is No Longer Somewhere You Go But Something You Do [M]. John Wiley & Sons Inc, 2013.

180. Britton Whitbeck. The JOBS Act of 2012 the Struggle Between Capital Formation and Investor Protections[C]. SSRN eLibrary. SSRN. doi:10.2139/ssrn.2149744, 2012.

181. Bowman D., Madigan B., Michelis A. D., et al. Productivity Growth, Information Technology, and Monetary Policy[J]. Economie

Internationale, 2004(98): 89-95.

182. Brown J. R., Goolsbee A. Does the Internet Make Markets More Competitive? Evidence from the Life Insurance Industry[J]. Journal of Political Economy，2002，110（3）：481-507.

183. Burkett E. A Crowd funding Exemption-Online Investment Crowd funding and US Securities Regulation[J]. Transactions: Tenn. J. Bus. L., 2011, 13: 63.

184. Burtch G., Ghose A. and Wattal S.. An Empirical Examination of the Antecedents and Consequences of Investment Patterns in Crowd-Funded Markets[C]. SSRN Electronic Journal. SSRN. doi:10.2139/ssrn.1928168, 2011.

185. Cabral L. M. B. Living Up to Expectations: Corporate Reputation and Sustainable Competitive Advantage[J]. Social Science Electronic Publishing, 2012(10):1-15.

186. Cabral L. Lock in and Switch: Asymmetric Information and New Product Diffusion[J]. Quantitative Marketing and Economics, 2012, 10(3): 375-392.

187. Campbell, John Y. Household Finance [J]. Journal of Finance, 2006, 61(4): 1553-1604.

188. Carmichael P., Midwinter A. F. Regulating Local Authorities : Emerging Patterns of Central Control[M]. Frank Cass, 2003.

189. Carter D. A., Mcnulty J. E. Deregulation, Technological Change, and the Business-lending Performance of Large and Small Banks[J]. Journal of Banking & Finance, 2005, 29(5): 1113-1130.

190. Chant J. The New Theory of Financial Intermediation[M]// Current Issues in Financial and Monetary Economics. Macmillan Education UK, 1992.

191. Chircu A. M., Kauffman R. J. Limits to Value in Electronic Commerce-Related IT Investments[J]. Journal of Management Information Systems, 2000, 17(2): 59-80.

192. CGAP, Regulating Transformational Branchless Banking: Mobile Phones and Other Technology to Increase Access to Finance[EB/OL].(2008-01-01)[2014-12-15].http://www.cgap.org/sites/default/files/CGAP-Focus-Note-Regulating-Transformational-Branchless-Banking-Mobile-Phones-and-Other-Technology-to-Increase-Access-to-Finance-Jan-2008.pdf.

193. Claessens S., Glaessner T., Klingebiel D. E-Finance in Emerging Markets: Is Leapfrogging Possible?[J]. Financial Markets Institutions & Instruments, 2002, 11(1): 1-125.

194. Corrocher, Nicoletta. Internet Adoption in Italian Banks: An Empirical Investigation[J]. Research Policy, 2006(35): 533-544.

195. Cronin M. J. Banking and Finance on the Internet[J]. Nuclear Medicine & Biology, 1997, 29(1): 51-66.

196. Das U. S., Quintyn M., Taylor M. W. Financial Regulators Need Independence[J]. Finance & Development, 2002(4): 23.

197. Davis K. E., Gelpern A. Peer-to-Peer Financing for Development: Regulating the Intermediaries [J]. Social Science Electronic Publishing, 2010, 107:309-321.

198. De Young, Robert, William W. Lang and Daniel L. Nolle, How the Internet Affects Output and Performance at Community Banks[J]. Journal of Banking and Finance,2007(31) : 1033-1060.

199. Desta Asayehgn.2010. Do Microcredit Programs Alleviate Poverty and Foster Environmentally Sustainable Development? A Review of African Case Studies[EB/OL]. (2010-12-12)[2014-12-15]. http://www.aigaforum.com/articles/Microcredit_for_Poverty_Alleviation_062010.htm.

200. Dincer N., Eichengreen B. Central Bank Transparency and Independence: Updates and New Measures[J]. International Journal of Central Banking, 2014, 10(1): 189-253.

201. Doms M. E., Dunn W. E., Oliner S. D., et al. How Fast Do

Personal Computers Depreciate? Concepts and New Estimates[J]. Tax Policy and the Economy, 2004, 18(Volume 18): 37-79.

202. Dumm R. E., Hoyt R. E. Insurance Distribution Channels: markets in transition[J]. journal of insurance regulation, 2003, 22(1): 27-48.

203. Elliehausen G. Implications of Behavioral Research for the Use and Regulation of Consumer Credit Products[J]. Ssrn Electronic Journal, 2010(2010-25).

204. European Central Bank, 2012, Virtual Currency Schemes[EB/OL]. (2012-12-01)[2012-12-12]. http://www.ecb.europa.eu/pub/pdf/other/virtualcurrencyschemes201210en.pdf.

205. Fernando, Nimal. The State of Financial Inclusion in Asia: An Overview[C]. Presentation at the AFI Global Policy Forum. Nairobi, September 14, 2009.

206. Finnerty J. D. AN Overview Of Corporate Securities Innovation [J]. Journal of Applied Corporate Finance, 1992, 4(4): 23–39.

207. FinCEN. Application of FinCEN's Regulations to Persons Administering, Exchanging, or Using Virtual Currencies[EB/OL]. (2013-01-01)[2013-12-12].https://www.fincen.gov/statutes_regs/guidance/pdf/FIN-2013-G001.pdf.

208. Freedman S., Jin G. Z. Do Social Networks Solve Information Problems for Peer-to-peer Lending? Evidence from Prosper. com [EB/OL]. com. NET Institute Working Paper, 2008.(2008-11-19)[2014-12-15]. http://www.fas.nus.edu.sg/ecs/events/seminar/seminar-papers/12Mar09.pdf.

209. Friedman, D., Evolutionary Games in Economics, Econometrica [J]. 1991(59): 637-666.

210. FSB. Shadow Banking: Scoping the Issues[EB/OL], (2014-04-12)[2014-12-15].http://www.fsb.org/wp-content/uploads/r_110412a.pdf.

211. FSB. Global Shadow Banking Monitoring Report 2013[EB/OL].(2013-11-14)[2014-12-15].http://www.fsb.org/wp-content/ uploads/r_131114.pdf.

212. FSD Kenya (2009). Financial Inclusion in Kenya-Building Inclusive Financial Markets.

213. G20 research group. G20 Accountability Reporton Domestic Financial Regulation[EB/OL]. (2010-10-10)[2014-12-12]. http://www.g20.utoronto.ca/analysis/g20acc-domfinreg101110.pdf.

214. GANDEL S. Donaldson Lufkin Jenrette: Pioneer in On-Line Trading[J]. Crains New York Business, 2000, 16 (20): 76.

215. Garven J. R. On the Implications of the Internet for Insurance Markets and Institutions[J]. Risk Management & Insurance Review, 2002, 5 (2): 105-116.

216. Gao H. Research on Methods of Investigation and Evidence Collection for P2P (Peer-to-Peer) Communication[C]// Fourth International Symposium on Knowledge Acquisition and Modeling. IEEE Computer Society, 2011:237-240.

217. Gary Gorton, Andrew Metrick. Regulating the Shadow Banking System. Brooking's Papers on Economic Activity, Brookings Papers on Economic Activity bookings Papers on Economic Activity (FALL 2010), pp. 261-312.http://www.jstor.org/stable/41012848.

218. Gompers P., Lerner J. Venture Capital Distributions: Short-Run and Long-Run Reactions[J]. The Journal of Finance, 1998, 53(6): 2161-2183.

219. Gorton G., Metrick A. Securitized banking and the run on repo[J]. Journal of Financial Economics, 2010, 104(15223):425-451.

220. Greenbaum S. I., Haywood C. F. Secular Change in the Financial Services Industry[J]. Journal of Money Credit & Banking, 1971, 3(2): 571-589.

221. Greenbaum S. I., Thakor A. V. Reputation and Discretion in

Financial Contracting[J]. American Economic Review, 1993, 83(5): 1165-1183.

222. Hannon, T. H. & McDowell, J. M., Market Concentration and the Diffusion of New Technology in the Banking Industry[J]. The Review of Economics and Statistics, 1984, 66(4):686-691.

223. Hernández-Murillo R., Llobet G., Fuentes R. Strategic online banking adoption[J]. Journal of Banking & Finance, 2010, 34(7): 1650-1663.

224. Hervé Hannoun. Toward a Global Financial Stability Framework[EB/OL]. 45th SEACEN Governors' Conference Siem Reap province, Cambodia, 26–27 February 2010. [2013-12-05].http://www.bis.org/speeches/sp100303.pdf?noframes=1.

225. Hsu M. H., Ju T. L., Yen C. H., et al. Knowledge sharing behavior in virtual communities: The relationship between trust, self-efficacy, and outcome expectations [J]. International Journal of Human-Computer Studies, 2007, 65(2): 153-169.

226. International Monetary Fund. People's Republic of China: Financial System Stability Assessment[EB/OL].(2011-11-14) Assessment [EB/OL].(2011-11-14)[2014-06-06].http://www.imf.org/external/pubs/cat/longres.aspx?sk=25350.0.

227. Jack, M. Peer-to-peer Lending in the United States: Surviving after Dodd-Frank [J], North Carolina School Banking Institute Journal.2011, Vol. 15,p139.

228. Joseph E. Stiglitz and Andrew Weiss. Credit Rationing in Markets with Imperfect Information[J]. The American Economic Review, 1981, 71(3): 393-410.

229. Jorgenson D. W. Information Technology and the U.S. Economy[J]. American Economic Review, 2001, 91(1): 1-32.

230. Kaufmann D., Kraay A., Mastruzzi M. Governance Matters IV: Governance Indicators for 1996-2004[J]. Social Science Electronic

Publishing, 2010, volume 18(4): 53-78.

231. Klafft M. Online Peer-to-Peer Lending: A Lenders' Perspective[J]. SSRN Electronic Journal, 2008, 2(2): 81-87.

232. Kortum S., Lerner J. Does Venture Capital Spur Innovation? [J]. Advances in the Study of Entrepreneurship Innovation & Economic Growth, 1998, 13(01): 1-44.

233. Kye C. EU E-Commerce Policy Development: E-Commerce in the EU: Bringing Businesses and Consumers Abroad [J]. Computer Law & Security Review the International Journal of Technology & Practice, 2001, 17(1): 25-27.

234. Lehner O. M. Crowdfunding Social Ventures: A Model and Research Agenda[J]. Venture Capital An International Journal of Entrepreneurial Finance, 2013, 15(4): 289-311.

235. Levy B., Spiller P. T. The Institutional Foundations of Regulatory Commitment: A Comparative Analysis of Telecommunications Regulation[J]. Journal of Law Economics & Organization, 1994, 10(2): 201-246.

236. Lusardi A., Tufano P. Debt Literacy, Financial Experiences, and Overindebtedness[J]. Journal of Pension Economics & Finance, 2015, 14(4 (Household Finance)): 332-368.

237. Luzwick P. If Most Of Your Revenue Is From E-Commerce, Then Cyber-Insurance Makes Sense[J]. Computer Fraud & Security，2001（3）: 16-17.

238. Magee J. R. Peer-to-Peer Lending in the United States: Surviving after Dodd-Frank[EB/OL].(2011-04-11)[2014-12-15]. http://www.law.unc.edu/components/handlers/document.ashx?category=24&subcategory=52&cid=923.

239. Masciandaro D., Nieto M. J., Quintyn M. Exploring governance of the new European Banking Authority—A case for harmonization?[J]. Journal of Financial Stability, 2011, 7(4): 204-214.

240. Masciandaro D., Quintyn M. Designing financial supervision

institutions : independence, accountability and governance[M]. E. Elgar, 2007.

241. Maximilien, Michael E., Singh, et al. Toward autonomic web services trust and selection[J]. Dissertation Abstracts International, Volume: 66-01, Section: B, page: 0371.;Chair: Munindar P. Sin, 2004, 4(4):212-221.

242. Merton R. C. A Functional Perspective of Financial Intermediation[J]. Financial Management, 1995, 24(2): 23-41.

243. Merton R. C., Bodie Z. Deposit insurance reform: a functional approach[C]. Carnegie-Rochester Conference Series on Public Policy. 1993(38):1-34.

244. Meyer T., Heng S., Kaiser S., et al. Online P2P lending nibbles at banks' loan business[EB/OL].Deutsche Bank Research, 2007.http://www.dbresearch.com/PROD/DBR_INTERNET_EN-PROD/PROD00000000 00201284/Financial_services_2_0%3A_How_social_computing_and_P .pdf.

245. Mcculley P. Moral Hazard and the Role of Central Banks[J]. Journal of Physics G Nuclear & Particle Physics, 2007, 24(1):1-5.

246. Michael Taylor. "Twin Peaks": A Regulatory Structure for the New Century, Center for the Study of Financial Innovation[EB/OL]. (1995-01-01)[2009-09-09]. https://static1.squarespace.com/ static/ 54d620fce4b049bf4cd5be9b/t/55241044e4b03769e017208a/142842682 0095/Twin+Peaks+Revisited.pdf.

247. Mishkin F. S. The Economics of Money, Banking, and Financial Markets /[M]. Scott, Foresman and Company, 2010.

248. Mollick, Ethan. The Dynamics of Crowdfunding: An Exploratory Study[J]. Journal of Business Venturing, 2014, 29(1): 1-16.

249. Morduch J. The Microfinance Promise [J]. Journal of Economic Literature, 1999, 37(4): 1569-1614.

250. Mwangi G. W., Acosta F. R. Mobile phones and growth of

microenterprises: A case study of Safaricom's "Zidisha Biashara" customers[J]. Dlsu Business & Economics Review, 2012, 23(1):105-135.

251. Novoa A., Seelig S. A. Governance Practices at Financial Regulatory and Supervisory Agencies[J]. General Information, 2009(9/135):1-31.

252. Office USGA. Person-To-Person Lending: New Regulatory Challenges Could Emerge as the Industry Grows[EB/OL]. Government Accountability Office Reports, 2011.(2011-07-07)[2014-12-15]. http://www.gao.gov/products/GAO-11-613.

253. Paul G., Josh L. Venture Capital Distributions: Short Run and Long Run Reactions [J]. Journal of Finance, 1998, 53(6): 2161-2183.

254. Paul, S., Square Pegs in a Round Hole:SEC Regulation of Online Peer-to-peer Lending and CFPB Alternative[EB/OL], Yale Journal on Regulation, Winter, 2013, 30.1:p233-275.

255. Petersen M. A., Rajan R. G. Does Distance Still Matter? The Information Revolution in Small Business Lending[J]. The Journal of Finance, 2002, 57(6): 2533-2570.

256. Poetz M. K., Martin S. The Value of Crowdsourcing: Can Users Really Compete with Professionals in Generating New Product Ideas?[J]. Journal of Product Innovation Management, 2012, 29(2): 245-256.

257. Porteous D., Helms B. India - Mumbai Urban Transport Project: Inspection Panel Report and Recommendation on a Request for Inspection[EB/OL].(2009-01-01)[2014-12-12].http://documents.worldbank.org/curated/en/892721468259773095/pdf/650170IPR0P0730IPN0REQUEST0RQ011003.pdf.

258. Powers T. V. SEC Regulation of Crowd funding Intermediaries under Title III of the JOBS Act[J]. Banking & Financial Services Policy Report, 10 (31), 2012: 1-7.

259. Quintyn M., Taylor M. W. Regulatory and Supervisory

Independence and Financial Stability[J]. CESifo Economic Studies, 2003, 02(2): 259-294.

260. Rekenkamer A. The financial crisis 2008-2009[EB/OL]. (2009-05-05)[2014-12-15].http://www.courtofaudit.nl/english/Publications/Audits/Introductions/2009/05/The_financial_crisis_2008_2009.

261. Reid F., Harrigan M. An Analysis of Anonymity in the Bitcoin System[M]// Security and Privacy in Social Networks. Springer New York, 2011:1318-1326.

262. Robert, Fabac, Dusan, et al. Optimization of Portfolio of Stocks at ZSE through the Analysis of Historical Data[J]. Computer Technology & Application, 2011, 2(12): 78-85.

263. Rogers M. E., A Prospective and Retrospective Look at the Diffusion Model, Journal of Health Communication: International Perspectives, 2004, 9(1): 13-19.

264. Ron D. and A. Shamir. Quantitative Analysis of the Full Bitcoin transaction Graph[J]. Financial Cryptography and Data Security: Lecture Notes in Computer Science, 2013, 7859:6-24.

265. Rutledge S. L. Consumer Protection and Financial Literacy: Lessons from Nine Country Studies[J]. Policy Research Working Paper, 2010, 5(1):20-27.

266. Sahlman W., Gorman M. What Do Venture Capitalists Do? [J]. Journal of Business Venturing, 1989, 4(4):231-248.

267. Schenone C. The Effect of Banking Relationships on the Firm's IPO Underpricing[J]. The Journal of Finance, 2004, 59(6): 2903–2958.

268. Schwienbacher, Armin and Larralde, Benjamin. Crowd funding of Small Entrepreneurial Ventures (September 28, 2010). Handbook of Entrepreneurial Finance [M]. Oxford University Press, 2010.

269. Scott J. A. Small Business and the Value of Community

Financial Institutions[J]. Journal of Financial Services Research, 2004, 25(2): 207-230.

270. Scott J. A. Loan Officer Turnover and Credit Availability for Small Firms[J]. Journal of Small Business Management, 2006, 44(4): 544–562.

271. Sherman Chan. Financial Exclusion in Australia[C]. The Third Australian Society of Heterodox Economists Conference. Urniversity of New South Wales, 2004.

272. Shiller R. J. Finance and the Good Society[M]. Princeton University Press, 2013.

273. Silla, B. Online Lender Lobbies Congress for Industry Consumer Regulator, THE HILL, 2010-6-9. http://thehill.com/business-alobbying/102323.

274. Smith J. B. An Analysis of Bitcoin Exchange Rates[EB/OL]. Social Science Electronic Publishing.(2014-09-10)[2015-06-15]. https://papers.ssrn.com/sol3/papers.cfm?abstract_id=2493797.

275. Sprankel S.Technical Basis of Digital Currencies[EB/OL]. (2013-08-02)[2015-06-18].http://www.coderblog.de/wp-content/uploads/technical-basis-of-digital-currencies.pdf.

276. Steelman A. Bypassing banks[J]. Econ Focus, 2006(Sum): 37-40.

277. Stern J., Holder S. Regulatory Governance: Criteria for Assessing the Performance of Regulatory Systems[J]. Ssrn Electronic Journal, 1999, 8(1): 33-50.

278. Sundararajan V., Das U., Iossifov P. K. Cross-Country and Cross-Sector Analysis of Transparency of Monetary and Financial Policies[J]. IMF Working Papers, 2003.

279. The World Bank. Crowdfunding's Potential for the Developing World[EB/OL]. 2013.[2016-12-01]. http://www. fundraisingschool. it/wp-content/uploads/2016/05/crowdfundingreport.pdf.

280. Tom Burns. The Shadow Banking System as a New Source of Financial Turmoil[EB/OL].(2012-01-01)[2015-12-18]. https://www.researchgate.net/publication/292789672_The_shadow_banking_system_as_a_new_source_of_financial_turmoil.

281. Tucker C., Zhang J. How Does Popularity Information Affect Choices? A Field Experiment[M]. INFORMS, 2011.

282. Tucker P. The Crisis Management Menu[M]. SUERF - The European Money and Finance Forum, 2010. http://www.bankofengland.co.uk/archive/Documents/historicpubs/speeches/2009/speech410.pdf

283. UK FSA. The Turner Review: A Regulatory Response to the Global Banking Crisis[EB/OL]. http://www.fsa.gov.uk/pub/other/ turner_review.pdf March 2009.

284. Van Wanrooy B., Wright S., Buchanan J., et al. Australia at work: in a changing world[J]. Workplace Research Centre, 2009.

285. Weber B. Can Bitcoin compete with money?[J]. Social Science Electronic Publishing, 2014, 1(4).

286. Weston J. F., Brigham E. F. Managerial Finance[M]. New York: Dryden press, 1970.

287. Weston J. F., Brigham E. F. Managerial Finance[M]. New York: Dryden press, 1978.

288. Yan G. Risk Types and Risk Amplification of Online Finance[J]. Information Technology Journal, 2013, 12(3): 494-497.

289. Yao J. Ecommerce adoption of insurance companies in new Zealand[J]. Electron Commerce Res 2004, 5(1):54-61.

290. Yee A. Internet Architecture and the Layers Principle: A Conceptual Framework for Regulating Bitcoin[J]. Internet Policy Review. 2014,3(3).

291. Yermack D.Is Bitcoin a Real Currency? An Economic Appraisal[EB/OL].(2014-04-08)[2015-06-08].http://www.nber.org/papers/w19747.pdf.

292. Young R. D. The financial progress of pure-play internet banks[J]. Electronic Finance A New Perspective & Challenges, 2001.

293. Pozsar Z., Adrian T., Ashcraft A., et al. Federal Reserve Bank of New York Staff Reports Shadow Banking[J]. Economic Policy Review. 2010, 55(6):774-798.

294. Zaman H. The Scaling-Up of Microfinance in Bangladesh: Determinants, Impact, and Lessons[J]. Policy Research Working Paper, 2004.

295. Zuleika Arashiro. Financial inclusion in Australia: towards transformative policy[EB/OL].(2010-08-01)[2014-12-15]. http://library.bsl.org.au/jspui/bitstream/1/1969/1/Arashiro_Financial_inclusion_transformative_policy_2010.pdf.